박 회계사의 **사업보고서 분석법**

업종별 핵심 포인트

[일러두기]

* 이 책에서 보여주는 공시는 전자공시시스템(dart.fss.or.kr)의 원본 화면을 그대로 캡처한 것입니다.
* 이 책에서 재무제표에 사용된 용어의 띄어쓰기는 재무제표에 사용된 그대로 적용했습니다.

    예) 현금및현금성자산 : '현금 및 현금성 자산'이라고 띄어 쓰는 것이 올바르나 재무제표를 보면서 공부할 독자들의 편의를 위해 되도록
        재무제표에 사용된 대로 '현금및현금성자산'으로 표기했습니다.

* 그림과 표에서 숫자 부분에 사용된 괄호는 마이너스를 의미합니다.

    예) (500만 원) → -500만 원

박 회계사의 사업보고서 분석법
– 업종별 핵심 포인트

1쇄 2017년 1월 31일
6쇄 2025년 8월 30일

지은이 박동흠

펴낸곳 (주)한국투자교육연구소 부크온
펴낸이 김재영
편집 권효정, 변정인, 강이랑
주소 서울시 영등포구 선유로9길 10, 문래 SK V1센터 1001호
전화 02-723-9004   **팩스** 02-723-9084
홈페이지 www.bookon.co.kr
블로그 blog.naver.com/bookonblog
이메일 book@itooza.com
출판신고 제2010-000003호(2008년 4월 1일 신고)

ISBN 978-89-94491-55-4 13320

♦ 부크온은 한국투자교육연구소 아이투자(itooza.com)의 출판 브랜드입니다.
♦ 파손된 책은 교환해 드리며, 책값은 뒤표지에 있습니다.
♦ 무단전재나 무단복제를 금합니다.

박 회계사의
사업보고서 분석법

업종별 핵심 포인트

제조업, 제약·바이오, 도·소매, 수주업

박동흠 지음

iTOOZA 북크온 BOOKOn

차 례

머리말 – 투자의 첫걸음, 사업보고서 분석 ● 8 ●

1장 | 사업보고서, 어떻게 분석할 것인가 ● 13 ●

1. 전자공시시스템 활용하기 ● 14 ●
분·반기보고서와 사업보고서 / 이사의 경영진단 및 분석의견, 영업보고서 첨부물을 적극 읽어라

2. 어떻게 분석할 것인가 ● 22 ●
큰 숫자부터 확인하라 / 유기적으로 분석하라 / 재무비율 분석은 절대 하지 마라 / 업종별 특성을 고려하라

2장 | 제조업 싸게 만들어서 비싸게 많이 파는 기업인가? ● 39 ●

1. B2B인가, B2C인가 ● 42 ●
B2B의 특징 / B2C의 특징

2. 만능공식 : (P−VC)×Q−FC ● 52 ●
손익분기점

3. 어떤 비용이 많이 들어가는 사업인가 ● 60 ●
원재료 투입 비중이 큰 기업인가 / 노동집약형 산업인가, 자본집약형 산업인가

4. 사업보고서 분석을 위한 기본 정보 찾기 ● 72 ●
영업부문 / 시장 규모 및 시장점유율 정보 / 판매량 정보 / 판매가격 정보 / 수출 및 내수 정보 / 주요 원재료 가격 변동 현황 / 생산능력, 생산실적, 가동률 정보

5. 종합 사례 : 농심 vs 오뚜기 ● 101 ●
2014년 vs 2015년 실적 비교/ 오뚜기 매출 분석 / 오뚜기 비용 분석

6. 실적 발표 확인하는 방법 ● 129 ●

7. 박 회계사의 투자 이야기 ● 134 ●
농심 편 / 코리아오토글라스 편

칼럼 터닝메카드 장난감 열풍에도 주식은 대박 안 터지는 이유 ● 155 ●

3장 | 제약 · 바이오산업
수익모델을 갖고 R&D에 투자하는가?
수익모델 없이 R&D에만 집중하는가? ● 157 ●

1. 완제의약품과 원료의약품 ● 158 ●
완제의약품 기업의 이해 / 원료의약품 기업의 이해

2. 기술성장기업 상장특례 ● 164 ●

3. 전통 제약기업과 신흥 바이오 기업 ● 169 ●

4. 신약 개발의 꿈 ● 171 ●

5. R&D 비용의 처리 ● 184 ●

6. 제약기업의 자산 구조, 판매비와관리비 ● 190 ●
제약기업의 자산 구조 / 판매비와관리비

칼럼 한미약품 사태에서 배우는 제약 · 바이오 기업 재무제표 ● 195 ●

4장 | 도·소매업

사와서 파는 기업인가, 수수료만 떼는 구조인가?
사와서 파는 비중이 크다면 높은 매출총이익률을 유지하는가? • 199 •

1. 홈쇼핑 기업 • 208 •
GS홈쇼핑 매출 / GS홈쇼핑 비용의 성격별 분류

2. 백화점 기업 • 221 •
백화점 매출 / 백화점 간 이익률 비교

3. 전자상거래 기업 • 229 •

4. 저물어 가는 면세점 • 232 •

칼럼 도심형 면세점, 황금알은 없었다 • 245 •

5장 | 수주산업

높은 매출총이익률을 유지하는가?
미청구공사잔액이 크지 않은가? • 247 •
영업활동현금흐름에서 유입(+)이 이루어지는가?

1. 수주산업과 미청구공사 • 248 •
미청구공사란 / 대우조선해양 미청구공사 / 진행률 조작 가능성 / 미청구공사 증가가 기업에 미치는 영향 / 현금흐름표만 살펴봐도 위험은 피할 수 있다 / 미청구공사와 원가율의 관계 / 결국은 적정마진 / 손실이 예상되는 프로젝트

2. 수주산업, 어떻게 투자해야 할까 • 274 •

3. SI기업 • 277 •

칼럼 이미 대우조선해양의 재무제표는 부실을 경고하고 있었다 • 283 •

맺음말 – 확실한 기업에 투자하라 • 285 •

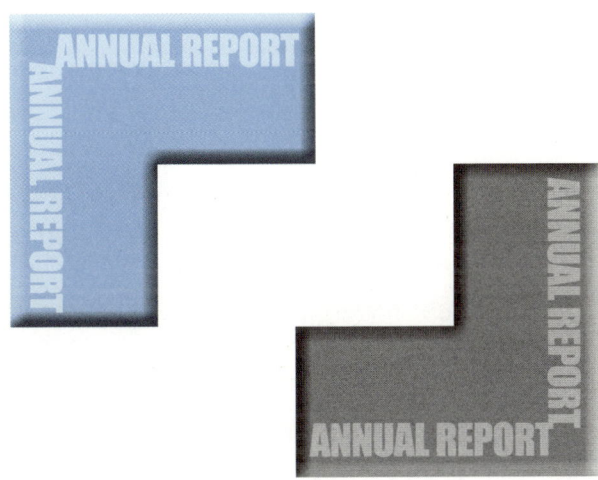

– 머리말 –

투자의 첫걸음, 사업보고서 분석

첫 책 『박 회계사의 재무제표 분석법』이 2015년 초에 출간된 후 독자들에게 많은 사랑을 받았다. 블로그와 이메일 등을 통해 큰 도움이 되었다는 피드백을 많이 주셨는데, 주로 투자자 입장에서 재무제표와 관련해 궁금하거나 어려워하던 문제들이 많이 해소되었다는 이야기였다. 열정적으로 공부하는 투자자 중에는 발견하기 어려운 오타를 찾아서 제보해 주는 분들도 계셔서 쇄를 거듭할수록 책의 완성도도 높아졌다. 이렇게 책 한 권으로 많은 투자자들과 소통할 수 있다는 사실에 평생 느껴보지 못한 감동을 많이 받았기 때문에 지난 시간은 매우 행복했다. 글을 빌어 다시 한 번 독자들께 머리 숙여 감사드린다.

또한 1년에 몇 번씩 금융기관뿐만 아니라 아이투자나 패스트캠퍼스 등에서 오프라인 강의를 하며 투자자를 비롯한 재무제표 정보이용자들과 직접 소통하는 시간도 많이 가졌다. 그 시간들이 무척 소중해서 앞으로도 이런 활동을 계속 이어갈 생각이다. 그런데 강의마다 항상 요청받았던 게 바로 실전용 재무제표 분석 책을 써달라는 것이었다. 예전부터 그런 주제의 책을 집필하고 싶다는 마음을 가지고 있었기에 내심 그 요청들이 반가웠다. 투자자를 위한 재무제표 기본서가 먼저 필요하지 않을까 싶어서 『박 회계사의 재무제표 분석법』 출간 뒤로 집필을 잠시 미뤘는데, 마침내 그 여정을 시작하게 되어서 밀린 숙제를 큰 맘 먹고 시작한 것처럼 홀가분한 기분이다.

이 책은 2015년 사업보고서가 발표되던 2016년 3월 말부터 다양한 여러 업종별 대표 기업들을 분석한 강의 자료들을 모아 쓴 책이다. 업종은 크게 제조업, 도·소매업, 수주산업 및 기타 서비스업 등으로 구분할 수 있는데, 이 책에서는 우리가 가장 많이 접하는 업종인 제조업, 제약·바이오산업, 수주산업, 도·소매업을 다루었다.

분기·반기보고서 및 사업보고서를 보고 기업에 대한 판단을 내려야 하는 일반인의 입장에서 볼 때, 무엇부터 봐야 하고 어디부터 봐야 하는지 가늠하기가 쉽지 않다. 이런 애로 사항이 있다는 점을 고려해 각 산업별로 중요한 포인트 위주로 사업보고서에 접근했고, 투자자 입장에서 어떤 기업에 투자해야 하는지에 대한 고민 또한 담았다.

이 책의 특징은 다음과 같다.

첫째, 산업을 크게 제조업, 수주산업, 도·소매업, 서비스업으로 나누었고 서비스업은 더 세분화했다. 제조업 내에서도 더 세분화할 수 있지만, 재료비나 인건비, 경비 등을 투입해 제품을 생산·판매하는 기본 골격은 똑같기 때문에 더 세분화하는 것은 큰 의미가 없을 것 같다. 대신 같은 업종 내에서도 원가 구조와 수익 구조가 서로 다르기 때문에 이 부분에 초점을 두고 비교·분석하는 데 집중했다.

둘째, 가급적 사업보고서와 접근 가능한 정보만을 통해 모든 분석이 이루어지도록 했다. 다양한 업종에서 오랜 기간 회계감사와 경영자문 등을 해온 저자의 경험과 다른 자료를 통해 알고 있던 내용이 일부 불가피하게 들어가기는 했지만, 이러한 부분은 가급적 최소화하려고 노력했다. 왜냐하면 이 책의 취지가 정보이용자의 사업보고서 해석 능력을 극대화시키는 데 있으므로 최대한 사업보고서 내의 정보만으로 분석을 끝내고자 노력했다.

셋째, 『박 회계사의 재무제표 분석법』이 회계의 기본 개념을 이해하고 사업보고서를 어떻게 해석할 것인가에 초점을 맞추었다면, 이 책은 업종별로 사업보고서를 어떤 관점에서 바라봐야 하는지에 먼저 초점을 맞춘 후 중요한 계정과목에 대해서는 별도의 회계 개념을 설명하는 식으로 방식을 완전히 바꾸었다. 단, 회계 개념을 설명할 때는 내용을 압축·정리해서 지면을 많이 할애하지는 않았다. 회계이론 및 회계기준과 정확히 일치시켜서 방대한 설명을 하기보다는 투자 목적에 맞게 큰 틀에서 회계 개념을 잡아주는 것이 더 효율적이라고 본다.

마지막으로 저자의 주관적인 해석이 많이 포함되었다. 사업보고서에는 기업의 모든 내용이 담겨 있지는 않다. 특히 원가를 비롯한 회사의 기밀정보는 실려 있지 않거나 최소화되게 마련이므로 공시된 정보를 최대한 활용해 해석하는 수밖에 없다. 그러다 보니 불가피하게 주관적인 판단이 들어갈 때가 있다. 불특정 다수가 볼 책에서 기업에 대한 주관적인 판단을 싣는다는 점이 대단히 조심스럽지만, 기업에 대한 독자의 해석 능력을 키우기 위한 일이므로 어쩔 수 없는 선택이었다. 기업 분석은 정답이 있는 것이 아니라 주어진 정보로 최선의 답을 찾아가는 과정이다. 그러다 보니 다양한 판단이 나올 수밖에 없다. 자본시장에서의 기업의 가치 또한 그 다양한 판단에 따라 매겨지므로 주가는 위아래로 계속 움직일 수밖에 없다. 책에 실린 저자의 판단 역시 그런 다양한 이야기 가운데 하나로만 여겨주길 바란다. 이 책을 읽고 기업을 분석하는 독자들이 더 나은 최선의 답을 찾았으면 하는 바람이다.

존경하는 워런 버핏, 피터 린치 같은 전설적인 투자자들은 위대한 기업을 발굴하는 데 특별한 정보를 이용한 것이 아니라, 오랜 시간 사업보고서를 분석하는 과정에서 찾아낸 것으로 알려져 있다.

1년에 4번씩 공시되는 정기보고서(1분기, 반기, 3분기, 사업보고서)에는 기업에 대한 많은 정보가 담겨 있기 때문에 잘 활용하면, 굳이 기업의 IR_{Investor Relations}담당자에게 전화를 하거나 직접 찾아가서 물어보는 시간을 많이 줄일 수 있다.

사업보고서를 잘 분석한다고 해서 주식을 싸게 사고 비싸게 파는 타이밍에 대한 답을 얻을 수는 없다. 그러나 투자하기에 앞서 사업보고서의 중요 정보와 재무제표를 제대로 분석한다면 투자한 기업에 대한 확신을 가질 수 있다. 이는 투자자에게 매우 중요한 것이다. 환율, 금리, 정책 등 여러 거시경제적인 이유로 주가가 하락해도 인내심을 가지고 기업을 바라볼 수 있는 힘은 투자에 대한 확신으로부터 나오며, 그 확신은 기업을 제대로 분석한 사람만이 가질 수 있는 것이기 때문이다. 이는 '주식을 샀으니 그냥 보유한다'는 것과는 차원이 다른 이야기다.

산업과 경영환경이 날로 복잡해지고 있으므로 몇 년 내에 또 다른 업종이 추가될 수도 있을 것이다. 그러나 독자들이 이 책에서 소개하는 각 산업별 중요 분석 포인트만 제대로 이해한다면, 결국 큰 틀은 변하지 않는다는 사실에 수긍할 것이라고 생각한다. 이 책을 통해 투자자들이 사업보고서를 냉철하게 분석하고 좋은 기업의 주식을 싸게 살 수 있는 혜안을 가지기를 진심으로 바란다.

끝으로 독자들과 소통하기 위해 저자는 개인 블로그(http://blog.naver.com/donghm)의 문을 언제나 활짝 열어놓고 기다린다는 점을 알려드린다.

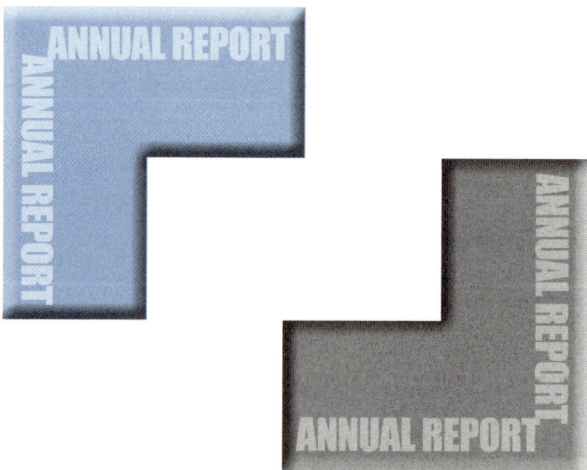

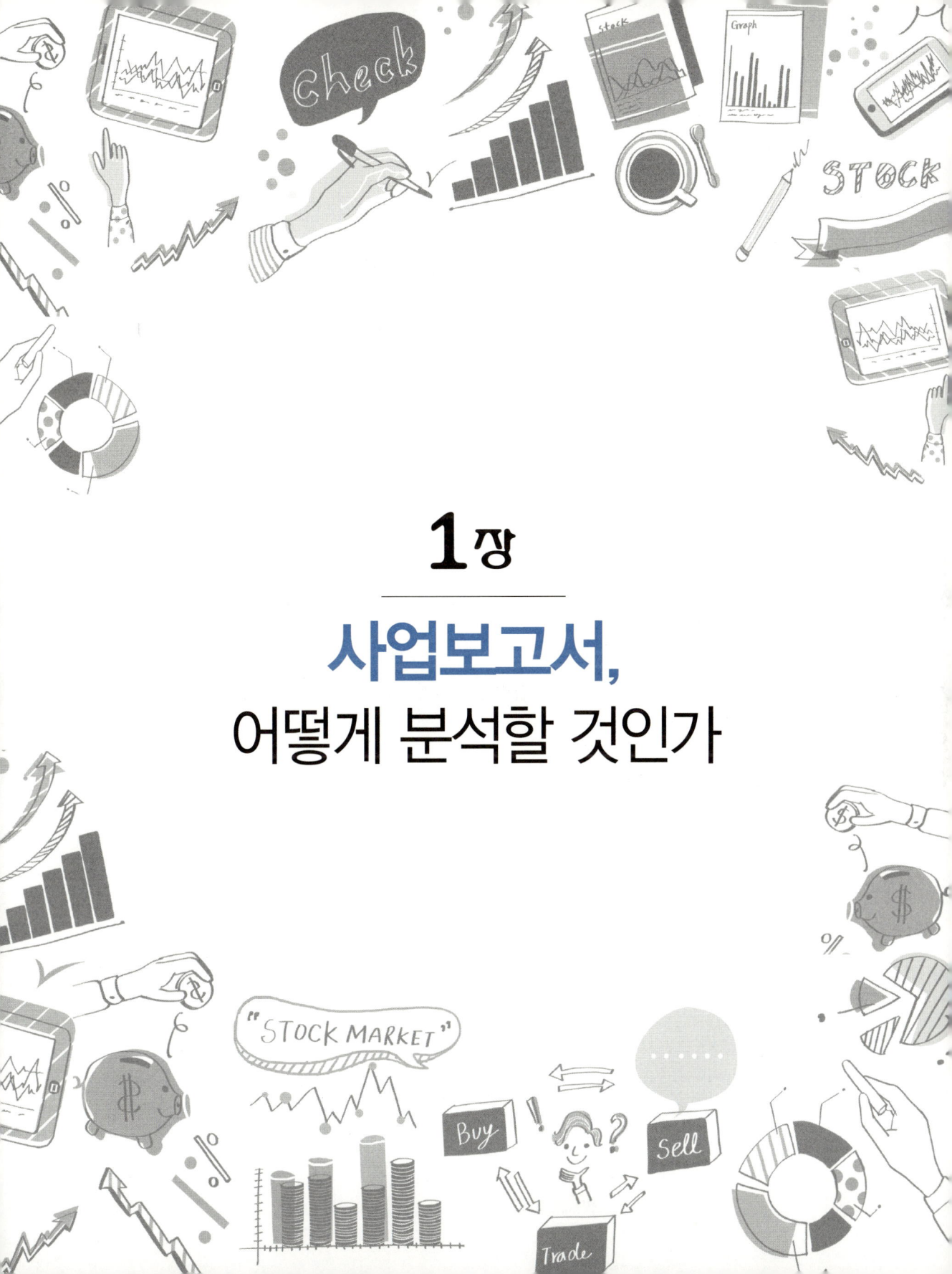

1장
사업보고서, 어떻게 분석할 것인가

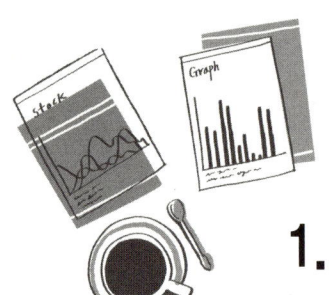

1. 전자공시시스템 활용하기

전자공시시스템(http://dart.fss.or.kr)은 우리나라 기업들에 대한 다양한 정보를 가장 빨리 얻을 수 있는 곳이다. 누구나 〈그림 1-1〉과 같이 전자공시시스템에서 회사명 또는 종목코드만 입력하면 기업에 대한 정보를 얻을 수 있다.

〈그림 1-1〉 전자공시시스템 화면

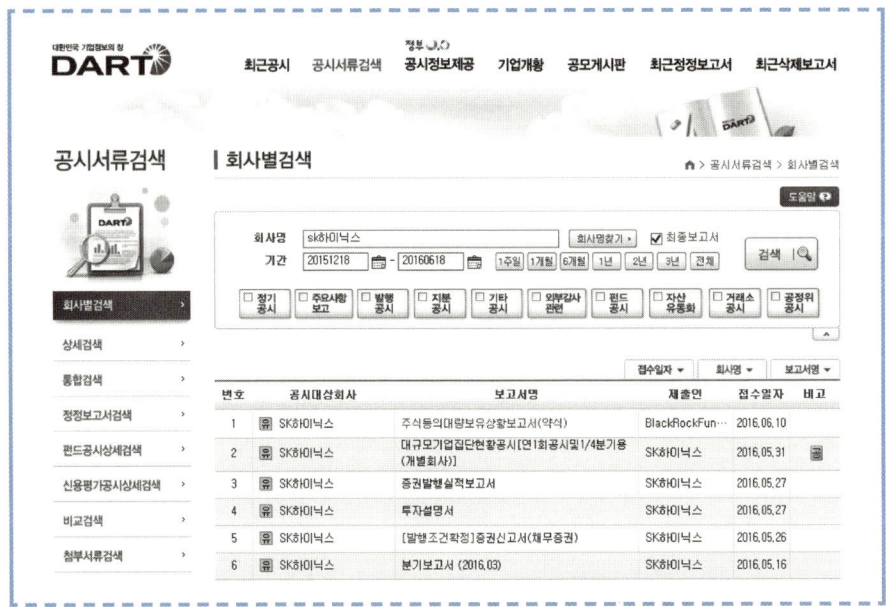

전자공시시스템에는 3개월마다 공시되는 분기, 반기 및 사업보고서는 물론이고 회사가 증자를 하거나 사채를 발행할 때도 관련 정보 및 투자설명서가 올라온다. 또한 대주주 및 5% 이상 취득한 주요 주주의 주식 취득 및 처분 관련 보고서, 수주공시 풍문 또는 뉴스 보도에 대한 해명, 신규 시설투자 등 투자자로서 꼭 살펴보고 분석해야 할 정보들이 매우 많다. 특히 규모가 큰 기업일수록 많은 정보가 수시로 공시되기 때문에 원하는 정보를 찾기 위해서 많은 페이지를 넘겨봐야 하는 어려움이 있다. 그럴 경우에는 '상세검색' 메뉴를 이용하면 된다.

예를 들어 최근 1년간 SK하이닉스의 분·반기 및 사업보고서를 검색하고 싶다면 〈그림 1-2〉와 같이 상세검색 메뉴를 활용하면 된다.

〈그림 1-2〉 전자공시시스템 상세검색 화면

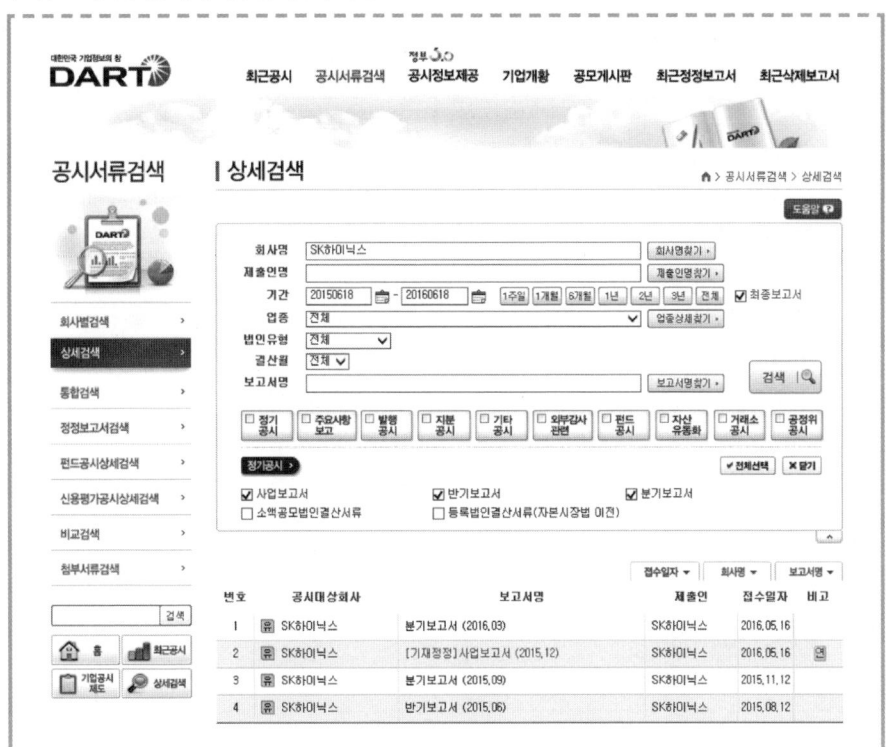

회사명을 입력 후 원하는 기간을 선택하면 된다. 그다음 정기공시 메뉴를 열어서 사업보고서, 반기보고서, 분기보고서 등 원하는 보고서를 클릭하고 검색하면 〈그림 1-2〉와 같이 원하는 정보만 얻을 수 있다.

주식투자를 한다면 HTS를 들여다보는 시간보다 내가 투자한 기업의 전자공시시스템 내용을 더 많이 들여다보는 게 기업과 투자에 대한 확신을 높일 수 있는 방법이다. 어떤 사업을 하는 회사이고 회사의 재무 상태와 손익은 어떤지를 확인하고 투자해야지, HTS에 나오는 호가창과 차트만 들여다봐서는 기업을 제대로 이해하기가 어렵다.

그중에서도 1년에 4번 공시되는 1분기보고서, 반기보고서, 3분기보고서, 사업보고서는 전자공시시스템의 백미이다. 이 정기보고서들의 목차는 〈그림 1-3〉과 같다.

〈그림 1-3〉 정기보고서 목차

```
Ⅰ. 회사의 개요                    Ⅳ. 감사인의 감사의견
   1. 회사의 개요                 Ⅴ. 이사의 경영진단 및 분석의견
   2. 회사의 연혁                 Ⅵ. 이사회 등 회사의 기관에 관한 사항
   3. 자본금 변동사항                1. 이사회에 관한 사항
   4. 주식의 총수 등                 2. 감사제도에 관한 사항
   5. 의결권 현황                    3. 주주의 의결권 행사에 관한 사항
   6. 배당에 관한 사항 등         Ⅶ. 주주에 관한 사항
Ⅱ. 사업의 내용                   Ⅷ. 임원 및 직원 등에 관한 사항
Ⅲ. 재무에 관한 사항                 1. 임원 및 직원의 현황
   1. 요약재무정보                   2. 임원의 보수 등
   2. 연결재무제표                Ⅸ. 계열회사 등에 관한 사항
   3. 연결재무제표 주석           Ⅹ. 이해관계자와의 거래내용
   4. 재무제표                    Ⅺ. 그 밖에 투자자 보호를 위하여 필요한 사항
   5. 재무제표 주석
   6. 기타 재무에 관한 사항
```

목차에서 알 수 있듯이 정기보고서는 회사를 이해하기 위해 필요한 대부분의 정보가 알차게 구성되어 있다. 처음 접하는 회사라면 'Ⅰ. 회사의 개요'부터 봐야 한다. 제목만 봐도 어떤 내용이 들어 있을지 짐작할 수 있으므로 자세한 설명은 생략한다. 우리가 이 책에서 주의 깊게 살펴볼 곳은 'Ⅱ. 사업의 내용'과 'Ⅲ. 재무에 관한 사항'이다. 이 부분의 내용만 자세히 분석해도 기업에 대한 정보 대부분을 얻을 수 있다. 기업 탐방을 다니는 관련 업계 종사자나 개인투자자는 이 내용을 꼭 읽어본 후 탐방을 가야 회사 IR담당자와 깊이 있는 토론이 가능할 것이다. 기업 탐방의 기회가 여의치 않은 개인투자자라면 굳이 기업을 탐방하지 않아도 사업보고서만 열심히 읽으면 기업에 대한 대부분의 정보를 얻을 수 있다. 그 이상의 정보에 대한 목마름, 즉 미래 실적에 대한 예측이나 시장에 잘 알려지지 않은 사실을 알고 싶다는 욕구가 커서 탐방을 가야겠다는 생각이 들 수도 있다. 그러나 기업은 현실적으로 위험 부담을 지면서까지 중요한 정보를 쉽게 내놓지는 않는다. 그렇게 해서 해당 기업과 증권업계 종사자 모두 문제가 되어 징계를 받았던 사례도 많다.

중요한 것은 사업보고서만 잘 분석해도 시장에서 저평가되어 있는 양질의 기업을 발견할 수 있다는 점이다.

분·반기보고서와 사업보고서

회사의 보고서는 1년에 4번 공시된다. 12월 31일자로 결산이 끝나는 회사의 경우 3월 말이 1분기, 6월 말이 반기, 9월 말이 3분기, 12월 말이 4분기가 되는 기준일이다. 이를 표로 만들어 보면 〈표 1-1〉과 같다.

〈표 1-1〉 12월 결산 법인의 분·반기 및 사업보고서

	결산 기간	누적 기간	보고서 공시 시점
1분기보고서	1/1 ~ 3/31	1/1 ~ 3/31	5/15 (5/30)
반기보고서	4/1 ~ 6/30	1/1 ~ 6/30	8/14 (8/29)
3분기보고서	7/1 ~ 9/30	1/1 ~ 9/30	11/14 (11/29)
사업보고서	10/1 ~ 12/31	1/1 ~ 12/31	3/31 (윤년 3/30)

분기·반기보고서는 결산 기간 종료 후 45일 이내에 공시해야 하며, 사업보고서는 90일 이내에 공시해야 한다. 12월 결산법인의 반기를 예로 든다면 6월 30일로부터 45일 이내인 8월 14일까지 공시해야 한다. 그런데 이런 원칙에서 예외사항을 적용 받는 기업들이 있다. 연결재무제표를 작성한 지 아직 2년밖에 안 된 상장기업들이 바로 여기에 해당된다. 두 가지 사례를 예로 들어보자.

[사례 1] A제약사는 자회사 하나 없는 단일기업이었다. 이 기업은 2014년 10월에 원료의약품 회사인 B회사의 지분 60%를 인수하며 종속기업(자회사)으로 편입시켰다. A제약사는 2014년 밑부터 B회사의 재무제표와 합친 연결재무제표를 작성한다.

[사례 2] C기업은 2015년 7월에 유가증권시장에 상장했으며 종속기업 18개를 거느린 대형 광고대행사이다. C기업은 자신의 재무제표와 종속기업 18개사의 재무제표를 합친 연결재무제표를 작성한다.

[사례 1], [사례 2]와 같은 기업의 2016년 반기보고서는 8월 14일이 아닌 8월 29일까지 공시하면 된다. 즉, 반기인 6월 30일로부터 60일 이내에 공시하는 것이다. 이 기업들은 종속기업 취득 전 또는 상장 전에 반기 연결재무제표를 작

성해서 공시한 경험이 없기 때문에 2년간 일종의 유예기간을 준다. 3분기 때에도 마찬가지 규정이 적용된다. 유예기간 2년이 지나면 이 기업들도 다른 기업과 마찬가지로 45일 이내에 분기 및 반기보고서를 공시해야 한다.

내가 투자한 기업의 분기보고서가 45일이 지나도 공시가 되지 않는다고 혹시 무슨 문제가 생긴 것은 아닌가 하는 걱정과 오해는 하지 말길 바란다. 아마 그 기업은 상장한 지 얼마 되지 않은 기업이거나 개별재무제표만 만들다가 종속기업이 생기면서 연결재무제표를 만들게 된 기업임이 분명하다.

한편 분·반기보고서와 사업보고서 간에는 많은 내용의 차이가 존재한다. 특히 2016년 5월 금융당국은 '공시 및 회계제도 개선 방안'을 발표해, 앞으로 기업들의 회계를 더욱 간소화해 업무 부담을 완화하도록 했다. 즉, 사업보고서의 내용은 충분하게 실리는데 반해, 분·반기보고서는 지금도 내용이 적은데 앞으로 더 줄이겠다는 것이다. 이는 정보이용자의 입장에서 볼 때 매우 나쁜 정책이라고 생각한다. 우리나라 기업의 회계 투명성은 전 세계적으로 최하위 수준에 머물 정도로 신뢰도가 바닥인데 내용을 더 간소화시킨다면, 정보가 부족한 개인·기관·외국인 투자자가 선뜻 투자에 나설까? 정보제공자인 기업 입장에서는 방대한 정기보고서를 만들어내는 게 힘든 일일 것이다. 그렇지만 정보는 투명하고 충실하게 작성되는 게 원칙이며, 모든 정보가 공개되어야만 투자자들의 신뢰를 얻어 투자로도 이어질 것이다. 그렇게 되면 코리아 디스카운트도 자연스럽게 해소될 것이고 기업가치는 알아서 올라갈 텐데, 그저 안타까울 따름이다.

이사의 경영진단 및 분석의견, 영업보고서 첨부물을 적극 읽어라

사업보고서에는 투자자가 가장 궁금해 하는 회사 실적에 대한 원인 분석이 자세히 실린다. 이 책에서는 이런 내용을 업종별로 분석하면서 풀어나갈 생각이므로 여기에서는 자세한 추가 분석은 생략하도록 하겠다. 이런 내용이 사업보고서의 어디에 있는지 먼저 확인하고, 독자 스스로 투자한(할) 기업의 사업보고서에서 이사의 경영진단 및 분석의견 편을 읽어 보길 바란다.

〈그림 1-4〉 삼성전자 사업보고서 중 'V. 이사의 경영진단 및 분석의견'

			전사 매출	200,653,482	100.0%	206,205,987	100.0%	△5,552,505	△2.7%
			CE	1,254,187	4.7%	1,184,325	4.7%	69,862	5.9%
			IM	10,142,022	38.4%	14,562,885	58.2%	△4,420,863	△30.4%
영업이익			반도체	12,787,297	48.4%	8,776,442	35.1%	4,010,855	45.7%
	DS		DP	2,295,367	8.7%	660,181	2.6%	1,635,186	247.7%
			계	14,887,262	56.4%	9,430,915	37.7%	5,456,347	57.9%
		전사 영업이익		26,413,442	100.0%	25,025,071	100.0%	1,388,371	5.5%

[△는 부(-)의 수치임]

(CE 사업부문)

- CE 사업부문의 제47기 매출은 46조 8,954억으로 전년대비 6.6% 감소하였고, 영업이익은 연결기준 1조 2,542억으로 전년대비 699억이 증가하였습니다.

여기에는 사업부문별 실적의 증가와 감소에 대한 원인 분석이 있고, 앞으로 어떻게 사업을 할 것인지 등에 대한 설명이 이어서 나온다. 이 정도만 자세히 읽어 보아도 굳이 회사에 전화해서 왜 매출이 줄었는지, 왜 영업이익이 크게 감소했는지에 대한 질문을 할 필요가 없다. 회사마다 분석 내용에 대한 깊이가 다 다르므로, 이사의 경영진단 및 분석의견 편만 읽어 봐도 회사가 얼마나 정보이용자를 위해 최선을 다해 사업보고서를 만들었는지를 알 수 있다. 여기에 내용을 좀 더 보충한다면 사업보고서에 첨부되어 있는 영업보고서도 읽기를 권한다. 시간이 없거나 아직 주주가 아니어서 주주총회에 참석할 수 없는 정보이용자를 위해, 회사는 주주총회 때 배포하는 영업보고서를 사업보고서에 첨부한다. 이는 〈그림 1-5〉와 같이 확인할 수 있다.

〈그림 1-5〉 삼성전자 영업보고서

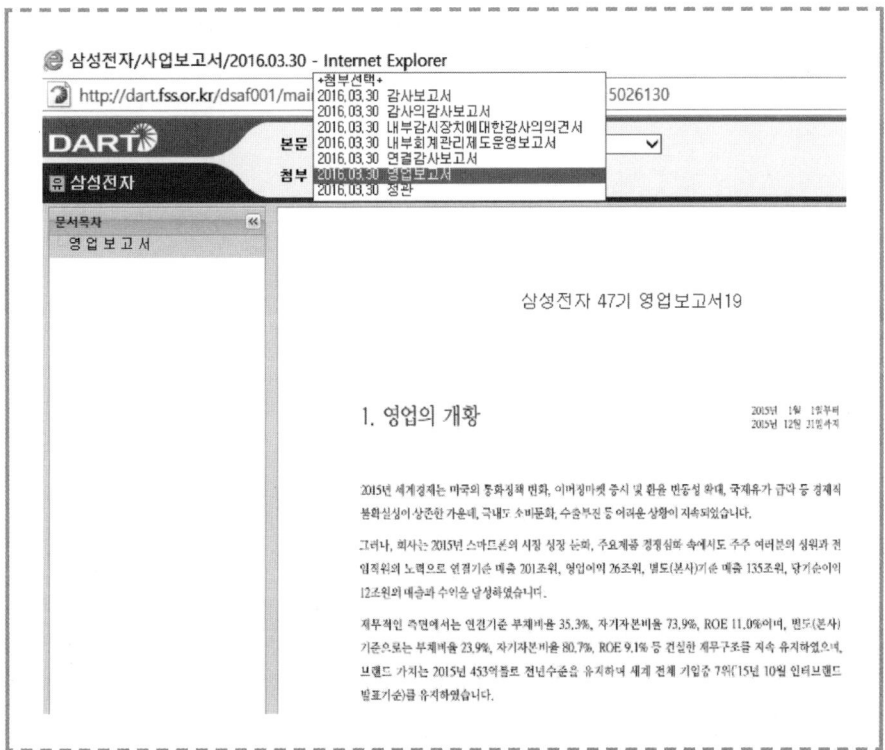

이사의 경영진단 및 분석의견 편과 영업보고서 첨부물은 분·반기보고서에는 실리지 않고 오직 사업보고서에만 실리며 내용이 꽤 방대하다. 투자자가 궁금해 하는 내용이 자세하게 수록되어 있으므로 관심 있는 기업에 대해서는 시간을 가지고 읽어 보길 권한다.

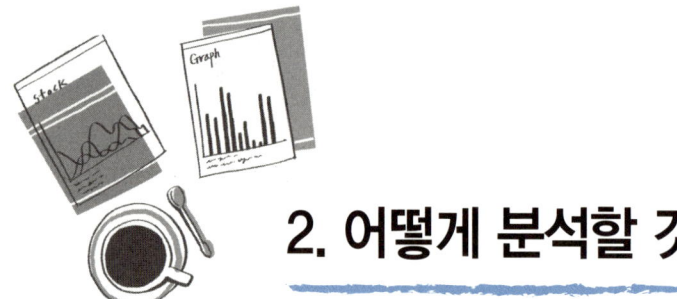

2. 어떻게 분석할 것인가

큰 숫자부터 확인하라

『박 회계사의 재무제표 분석법』이 출간된 후 강의 수강자 및 독자들과 소통하면서 많이 들었던 고민 중의 하나가 비로 회계 공부를 마치고 관심기업의 재무제표를 들여다보려니 어디서부터 어떻게 봐야하는지 잘 모르겠더라는 것이었다.

이에 대한 첫 번째 답은 큰 숫자부터 확인하라는 것이다. 〈그림 1-6〉 삼성전자의 2015년 재무제표를 보면서 살펴보자.

〈그림 1-6〉 삼성전자 2015년 연결재무상태표

(단위: 백만원)

	제 47 기	제 46 기	제 45 기
자산			
유동자산	124,814,725	115,146,026	110,760,271
현금및현금성자산	22,636,744	16,840,766	16,284,780
단기금융상품	44,228,800	41,689,776	36,722,702
단기매도가능금융자산	4,627,530	3,286,798	1,488,527
매출채권	25,168,026	24,694,610	24,988,532
미수금	3,352,663	3,539,875	2,887,402
선급금	1,706,003	1,989,470	1,928,188
선급비용	3,170,632	3,346,593	2,472,950
재고자산	18,811,794	17,317,504	19,134,868
기타유동자산	1,035,460	1,795,143	2,135,589
매각예정분류자산	77,073	645,491	2,716,733

　〈그림 1-6〉은 삼성전자의 2015년 말 재무상태표이다. 그림을 보면 굵은 선으로 표시된 상자 안의 숫자가 다른 숫자들보다 월등히 크다는 것을 알 수 있다. 한정된 시간에 큰 기업을 분석하는데 '현금및현금성자산' 같은 큰 숫자에 시간을 할애해야지, 금액이 얼마 되지 않는 '매각예정분류자산' 같은 계정과목에 매달려서는 안 된다.

　삼성전자는 제조업이기 때문에 유형자산, 매출채권, 재고자산이 많다. 그리고 매년 많은 이익을 창출하기 때문에 현금및현금성자산과 단기금융상품이 많다.

　이렇게 큰 숫자들을 먼저 뽑아낸 다음에는 어떻게 해야 할까?『박 회계사의 재무제표 분석법』을 읽은 독자라면 책에 나와 있는 계정과목별로 살펴봐야 하는 내용들을 먼저 검토해야 한다. 현금및현금성자산과 단기금융상품을 예로 들어보자. 자산 내용만 보면 회사에 돈이 정말 많다는 것을 알 수 있다. 그런데 현금및현금성자산과 단기금융상품이 회사 돈이 아니고 은행 돈이라면 어떨까? 진짜 회사 돈인지 확인하려면 '현금및현금성자산＋단기금융상품－차입금－사채'에 대입해 보면 된다.

〈표 1-2〉는 삼성전자의 2015년 연결재무상태표에서 관련 계정과목과 금액을 요약한 표이다.

〈표 1-2〉 삼성전자 2015년 순현금성자산금액

	금액 (단위 : 백만 원)
자산	
현금및현금성자산	22,636,744
단기금융상품	44,228,800
부채	
단기차입금	−11,155,425
유동성장기부채	−221,548
사채	−1,230,448
장기차입금	−266,542
순현금성자산금액	53,991,581

자산에 포함된 현금및현금성자산과 단기금융상품이 부채에 포함된 차입금과 사채보다 많고, 순현금성자산금액이 약 54조 원 정도 됨을 알 수 있다. 삼성전자의 시가총액이 200조 원 내외인 점을 고려한다면, 시가총액의 25%는 현금으로 이루어져 있다고 판단할 수 있다. 사실 이는 보수적으로 산출한 금액이다. 안전자산인 현금및현금성자산과 단기금융상품은 예금, 적금 등만 고려했기 때문이다. 이외에 삼성전자가 투자한 채권, 주식 등을 합치면 시가총액의 더 많은 부분이 금융자산으로 이루어져 있기 때문에 자산가치가 꽤 탄탄한 기업이라고 평가할 만하다.

다음에는 현금흐름표상에서 영업활동현금흐름을 살펴보자. 〈그림 1-7〉은 삼성전자의 2013~2015년 영업활동 현금흐름을 나타낸 표이다.

〈그림 1-7〉 2013~2015년 삼성전자의 영업활동 현금흐름

(단위 : 백만 원)

	제 47 기	제 46 기	제 45 기
영업활동 현금흐름	40,061,761	36,975,389	46,707,440

최근 3년간 삼성전자는 영업활동에서 현금흐름을 40조 원씩 창출해내고 있다. 회사에 현금이 쌓일 수밖에 없는 이유다.

이번에는 〈표 1-3〉에서 반대의 경우를 생각해 보자.

〈표 1-3〉 대우조선해양 2014년 순현금성자산금액

	금액 (단위 : 백만 원)
자산	
현금및현금성자산	138,783
단기금융상품	26,685
부채	
단기차입금	-2,322,462
유동성장기부채	-854,511
사채	-2,416,119
장기차입금	-2,039,757
순현금성자산금액	-7,467,381

〈표 1-3〉은 부실 의혹이 표면 위로 드러나기 전인 2014년의 대우조선해양 연결재무상태표 금액이다. 현금및현금성자산과 단기금융상품을 합치면 1,655

억 원이 되지만, 사채와 차입금이 7조 6,328억 원으로 더 많다. 즉 회사가 가지고 있는 돈은 결국 은행 돈이라는 이야기다. 회사가 대규모 투자를 위해 많은 차입금을 일으켰을 수도 있다. 문제는 이 돈을 나중에 갚아야 한다는 것이고 그러기 위해서는 사업에서 열심히 돈을 벌어야 한다. 돈을 벌어서 차근차근 갚아 나갈 능력만 있다면 차입금이 많은 게 나쁘지만은 않다. 저금리시대에 기업 입장에서는 유상증자보다 차입금이 더 나은 자금조달 방법일 수도 있다. 정말 돈을 잘 벌고 있는지를 확인하려면 역시 현금흐름표를 찾아봐야 한다. 〈그림 1-8〉과 같이 영업활동현금흐름에서 돈을 많이 버는지 확인해 보자.

〈그림 1-8〉 대우조선해양 2012~2014년 영업활동 현금흐름

연결 현금흐름표

제 15 기 2014.01.01 부터 2014.12.31 까지
제 14 기 2013.01.01 부터 2013.12.31 까지
제 13 기 2012.01.01 부터 2012.12.31 까지

(단위 : 원)

	제 15 기	제 14 기	제 13 기
영업활동으로 인한 현금흐름	(560,227,442,746)	(1,197,909,568,674)	(996,054,288,110)

〈그림 1-8〉은 대우조선해양의 2012년부터 2014년까지 영업활동으로 인한 현금흐름이다. 매년 영업활동으로 인한 현금흐름이 유입(+)이 아닌 유출(-)로 기록되어 있다. 이익을 내는 것으로 알려져 있었지만 정작 돈은 벌지 못하는 상황이 수년째 계속되어 온 것이다. 이렇게 차입금이 많은 기업은 영업활동에서 돈을 벌지 못하면 당연히 위기가 올 수밖에 없다. 예전부터 이 회사의 사업보고서를 봐온 투자자라면 대우조선해양의 부실화에 대해 짐작하고 있었을 것이고, 간과했던 투자자라면 큰 충격으로 다가왔을 것이다.

이렇게 재무제표에서 큰 숫자부터 뽑고 그다음에 숫자와 관련된 다양한 분석을 진행하면 된다.

유기적으로 분석하라

분석을 잘하기 위해서는 사업보고서 내에서 숫자를 유기적으로 분석해야 한다. 제조업에서 매출액을 분석한다면 우선 손익계산서에서 〈그림 1-9〉와 같이 숫자를 뽑아보아야 한다.

〈그림 1-9〉 삼성전자 2013~2015년 매출액

(단위 : 백만 원)

	제 47 기	제 46 기	제 45 기
수익(매출액)	200,653,482	206,205,987	228,692,667

〈그림 1-9〉는 2013년부터 2015년까지 삼성전자 손익계산서 중에서 매출액만 발췌한 것이다. 매출액이 228조 원(이하 반올림 생략) → 206조 원 → 200조 원으로 감소 추세에 있음을 알 수 있다. 그냥 매출이 감소 추세인가보다 하고 단순하게 생각한다면 아무 의미 없는 분석이 될 것이다. 매출액이 왜 감소했는지, 어디에서 감소했는지 알아보는 작업도 필요하고, 매출채권은 잘 회수되는지, 현금흐름은 괜찮은지 등도 살펴봐야 한다. 매출액의 증가와 감소에 대한 원인 분석은 제조업 사업보고서 편에서 심층적으로 다루고 있으므로, 여기서는 매출채권과 유기적으로 분석하는 방법만 살펴보도록 하자.

위의 표에 재무상태표에 있는 매출채권 잔액을 붙여보자.

〈그림 1-10〉 삼성전자 2013~2015년 매출액과 매출채권

(단위: 백만 원)

	제 47 기	제 46 기	제 45 기
수익(매출액)	200,653,482	206,205,987	228,692,667
매출채권	25,168,026	24,694,610	24,988,532
매출액/매출채권	8.0	8.4	9.2

　　매출액이 매출채권 금액의 약 8~9배 정도 크다는 것을 알 수 있다. 이것은 무엇을 의미할까?

　　46기(2014년 말)에 삼성전자가 보유한 매출채권은 24조 원이다. 그리고 47기(2015년) 1년 동안 발생한 매출액은 200조 원이며, 2015년 말에 매출채권은 25조 원이 남아 있다. 매출채권이 25조 원 남아 있다는 말은 전년도 말의 매출채권 잔액 24조 원과 올해 매출액 200조 원의 합인 224조 원 중에서 25조 원을 빼고 대부분을 회수했다는 이야기다. 즉, 매출채권을 회수했으니 현금이 늘었을 것이다. 물론 숫자가 이렇게 딱딱 맞아 떨어지지는 않는다. 매출채권의 증가나 감소는 매출 증가나 채권회수가 주원인으로 작용하는 것이 맞지만, 환율 상승(하락)에 따른 매출채권의 금액 변동이나 거래처 부도 등에 따른 대손충당금이 원인이 되기도 한다. 그러니 금액을 정확히 맞춰보겠다는 시도는 하지 말기를 바란다. 매출채권이 정말 잘 회수되는지를 추가로 확인하려면 〈그림 1-7〉 현금흐름표에서 영업활동현금흐름이 잘 들어오는지를 보면 되고, 그렇지 않다면 〈그림 1-11〉과 같이 대손 및 매출채권 연령 관련 주석사항을 찾아보면 된다.

〈그림 1-11〉 삼성전자 매출채권 및 미수금 내역과 대손충당금 변동 내역 주석사항

10. 매출채권 및 미수금 :

가. 보고기간종료일 현재 연결회사의 매출채권 및 미수금의 내역은 다음과 같습니다.

(단위: 백만원)

구 분	당기말		전기말	
	매출채권	미수금	매출채권	미수금
채권액	25,520,385	3,585,895	25,008,013	3,559,111
차감: 대손충당금	(326,861)	(49,291)	(277,788)	(9,894)
소 계	25,193,524	3,536,604	24,730,225	3,549,217
차감: 장기 채권	(25,498)	(183,941)	(35,615)	(9,342)
유동항목	25,168,026	3,352,663	24,694,610	3,539,875

당기 및 전기말 현재 연결회사가 금융기관 등에 양도한 매출채권 중 담보부 차입금으로 회계처리한 것은 각각 8,738,448백만원 및 4,661,384백만원입니다(주석15 참조).

나. 당기 및 전기 중 대손충당금의 변동내역은 다음과 같습니다.

(단위: 백만원)

구 분	당기		전기	
	매출채권	미수금	매출채권	미수금
기초	277,788	9,894	267,675	20,046
대손상각(환입)	58,513	41,195	17,475	(5,700)
제각	(2,963)	(3,235)	(6,017)	(1,491)
기타	(6,477)	1,437	(1,345)	(2,961)
기말	326,861	49,291	277,788	9,894

재무상태표에는 매출채권 총액에서 대손충당금이 차감된 순액에 대한 정보만 나와 있으므로 매출채권 총액이 얼마이고, 어느 정도의 금액만큼 대손충당금을 쌓아 놨는지 추가로 확인해 볼 필요가 있다. 매출채권 총액 대비 대손충당금이 너무 많이 쌓여 있다면 가공매출까지도 의심해 봐야 하기 때문이다. 매출이 발생되어서 손익은 좋아지지만 정작 채권회수가 안 되어서 대손충당금

만 쌓이는 구조로 회사가 운영된다면 머지 않아 자금 부족으로 망할 것이기 때문이다. 〈그림 1-11〉을 보면 매출채권 총액 25조 5,203억 원 대비 대손충당금은 3,268억 원이다. 매출채권 총액 대비 약 1.3% 정도에 해당되는 금액이다. 대손충당금을 쌓아 놨다고 해서 못 받는 돈으로 분류해서는 안 된다. 채권연령이 오래되거나 거래처와의 이견 등으로 인해서 잠시 채권 회수에 어려움을 겪을 수도 있기 때문이다. 또한 우리나라 세법상 매출채권 총액 대비 대손충당금 1% 정도 금액은 비용으로 인정해 주기 때문에 절세의 목적이 반영되었을 수도 있다. 실제 매출채권 중에서 회수가 되지 않아서 아예 채권을 지워버리는 경우는 〈그림 1-11〉에 나오는 '제각'만 해당된다. 그 금액은 표에서 보듯이 매출채권 총액 대비 0.01%밖에 되지 않는다.

이렇게 손익계산서의 매출액 하나만 보더라도 재무상태표의 매출채권, 현금흐름표, 주석사항 등과 유기적으로 연결해서 분석하는 방법을 권장한다.

공식을 써서 좀 더 자세히 분석하려면 다음과 같은 식을 사용하면 된다.

$$\text{매출채권 회전율} = \frac{\text{매출액}}{\text{평균 매출채권}} = \frac{200{,}653{,}402}{(25{,}168{,}026 + 24{,}694{,}610)/2} = 8$$

$$\text{매출채권 회수 기간} = \frac{365\text{일}}{\text{매출채권 회전율}} = \frac{365}{8} = 46\text{일}$$

공식에 따르면 매출채권이 회수되는 데 평균 46일 정도 걸린다고 추정할 수 있다. 실제 기업 내에서 입금액 정보를 가지고 측정해 보면 숫자는 당연히 달라질 것이다. 그러나 사업보고서 정보이용자는 이렇게 분석하는 게 최선의 방법이다. 이처럼 공식을 써도 되지만 매출액이 매출채권의 몇 배 정도인지만 확인해도 비슷한 수치로 계산할 수 있다. 이 회전율과 회수 기간이 빠른지 느린

지에 대한 판단은 과거와 비교하거나 동종 기업들과 비교하는 식으로 판단하면 된다.

〈그림 1-12〉 인포피아 매출액과 매출채권

(단위: 원)

	제 20 기	제 19 기	제 18 기
매출액	50,383,419,123	55,082,230,391	50,982,112,310
매출채권	19,764,432,512	24,048,476,818	18,018,238,021
매출액/매출채권	2.5	2.3	2.8

〈그림 1-12〉는 2016년에 상장폐지된 인포피아의 매출액과 매출채권을 정리한 것이다. 〈그림 1-10〉의 삼성전자보다 매출채권 회전율이 작고, 회수 기간도 매우 느릴 것으로 예상된다. 물론 동종기업이 아니므로 두 기업을 단순비교하는 것은 무리다. 따라서 동종기업으로 분류되는 기업들과 비교해서 원래 업종 자체의 매출채권 회수 기간이 느린 것인지 확인해 봐야 한다. 그런데 이 기업의 매출채권에 대한 대손충당금 정보를 보면 의아한 점이 있다.

〈그림 1-13〉 인포피아 매출채권 주석사항

9. 매출채권

(1) 보고기간 말 현재 연결회사의 매출채권은 다음과 같습니다(단위: 천원).

구 분	당기말	전기말
매출채권	45,003,057	49,916,538
대손충당금	(25,238,625)	(25,868,062)
매출채권(순액)	19,764,433	24,048,476

〈그림 1-13〉에서 보듯이 매출채권 총액 대비 대손충당금 설정금액이 무려 50%가 넘는다. 과거에는 매출로 인식했지만, 결국 매출채권 회수가 되지 않아 대손충당금을 엄청나게 설정했다는 이야기다. 과거의 매출이 가공매출은 아니었는지 의심하게 되는 대목이다.

이렇게 매출채권에 대한 주석사항에서 대손충당금을 확인해야 재무제표에 표시된 매출액과 매출채권에 대한 신뢰성까지 판단할 수 있게 된다. 이 기업은 대표이사 횡령 및 배임 혐의로 회계감사 의견거절을 받고 상장폐지되었다. 그러나 과거 재무제표 주석사항에서 대손충당금만 확인했다면 위험에 대한 회피는 충분히 가능했을 것이다. 3년 전인 2012년에 벌써 매출채권의 59%를 대손충당금으로 설정할 정도였으니 가공매출에 대한 의심을 지우기 어렵다.

재무비율 분석은 절대 하지 마라

일률적인 잣대로 모든 기업의 재무제표를 분석하면 좋겠지만 그렇게 하는 것은 큰 의미가 없다. 재무비율 분석은 가장 대표적인 기업 분석 방법으로 알려져 있지만, 저자는 항상 무용론을 주장한다. 기업의 재무제표에 대한 구체적인 분석 없이 정해진 공식만 대입해서 구한 비율은 해석 자체가 불가능하기 때문이다.

〈표 1-4〉에서 한국전력공사의 요약 손익계산서를 살펴보자.

〈표 1-4〉 한국전력공사 2014~2015년 요약 손익계산서

(단위 : 백만 원)	2015년	2014년	증감	증감율
매출액	58,957,722	57,474,883	1,482,839	3%
영업이익	11,346,732	5,787,565	5,559,167	96%
당기순이익	13,289,127	2,686,873	10,602,254	395%

2015년 한국전력의 실적을 보면 2014년에 비해 매출액은 3% 증가했으며, 영업이익은 96% 증가했고, 당기순이익은 무려 400% 가까이 증가했다. 유가 및 국제 원자재 등의 가격이 큰 폭으로 떨어지면서 발전원가가 싸진 것이 영업이익이 급증한 원인이다. 전기료가 내려가지 않았으니 매출액은 유지가 되고, 매출원가는 떨어지니 이익이 커질 수밖에 없는 구조다. 그런데 영업이익 증가에 비해 당기순이익 증가가 큰 폭으로 나타나는데 이는 왜 그럴까?

뉴스를 통해 많이 알려진 대로 한국전력의 서울 삼성동 본사 토지·건물(유형자산)을 현대자동차에 매각한 것이 주된 이유이다. 즉, 유형자산을 처분하면서 발생한 이익이 영업이익과 당기순이익 사이인 기타이익에 포함되었음을 손익계산서를 통해 확인할 수 있다. 이는 1회성 이익이며 영업활동과 무관하므로 영업이익에 잡히지 않는다. 2016년에 한국전력이 다시 부동산을 매각해서 막대한 이익을 낼 가능성은 거의 0%에 가깝기 때문에 2016년 순이익은 2015년 같이 크게 증가할 수 없다.

이제 시장에서 흔히 분석지표로 활용하는 PER을 보도록 하겠다. 편의상 2015년 말과 2014년 말의 시가총액과 순이익 기준으로 정리하면 〈표 1-5〉와 같다.

〈표 1-5〉 한국전력공사 2014~2015년 시가총액과 당기순이익 증감률

(단위 : 백만 원)	2015년	2014년	증감	증감율
1. 시가총액	32,098,204	27,411,866	4,686,338	17%
2. 당기순이익	13,289,127	2,686,873	10,602,254	395%
3. PER (1/2)	2	10	-8	-76%

당기순이익이 4배 가까이 오른 데 비해 주가는 17% 상승에 그쳤다. 2014년에 PER이 10배 수준이었으니 2015년에는 주가가 급등해야 되지 않겠냐는 의문을 가질 수 있다. 또한 2015년의 주가 수준은 PER 2 정도밖에 되지 않는 초저평가주라고 판단할 수 있다. 하지만 자본시장은 냉정하다. 앞에서도 언급했지만 전기료를 내리지 않아서 매출액은 계속 예년 수준으로 유지가 되고 발전원가는 계속 낮아지므로 영업이익은 계속 증가하겠지만, 다른 토지·건물을 비싸게 팔지 않는 이상 한국전력의 순이익이 큰 폭으로 증가할 가능성은 낮다.

이렇게 재무제표 숫자 몇 개로 비율 분석해서 단순히 주가가 싸다, 비싸다, 저평가다, 고평가다라는 결론을 내리지 말라고 강력하게 권한다. 기업을 이렇게 단순하게만 분석할 수 있다면 더없이 좋겠지만, 생각보다 많은 시간을 투입해 이것저것 찾아봐야 비로소 제대로 된 기업 분석을 할 수 있다. 〈표 1-6〉에서 또 다른 사례를 살펴보자.

〈표 1-6〉 ○○기업의 2011~2013년 재무비율 증감률

	2011년	2012년	2013년
매출액증가율	181%	79%	38%
영업이익증가율	181%	124%	22%
유동비율	152%	140%	165%
부채비율	161%	155%	147%

〈표 1-6〉에 정리되어 있는 재무비율을 살펴보면 입이 떡 벌어질 것이다. 표로만 보면 이 기업은 매출액이 181%, 79%, 38%씩, 영업이익도 181%, 124%, 22%씩 매년 급증하고 있다. 높은 성장세로 인해 유동비율은 좋아지고 있고 부채비율은 내려가고 있다. 유동비율은 유동자산을 유동부채로 나눈 값으로 기업의 단기 채무 지급 능력을 측정하는 재무비율이다. 유동자산이 크고 유동부

채가 작아야 유동비율이 커지게 되며, 금융권에서는 통상 200% 이상이 되어야 안정적이라고 평가한다. 부채비율은 부채를 자본으로 나눈 값으로 수치가 작아야 좋다. 부채보다 자본이 커야 안정성도 좋고 주주 몫인 자본이 많아야 기업가치 또한 좋게 평가될 것이다.

이렇게 환상적인 재무비율을 보여 준 기업이 돌연 2014년에 부도를 내고 말았다. 다행히 비상장기업이라 투자자들의 피해는 거의 없었지만 대출을 해준 은행의 피해는 막심했다. 〈표 1-6〉의 훌륭한 재무비율을 보여 준 주인공은 사회적으로 큰 물의를 일으킨 '모뉴엘'이다. 이 회사는 가공매출을 일으켜 분식회계를 한 것으로 판명되어 증권선물위원회의 제재를 받았다. 가공매출로 분식회계를 했기 때문에 매출액 증가율과 영업이익 증가율도 급증했을 것이고, 유동자산인 매출채권 숫자도 커졌다. 그리고 이익을 많이 낸 것으로 재무제표가 작성되었으니 덕분에 자본이 커지는 효과도 생겼다. 이렇게 분식회계로 재무제표가 만들어지면 재무비율은 당연히 좋게 보일 수밖에 없다. 그러나 모뉴엘의 재무제표를 풀버전으로 분석해 보면 이상한 점이 한둘이 아니다. 이익 잘 나는 기업이 왜 매출채권을 만기 전에 할인해서 현금화하고, 차입금은 왜 계속 증가하는지, 재고자산은 왜 비정상적으로 계속 늘어나는지, 이익에 비해 영업활동현금흐름은 너무 작은 게 아닌지 등 보면 볼수록 의문투성이다.

몇몇 은행은 이런 재무제표상의 이상한 점들을 발견해 회사가 부도나기 전에 대출을 중지하고 기존 대출금도 모두 상환받아서 위험을 피했다. 그러나 위험을 제대로 인지하지 못한 나머지 은행들은 피해를 피할 수 없었다.

이렇기 때문에 재무비율 분석보다는 재무제표 전체를 분석하는 능력을 키워야 한다. 특히 한국채택국제회계기준으로 변경된 후부터 재무제표가 더욱 간결하게 작성되어 공시되므로 주석사항까지 꼼꼼하게 봐야 하는 어려움이 있다. 이제는 부지런히 사업보고서를 찾아보는 사람만이 위험을 피하고 기회를 얻을 수 있게 되었다. 앞서 언급한 대로 숫자는 큰 숫자 위주로 파악해서 유기적으로 분석하고, 주석사항의 중요한 부분은 주의 깊게 읽어보면 된다. 여기에 더 완벽을 기하려면 바로 해당 기업이 속한 업종의 특성까지 고려해서 분석해야 한다는 점이다.

업종별 특성을 고려하라

　제조업은 물건을 만들어 판다. 도·소매업은 물건을 사와서 판다. 똑같이 재화를 공급하지만 생산과정이 있는 기업은 도·소매업에 비해 재무제표가 엄청나게 복잡하다. 더욱이 우리나라 상장기업의 절대 다수가 제조업에 해당되므로 제조업에 대한 이해는 필수적이다. 그리고 제조업의 구조만 제대로 이해하면 복잡해 보이는 다른 업종도 쉽게 이해할 수 있게 된다.

　제조업은 싸게 생산해서 비싸게 많이 파는 게 중요하다. 도·소매업 역시 싸게 사와서 비싸게 많이 파는 게 중요하다. 그렇다면 싸게 생산하는지, 싸게 생산할 수 있는 여건이 조성되어 있는지를 파악할 필요가 있다. 이를 위해서는 사업보고서의 사업의 내용과 재무제표의 주석사항을 서로 조합해서 분석해야 한다. 예를 들어 사업의 내용편에 나온 원재료의 가격과 재무제표 주석사항에 실린 원재료 금액을 비교하는 식이다.

　도·소매업은 물건을 사와서 파는 구조이므로 싸게 사와서 비싸게 파는지를 보려면 매출총이익을 매출액으로 나눠서 마진율을 분석하면 된다. 그러나 도·소매업은 직접 매입해서 직접 판매하는 형태도 있지만 단순 중개만 하는 거래 구조도 있기 때문에 이를 분리해서 분석해야 정확한 판단이 가능하다. 단순 중개만 하는 거래 구조에서는 상품과 관련된 매출원가가 없기 때문이다.

　제조업과 도·소매업이 물건을 만들어 파는 구조인가, 사와서 파는 구조인가 정도로 단순하게 구분되는 것 같지만 조금만 깊게 들어가면 이렇게 체크해야 할 부분이 많다. 따라서 앞의 분석 과정을 거치지 않는다면 잘못된 투자 판단을 할 수도 있다.

기업에 대해 완벽하게 이해하는 것이 우리의 최종 목표이기는 하지만 사실 그것은 현실적으로 불가능하다. 왜냐하면 기업에 대한 모든 정보가 완전하게 공시되지는 않기 때문에 정보이용자 입장에서 기업을 완벽하게 이해하는 것 자체가 불가능하다. 그러나 주어진 정보를 가지고 최선의 분석은 할 수 있고, 최선의 분석이 뒷받침되면 투자에 대한 확신을 가질 수 있다.

앞으로는 일률적인 잣대인 PER, PBR, ROE 등 단순 재무비율로 분석하는 방법을 지양하고, 업종별로 나누어서 중요한 포인트를 반드시 확인하는 좋은 투자 습관을 들이도록 하자.

2장

제조업

싸게 만들어서 비싸게 많이 파는 기업인가?

만들어서 파는 재화를 제품이라고 하고, 사와서 파는 재화를 상품이라고 한다. 그리고 재화를 만들어서 팔면 제조업, 사와서 팔면 도·소매업으로 분류한다. 제조업과 도·소매업의 차이는 〈표 2-1〉과 같다.

〈표 2-1〉 제조업과 도·소매업의 차이

	제조업	도·소매업
재무상태표 표시	재고자산 원재료 재공품 제품 반제품	재고자산 상품
손익계산서 표시	제품매출액 제품매출원가	상품매출액 상품매출원가
매출원가의 구성	원재료비 인건비 제조경비(감가상각비, 전기료 등)	상품 구입가격

〈표 2-1〉과 같이 도·소매업은 매우 간단한 데 비해 제조업은 내용도 많고 복잡한 편이다. 특히 매출원가가 그렇다. 도·소매업의 매출원가는 팔기 위해 구입해 온 상품의 가격이므로 매우 간단하지만, 제조업의 매출원가는 제품을 만드는 데 들어가는 비용이므로 구성요소가 많다. 크게 원재료비, 인건비, 제조경비로 나누고, 이를 가리켜 원가의 3요소라고 이야기한다. 손익 분석 역시 이 기준으로 하면 매우 효율적이고, 원가 낭비 요소나 개선점을 찾는 데도 효과적이다. 그러나 그것은 회사 내부에서나 가능한 이야기다. 기업의 원가 정보가 외부로 공개될 리 만무하기 때문에 사업보고서 정보이용자 입장에서는 활용하지 못하는 이론일 뿐이다. 사업보고서를 가지고 분석하고 예측해야 하는 투자자나 정보이용자 입장에서는 회사 손익 분석을 위한 다른 방법을 찾아야 한다.

정보의 한계로 인해 기업을 100% 완벽하게 이해할 수는 없지만 앞으로 소개할 방법으로 접근한다면 정확성도 올릴 수 있고 미래에 대한 추정도 가능하게 될 것이다. 무엇보다 매일매일 신문 읽듯이 반복적으로 여러 기업의 사업보고서를 자주 접하다 보면 분석 내공이 계속 올라가게 될 것이다.

여기서 소개하는 분석 방법은 제조업뿐 아니라 앞으로 소개할 여러 산업에도 응용되므로 꼭 습득하기를 당부한다.

1. B2B인가, B2C인가

기업이 제품을 만들어서 다른 기업에 판매하면 B2B_{Business to Business}, 소비자에게 판매하면 B2C_{Business to Customer}라고 한다. B2B, B2C는 전자상거래에서 쓰는 용어이므로 다른 분야에서 사용하기에는 정확한 표현이 아닐 수 있다. 그러나 보통 편의상 기업이 만드는 제품의 최종 수요처가 기업이면 B2B, 소비자면 B2C라고 분류한다.

예를 들어 자동차나 전자제품의 부품, 소재, 장비를 만드는 기업이나 화학산업 등이 B2B로 분류될 것이고, 식음료, 제약, 의류, 생활용품, 전자제품, 가구류 등이 B2C로 분류될 것이다. 물론 식음료, 제약 등은 회사가 개인에게 바로 팔지 않고 중간에 여러 유통채널을 거치므로 회사 입장에서는 B2B가 되겠지만, 제품의 특성을 볼 때 B2C에 가깝다는 의미이다.

삼성전자 같은 경우에는 크게 모바일제품, 가전, 반도체, 디스플레이 4개로 나누는데, 여기서 B2C는 모바일제품과 가전이 될 것이고, 반도체와 디스플레이는 B2B가 될 것이다. 소비자가 반도체나 LED모듈만을 사지도 않을 뿐더러

기업이 개인한테 판매하지도 않기 때문이다.

B2B의 특징

B2B에 속한 기업들을 바라볼 때 먼저 생각해야 할 점은 그 기업의 위상이다. 쉽게 말해 갑(甲)의 위치인지, 을(乙)의 위치인지부터 살펴봐야 한다. 갑을관계가 사회적으로 계속 물의를 일으키기 때문에 좋지 않은 표현이기는 하지만 여전히 존재하고 있고, 그 관계에 따라 기업의 가치도 달라질 수 있기 때문에 어쩔 수 없이 이런 용어를 사용하도록 하겠다.

반도체를 제조하는 삼성전자나 SK하이닉스 같은 경우는 전형적인 B2B산업에 속하면서 시장지배력이 있는 기업이다. 반도체의 수요처가 소비자가 아닌 그 반도체로 전자제품이나 차량 등을 만드는 기업이므로 B2B에 해당된다. 삼성전자나 SK하이닉스는 글로벌 반도체 시장에서 엄청나게 높은 진입장벽을 쌓은 거대기업으로, 공급량과 가격에 대한 결정권도 가지고 있다. 물론 반도체 가격은 세계적인 공급량과 수요량에 따라 영향을 받기 때문에 100% 기업에 결정권이 있다고 말하기는 어렵지만, 이들은 분명 글로벌 시장을 지배하고 있는 기업들이다.

이에 비해 삼성전자와 SK하이닉스에 반도체 관련 부품이나 소재, 장비를 공급하는 기업은 어떨까? 이들은 을의 위치에 설 수밖에 없다. 대기업의 경우 납품받는 거래처를 복수로 두는 게 원칙이므로 동종 기업들끼리 서로 납품하기 위해 치열한 경쟁을 벌인다. 특히 요즘 같은 저성장시대에는 대기업도 매출 증대를 통한 성장이 어려운 상황이므로 납품단가를 내려 영업이익을 늘리려는 시도를 많이 한다. 그렇게 되면 부품, 소재 및 장비 관련 기업의 상황은 더 나빠지게 된다.

삼성전자나 SK하이닉스 같은 기업을 전방산업, 이 기업들에 소재와 부품을 납품하는 기업을 후방산업이라고 한다. 후방산업은 전방산업의 영향을 고스란히 받을 수밖에 없다. 자동차 완성업체의 차가 잘 팔리고, 돈을 잘 버는 상황이라면 부품업체들도 낙수 효과를 누릴 수 있을 것이다. 반대로 전방산업이 어려워지면 후방산업은 몇 배 더 어려워질 수밖에 없다. 스마트폰 시장이 성장기를 지나 성숙기로 넘어오면서 한때 호황을 누리던 스마트폰 부품업체들이 실적 감소나 적자에 빠지는 것을 보면 알 수 있다. 수년째 적자를 기록하는 기업도 있는데, 스마트폰 주요 부품인 FPCB(연성회로기판)를 생산·판매하는 플렉스컴 같은 업체는 불과 적자 2년 만에 완전자본잠식에 상장폐지까지 되었다.

그렇다고 모든 부품업체가 다 힘없는 을은 아니다. 전방산업에 납품해야 돈을 벌 수 있는 구조이다 보니 을의 위치인 것은 맞지만, 높은 기술력과 희소성을 갖춰 슈퍼 을의 위치에 있는 기업도 많다. 그들은 갑의 납품단가 후려치기에서도 자유로울 수 있고, 국내 특정 대기업에 휘둘리지 않고 전 세계적인 영업도 가능하다. 후방산업에 속한 기업에 투자하면서 성장성과 안전성을 확신하기 위해서는 이렇게 힘 있는 을의 위치에 있는 기업을 골라야 한다.

힘 있는 을인지를 판독하는 방법은 다양하다. 사업보고서에 나오는 사업의 내용 편을 읽어보고 회사의 위상이나 시장점유율을 확인하면 된다. 주요 거래처가 소수 기업에만 집중되어 있는지, 글로벌 유명기업으로 분산되어 있는지 확인하는 것도 중요 포인트다. 그러나 가장 좋은 방법은 사업보고서 'Ⅱ. 사업의 내용' 편에 나오는 가격 정보를 활용하는 것이다. 자동차 부품회사 2곳을 예로 들어보자. 현대차의 차량 판매는 정체 상황이고 영업이익률은 계속 감소 추세에 있다. 주가는 실적에 따라 하향 추세이다. 이렇게 전방산업의 실적이 좋지 않기 때문에 당연히 자동차 부품기업들도 어려움을 겪을 수밖에 없다.

〈그림 2-1〉 세종공업 2015년 사업보고서 중 주요 제품의 가격 변동 추이

품 명	구분	제40기	제39기 연간	제38기 연간
MAIN MFL'R	내수	61,495	63,067	64,589
CTR MFL'R	내수	120,894	131,959	119,936
FRT MFL'R	내수	70,731	76,390	79,526

※ 전 차종 품목별 국내내수 판매가격에 대한 단순 평균가격임.
※ 주요 가격변동원인 : 품명별 매출구성 변동 및 제품 사양변경 등.

(단위 : 원)

〈그림 2-1〉은 코스닥에 등록된 세종공업의 2015년 사업보고서 중 'Ⅱ. 사업의 내용' 편에 실린 주요 제품 등의 가격 변동 추이 정보를 보여 주는 것으로, 2013년부터 2015년까지 판매가격이 나와 있다. 자동차 부품에 대한 전문지식이 없고, 이런 제품을 만드는 기업이 전국에 몇 군데가 더 있는지도 모르지만, 판매가격이 계속 내려간다는 것은 이 기업이 가격에 대한 결정권을 갖기보다는 전방산업에 휘둘릴 가능성이 크다고 추정해 볼 수 있다. 제품을 생산할 때 투입되는 원재료 가격이 싸지거나 경비를 절감해서 매출 감소를 어느 정도 막을 수는 있다. 그러나 투자자 관점에서 보면, 판매가격이 오르고 판매량도 늘어나서 매출액이 증가하고, 그런 상황에서 원가도 싸져야 이익이 더 크게 개선된다는 것을 상식적으로 알고 있기 때문에 판매가격 하락은 분명 좋은 신호는 아니다.

'사업의 내용' 편에서 조금 더 찾아보면 주요 매출처별 판매 현황 정보가 나오는데, 현대자동차그룹에 대한 매출의존도가 무려 88%에 달한다. 특정 기업에 대한 매출의존도가 높은 데다 판매가격도 낮아지는 상황으로 이해된다.

현대자동차그룹에 대한 매출의존도가 약 73%로 꽤 높은 다른 기업의 같은 정보를 찾아보자.(〈그림 2-2〉 참조)

〈그림 2-2〉 코리아오토글라스 2015년 사업보고서 중 주요 제품의 가격 변동 추이

5. 의결권 현황
6. 배당에 관한 사항 등
II. 사업의 내용
III. 재무에 관한 사항
1. 요약재무정보
2. 연결재무제표
3. 연결재무제표 주석
4. 재무제표
5. 재무제표 주석
6. 기타 재무에 관한 사항
IV. 감사인의 감사의견 등

1) 가격변동추이

(단위: 원)

매출유형	품 목	2015년도 (제16기)	2014년도 (제15기)	2013년도 (제14기)
제품	접합유리	49,378	47,311	46,593
	강화유리	9,304	9,065	9,221

주) 주요 제품의 가격은 품목별로 총 판매금액을 총 판매수량(매수)으로 나눈 평균가격입니다.

〈그림 2-2〉는 2015년 말에 유가증권시장에 상장한 코리아오토글라스의 2015년 사업보고서 내용이다. 같은 자동차 부품업체임에도 불구하고 판매가격이 매년 오르고 있다(이 기업은 뒤에서 좀 더 자세히 다룰 예정이다).

두 기업 모두 특정 기업에 대한 매출의존도가 높지만 한 곳은 판매가격이 내려가는 추세, 다른 곳은 판매가격이 올라가는 추세다. 어느 곳에 투자해야 하는지는 더 이상 말하지 않아도 알 것이다. 투자자 입장에서는 전방산업이 침체되고 전방산업에 속한 이익이 감소하는 상황에서도 판매가격에서 밀리지 않는 부품기업이 더 좋아 보일 수밖에 없다.

두 기업의 실제 손익을 〈표 2-2〉에서 살펴보자.

〈표 2-2〉 세종공업과 코리아오토글라스의 2013~2015년 요약 손익 정보　　　(단위 : 원)

세종공업	2015년	2014년	2013년
매출액	1,199,065,672,323	1,116,740,823,552	1,093,718,722,160
매출원가	1,051,327,067,205	957,049,834,479	937,217,905,720
매출총이익	147,738,605,118	159,690,989,073	156,500,816,440
판매비와관리비	126,144,474,150	117,562,705,201	99,029,959,160
영업이익	21,594,130,968	42,128,283,872	57,470,857,280
영업이익률	1.8%	3.8%	5.3%

코리아오토글라스	2015년	2014년	2013년
매출액	437,146,857,004	429,724,524,160	390,042,009,539
매출원가	356,620,885,082	357,277,170,647	323,335,569,777
매출총이익	80,525,971,922	72,447,353,513	66,706,439,762
판매비와관리비	44,667,763,439	42,815,687,347	44,469,112,969
영업이익(손실)	35,858,208,483	29,631,666,166	22,237,326,793
영업이익률	8.2%	6.9%	5.7%

2015년 기준으로 매출액 규모는 세종공업이 2배 이상 크지만, 영업이익은 오히려 코리아오토글라스가 더 높다. 아무리 매출액 규모가 크더라도 이익이 적으면 시장에서 높은 점수를 받기 어렵다. 코리아오토글라스의 매출액은 세종공업의 절반에도 못 미치지만 시가총액은 약 4,000억 원대로 2,000억 원대의 세종공업보다 크다.

세종공업은 영업이익과 영업이익률 모두 감소 추세에 있지만, 코리아오토글라스는 모두 증가 추세에 있다. 사업보고서를 보면서 해당 기업에 대한 자세한 분석을 더 해봐야 하겠지만, 이렇게 제품 판매가격 정보와 손익 정보만 확인해도 전방산업에 부품을 납품하는 B2B기업 중 어디에 투자해야 할지 선별해낼 수 있다.

B2C의 특징

B2C에 속한 기업들에 대한 분석에는 고려해야 할 점이 매우 많다. 제품의 브랜드 파워가 있는지, 시장지배력이 있는지, 판매하는 제품이 시장 트렌드와 부합하는지 등 여러 질적인 요인들을 눈여겨봐야 한다. 이런 것들은 생활 속 투자를 중요하게 여긴 피터 린치처럼 우리도 백화점이나 할인매장에서 충분히 확인해 볼 수 있는 정보들이다.

시장에서 막강한 지배력이 있는 기업이라면 판매가격에 대한 결정권 또한 있을 것이다. 아웃도어나 명품은 가격을 올려야 더 잘 팔린다는 공식이 있는 것처럼 브랜드파워가 막강한 B2C기업에게 가격 인상은 어렵지 않은 일이다. 다만 물가와 연동되는 필수소비재나 식음료를 만드는 기업이라면 가격을 올리기가 부담스러우므로 판매량을 증가시키는 데 더 힘을 쏟게 마련이다.

제품을 만든 후에 거래처에 납품하는 B2B 기업에 비해 B2C 기업은 최종소비자에게까지 전달해야 하므로 유통과정이 더 복잡하다. 이런 이유로 생산원가보다 판매비와관리비가 더 많이 발생하는 B2C 기업도 있다. 이런 기업들은 매출원가에 대한 분석도 중요하지만 판매비와관리비에서 분석할 내용이 더 많을 수 있으므로 양쪽 다 살펴봐야 한다. 몇몇 기업의 사례를 〈표 2-3〉에서 살펴보도록 하자.

〈표 2-3〉 아모레퍼시픽, LG생활건강, LF, F&F, 제이에스티나 요약 손익 정보 (단위 : 억 원)

	아모레퍼시픽	LG생활건강	LF	F&F	제이에스티나
매출액	47,667	53,285	15,711	3,701	1,554
매출원가	11,695	22,262	6,290	1,577	507
매출총이익	35,972	31,023	9,421	2,124	1,047
판매비와관리비	28,244	24,183	8,681	1,937	1,006
영업이익	7,728	6,840	740	187	41
매출원가/매출액	24.5%	41.8%	40.0%	42.6%	32.6%
판관비/매출액	59.3%	45.4%	55.2%	52.3%	64.7%

화장품, 의류, 귀금속을 만들어 파는 기업들은 매출원가보다 판매비와관리비가 일반적으로 더 큰 편이다. 하지만 반드시 그런 것은 아니므로 기업의 손익계산서를 꼭 확인하기 바란다. 유통경로와 판매 채널의 차이로 인해 판매비와관리비가 작은 기업도 있기 때문이다.

〈표 2-3〉과 같은 기업들은 원가 분석도 중요하지만 판매비와관리비 또한 자세히 들여다봐야 한다. 즉 원재료 값이 오르고 내리는 것도 분석해야 하지만, 판매비와관리비에서 큰 비중을 차지하는 판매수수료(지급수수료)가 매출액과 비교해서 증가 추세인지를 살펴야 하고 증가 속도 또한 살펴야 한다.

〈표 2-4〉를 보면 아모레퍼시픽은 유통수수료가 판매비와관리비의 약 30%인 8,309억 원이나 될 정도로 큰 금액을 차지한다. 아모레퍼시픽 제품의 주요 판매처인 면세점에서 수수료를 올리거나 방문판매에 대한 수수료를 올린다면 회사의 손익에 악화가 올 수 있다. 물론 회사는 이런 점까지 고려해서 판매가격을 책정하고 수수료율을 협상하기 때문에 손익이 급격히 악화하지는 않겠지만, 이런 기업을 분석할 때는 중요하게 살펴야 하는 포인트가 될 수 있다.

〈표 2-4〉 아모레퍼시픽 2014~2015년 매출액 대비 유통수수료 비율

(단위 : 억 원)	2015년	2014년	증감	증감률
유통수수료	8,309	6,577	1,732	26%
매출액	47,667	38,740	8,927	23%
수수료율	17.4%	17.0%		

아모레퍼시픽에서 유통수수료는 매출액에서 차지하는 비중이 17%에 달하고, 증가 추세이므로 중요한 비용이다. 매출액이 23% 증가했는데 중요 비용인 유통수수료가 26% 증가했으니, 매출 증가 속도보다 중요 비용의 증가 속도가 더 빠른 셈이다. 기업 입장에서는 제조원가를 줄이거나 다른 경비를 낮추면서 영업이익률이 떨어지는 것을 경계하려고 하겠지만, 투자자는 분기마다 실적 체크를 할 때 이런 점도 같이 분석할 수 있어야 한다. 만약 영업이익률이 악화된다면 유통수수료 때문인지 아니면 다른 비용 때문인지 꼭 확인해야 한다.

소비자의 입장에서 이런 기업들의 재무제표를 본다면 좀 씁쓸할 수도 있을 것이다. 제품의 제조원가보다 판매비와관리비가 더 많이 발생해서 제품 판매 가격이 비싸다고 생각할 수 있기 때문이다. 제품이 공장에서 생산되어 소비자의 손까지 들어오는 과정이 길다 보니 어쩔 수 없는 일이라고 하지만, 순수 물건값만 놓고 본다면 쉽게 납득하기 어려울 수 있다. 특히 명품 가방이나 액세서리를 생산하는 글로벌 명품기업들은 대부분 비슷한 손익계산서의 모습을 보인다.

〈표 2-5〉는 유명 명품브랜드를 생산하는 회사들의 2015년 손익계산서 자료이다.

〈표 2-5〉 글로벌 기업들의 2015년 손익계산서 (단위 : 백만 유로)

	LVMH	RICHEMONT	Dior	Burberry
매출액	35,664	11,076	35,081	2,514.7
매출원가	12,553	3,958	12,307	752.0
매출총이익	23,111	7,118	22,774	1,762.7
판매비와관리비	16,493	5,057	16,475	1,344.9
영업이익	6,618	2,061	6,299	417.8
매출원가/매출액	35.2%	35.7%	35.1%	29.9%
판관비/매출액	46.2%	45.7%	47.0%	53.5%

LVMH는 루이뷔통, 태그호이어, 불가리, 펜디, 지방시 등의 브랜드를 보유한 모에헤네시 루이뷔통그룹이고, RICHEMONT는 몽블랑, 까르띠에, 던힐 등의 브랜드를 보유한 리치먼드그룹이다. 대부분 매출원가가 매출액에서 차지하는 비중이 30%대다. 즉 200만 원짜리 명품 가방을 샀다면 그 가방의 순수 제조원가는 60만 원이라는 것이다. 60만 원짜리 제품을 200만 원에 사도 아무런 거부 반응이 없다면 기꺼이 명품을 사겠지만, 원가 대비 판매가격이 3배 높은 것을 수긍하기 어렵다면 아마 사지 않을 것이다. 이 기업들은 물건값은 비싸지만 영업이익은 생각보다 높지 않다. 왜냐하면 전 세계적으로 제품을 판매하느라 판매비와관리비를 50% 가까이 지불하기 때문이다. 꼭 투자를 하지 않더라도 소비를 하기 전에 기업의 재무제표를 분석해 보면 도움이 될 수도 있을 것이다.

2. 만능공식 : (P-VC)×Q-FC

손익계산서를 보면 항상 〈그림 2-3〉과 같은 모습으로 시작한다.

〈그림 2-3〉 2015년 삼성전자와 네이버 손익계산서

삼성전자 (단위 : 백만 원)		네이버 (단위 : 천 원)	
매출액	206,205,987	영업수익	3,251,157,100
매출원가	123,482,118		
매출총이익	77,171,364	영업비용	2,488,953,251
판매비와관리비	50,757,922		
영업이익	26,413,442	영업이익	762,203,849

제조업이나 도·소매업을 하는 기업은 제품 또는 상품의 원가가 표시되므로 손익계산서가 왼쪽과 같은 모습을 보이고, 서비스업을 영위하는 기업은 재화의 원가가 없으므로 주로 오른쪽같이 작성된다. 단 서비스업도 왼쪽과 같은 모

습의 손익계산서를 만들 수는 있다. 예를 들면 회사의 주요 서비스를 창출하는 임직원이 근무하는 부서에서 발생하는 비용은 매출원가로 분류하고, 회사의 영업 및 관리 직군에 근무하는 임직원에 대한 비용은 판매비와관리비로 분류하는 식으로 많이 만들기도 한다.

왼쪽의 삼성전자 손익계산서를 조금 더 단순하게 만들면 '매출액-매출원가-판매비와관리비=영업이익'이 된다. 결국 매출원가와 판매비와관리비는 오른쪽의 네이버 손익계산서에서 보이는 영업비용과 큰 차이가 없다. 이는 영업을 위해 발생하는 비용 성격으로, 제품을 만들 때 들어가는 비용과 판매 및 관리비용이다.

제조업에서는 원재료비, 인건비, 감가상각비가 매출원가와 판매관리비의 대부분을 차지한다. 제조업은 일반적으로 원재료를 투입해서 사람과 기계가 제품을 만들고 파는 구조이기 때문에 이 세 가지 비용이 전체 비용에서 차지하는 비중이 매우 높을 수밖에 없다. 단 앞서 살펴본 B2C 일부 기업 같은 경우에는 유통 및 판매수수료가 크기 때문에 그 비용도 중요 항목으로 분류해서 살펴봐야 할 것이다.

원재료비는 생산에 사용된 비용이므로 전액 매출원가에 포함된다. 인건비와 감가상각비는 성격에 따라 매출원가 또는 판매비와관리비로 나누어서 표시된다. 생산공장에서 일하는 직원에 대한 인건비와 기계장치의 감가상각비는 매출원가로 분류되고, 판매와 관리를 위해 일하는 직원의 인건비와 사옥 관련 감가상각비 등은 판매비와관리비로 분류된다.

원재료비는 제품을 생산하고 판매하는 양에 비례한다. 제품 하나에 원재료 1개가 들어간다면 제품 100개를 만들 때는 원재료 100개가 들어갈 것이다. 원가 역시 생산량 및 판매량에 비례해 증가하는데 이를 가리켜 변동비라고 한다.

반면 감가상각비나 인건비는 고정비 성격이다. 제품을 100개 만들든 1,000

개 만들든 상관없이 비용이 일정하게 발생한다. 감가상각비는 과거에 취득한 유형자산의 취득원가를 자산을 사용하는 기간으로 나누어 인식하는 비용이다. 자산 취득금액을 단순히 몇 년의 기간 동안 비용으로 나누어 인식하기 때문에 현금이 발생하지 않는 비현금성 비용이다. 고정된 비용이 발생하므로 제품을 더 많이 만든다고 해서 오르지는 않는다. 인건비도 마찬가지다. 정해진 급여를 받지만 제품이 잘 팔리면 좀 더 만들 것이고, 제품이 안 팔리면 쉬엄쉬엄 만들게 될 것이다. 경영자 입장에서는 같은 월급 주고 많이 생산하기를 희망하지만 재고관리도 해야 하므로 제품을 무작정 많이 만들지는 않는다.

이렇게 원가와 판매관리비는 변동비와 고정비로 나눌 수 있다. 단 판매수수료나 지급수수료, 기타 경비 등은 사업보고서를 보고 변동비와 고정비로 판별해내기가 어렵다. 회사 내부에서는 변동비, 고정비, 고정비+변동비 혼합성격으로 나누어서 관리하겠지만, 사업보고서에는 이렇듯 자세하게 나오지 않으므로 정보이용자 입장에서는 알 방법이 없다. 다행스럽게도 제조업은 기본적으로 전체 비용에서 원재료비, 인건비, 감가상각비가 차지하는 비중 자체가 높기 때문에 이 정도만 나누고 분석해도 충분하다.

위 내용을 바탕으로 〈그림 2-3〉을 다음과 같이 표현할 수 있다.

〈표 2-6〉

매출액	= 판매량×판매가격
− 매출원가	= 판매량×변동비(원재료비 등)+고정비(감가상각비, 인건비 등)
= 매출총이익	
− 판매비와관리비	= 판매량×변동비(판매수수료 등)+고정비(감가상각비, 인건비 등)
= 영업이익	

〈표 2-6〉에서 오른쪽 식을 간단하게 바꾸면 다음과 같이 된다.

$$(판매가격 - 변동비) \times 판매량 - 고정비 = 영업이익$$

이 식을 풀어 쓰면

$$판매가격 \times 판매량 - 변동비 \times 판매량 - 고정비 = 영업이익$$

이 된다.

'판매가격×판매량'은 손익계산서의 매출액을 의미한다.

'변동비×판매량'은 매출원가와 판매비와관리비 중 판매량에 비례해 발생하는 변동비 성격의 비용이며, 우리가 제조업에서 확인 가능한 변동비는 원재료가 거의 유일하다.

고정비는 매출원가와 판매비와관리비 중 제품의 판매량 및 생산량과 관계없이 일정하게 발생하는 비용이다. 주로 인건비와 감가상각비가 여기에 해당한다.

'(판매가격-변동비)×판매량-고정비'를 영어 약자로 표현하면

$$(P-VC) \times Q - FC$$

P : Price (판매가격)
VC : Variable Cost (변동비)
Q : Quantity (수량)
FC : Fixed Cost (고정비)

가 된다.

이 식은 사업을 하건 투자를 하건 평생 머릿속에 기억해야 할 공식이다.

'P−VC'를 가리켜 제품 단위당 공헌이익Contribution margin이라고 한다. 라면 판매가격은 똑같이 1,000원인데 원재료가 700원인 A회사와 400원인 B회사가

있다고 가정해 보자. 라면 1개를 팔면 A회사는 300원의 공헌이익이 생기고, B회사는 600원의 공헌이익이 생긴다. 이렇게 제품을 한 개 판매할 때마다 회사에 기여하는 이익의 규모 자체가 다르다.

A회사의 이익이 개선되기 위해서는 판매량의 증가도 중요하지만 원재료의 가격 하락이 더 중요한 요인이 될 것이다. 두 가지 가정을 해보자.

[가정 1] A회사의 판매량은 현재 100개인데, 판매량이 110개로 10% 증가하고, 판매가격과 원재료비는 변동이 없다.

[가정 2] A회사의 판매량과 판매가격은 변동이 없고, 원재료비만 700원에서 10% 감소한 630원이 되었다.

[가정 1]에서 A회사는 3,000원〔(300원(제품 단위당 공헌이익) × 10개(판매량 증가분)〕만큼 이익이 증가한다.

[가정 2]에서 A회사는 7,000원〔70원(원재료 가격 하락분) × 100개〕만큼 이익이 증가한다.

반면 B회사의 이익이 개선되기 위해서는 원재료의 가격 하락도 중요하지만 판매량의 증가가 더 중요한 요인이 된다. 역시 아래의 두 가지 가정을 생각해 보자.

[가정 3] B회사의 판매량은 현재 100개인데, 판매량이 110개로 10% 증가하고, 판매가격과 원재료비는 변동이 없다.

[가정 4] B회사의 판매량과 판매가격은 변동이 없고, 원재료비만 400원에서 10% 감소한 360원이 되었다.

[가정 3]에서 B회사는 6,000원〔600원(제품 단위당 공헌이익) × 10개(판매량 증가분)〕만큼 이익이 증가한다.

[가정 4]에서 B회사는 4,000원〔40원(원재료 가격 하락분) × 100개〕만큼 이익이 증가한다.

이렇게 회사의 변동비 비중과 그에 따른 공헌이익률에 따라 회사의 이익이 증가하는 상황도 각각 달라진다. 보톡스로 유명한 메디톡스의 2015년 사업보고서를 보면 매출액은 885억 원인데, 원재료와 부재료의 사용액은 불과 71억 원에 불과하다. 재료비가 매출액 대비 8%이므로 1만 원짜리 제품 하나의 재료비가 800원에 불과해, 제품 하나를 팔 때마다 9,200원의 공헌이익이 발생한다는 계산이 나온다. 이런 기업은 원재료비가 싸지는 것보다 판매량이 많이 늘어나는 것이 이익 개선에 더 큰 도움이 된다. 물론 판매가격이 오르고 원재료 값이 떨어지는 것도 도움이 되겠지만, 가장 중요한 이익 개선 요인은 판매량이다. 이렇게 '매출액−매출원가−판매비와관리비'를 '(P−VC)×Q−FC'로 변형하면 회사에 대한 손익 구조를 더 쉽게 이해할 수 있으며, 분기마다 보고서를 통해 꾸준히 점검하면 미래에 대한 예상도 가능해진다.

손익분기점

손익분기점BEP, Break Even Point은 매출액과 총비용이 일치되는 점으로 본전 상태를 의미한다. '매출액−총비용〉0'이면 이익, '매출액−총비용〈0'이면 손실, '매출액−총비용=0'이면 본전이므로 이때가 손익분기점이 된다.

매출액은 'P×Q'이고 총비용은 'VC×Q+FC'로 정리가 되므로, '(P−VC)×Q−FC=0'으로 만드는 Q의 양을 구하는 것이 손익분기점을 구하는 공식이 된다. 대작 영화가 개봉하면 관객이 몇 백만 명 이상 들어야 손익분기점이라는 뉴스가 자주 나오는데 역시 이 방식으로 계산한다.

다음 퀴즈를 한번 풀어보자.

[퀴즈]

K상사는 김 사장과 종업원 1명이 제품을 제조해 판매하는 작은 회사다.
제품의 판매가격은 1만 원, 원재료비는 제품 1개당 5,000원이 발생한다.
기계장치를 1,000만 원에 구입했고, 5년 동안 정액법으로 감가상각한다.
기타비용으로 직원의 1년 연봉 1,800만 원만 발생한다고 가정할 때, K상사의
1년 손익분기점(BEP)은 몇 개인가?

정답은 4,000개이다. 총비용은 제품 1개당 원재료비 5,000원과 인건비 1,800만 원 그리고 감가상각비 200만 원(1,000만 원/5년)이다. 이것을 식으로 만들어보자.

'(P−VC)×Q−FC' 식에 숫자를 대입하면 '(10,000원−5,000원)×Q−18,000,000−2,000,000=0'이라는 등식을 만들 수 있다. 5,000원은 제품 하나 만들 때마다 발생하는 변동비 성격이다. 그리고 인건비 1,800만 원과 감가상각비 200만 원은 제품을 많이 만들건 적게 만들건 관계없이 일정하게 발생되는 고정비 성격이다. 제품이 팔리지 않는다고 종업원 급여를 삭감하거나 감가상각비를 적게 잡을 수는 없기 때문이다. 이 1차방정식을 풀면 Q는 4,000개가 된다. 즉 4,000개 이상을 만들어 팔아야 본전이라는 이야기다. 사업을 하는 입장이라면 고정비를 줄여야 하는 것은 물론이고 고정비 이상으로 벌어야 한다고 말하는 이유가 여기에 있다.

여기서 한 가지 주의할 점은 고정비라도 벌어야 한다는 생각으로 2,000개를

답으로 제시해서는 안 된다는 것이다. 2,000개를 만들어 팔면 매출액 2,000만 원(10,000원×2,000개)이 발생해 고정비와 같아지지만, 제품 하나를 생산할 때마다 변동비인 원재료비가 5,000원씩 발생하므로 결국 1,000만 원(5,000원×2,000개)의 적자가 발생하고 만다.

다시 한 번 언급하지만, 기계장치를 사는 데 들어간 돈 1,000만 원은 기계를 취득한 시점에 바로 비용으로 인식하지 않는다. 이는 유형자산으로 분류하고, 매년 감가상각을 통해 비용화시킨다. 감가상각이 자산가치의 감소라는 의미로 통용되지만 회계적인 개념은 비용의 배분으로 봐야 한다. 즉, 회사가 5년 동안 매년 200만 원씩 비용으로 배분시킨다는 의미는 5년 이상 돈을 벌 것이기 때문에 그 매출에 대응시켜서 비용으로 나눠 인식한다는 것으로 이해하면 된다.

3. 어떤 비용이 많이 들어가는 사업인가

우리는 매출원가와 판매비와관리비가 변동비 성격과 고정비 성격으로 나뉜다는 것을 배웠다. 이제 회사의 사업보고서에서 변동비와 고정비를 어떻게 구분하고 분석해야 하는지 살펴보도록 하자.

〈그림 2-4〉 삼성전자 2015년 연결재무제표 주석 중 비용의 성격별 분류

25. 비용의 성격별 분류:

당기 및 전기 중 비용의 성격별 분류 내역은 다음과 같습니다.

(단위: 백만원)

구 분	당기	전기
제품 및 재공품 등의 변동	(1,310,244)	1,261,097
원재료 등의 사용액 및 상품 매입액 등	77,774,274	84,356,410
급여	18,366,965	17,696,265
퇴직급여	1,255,657	1,289,973
감가상각비	19,662,541	16,910,026
무형자산상각비	1,268,316	1,143,395
복리후생비	3,852,929	3,478,817
지급수수료	8,439,586	8,499,107
기타비용	44,930,016	46,545,826
계(*)	174,240,040	181,180,916

(*) 연결손익계산서 상의 매출원가 및 판매비와관리비를 합한 금액입니다.

〈그림 2-4〉는 삼성전자의 2015년 사업보고서상 '비용의 성격별 분류' 주석사항이다.

'비용의 성격별 분류' 주석사항은 우리나라 상장기업들에 적용되는 회계기준이 국제회계기준으로 변경되면서 새롭게 추가된 항목이다. 회계실무자 입장에서는 귀찮은 일이지만 반대로 정보이용자 입장에서는 쓰임새 많은 고마운 주석사항이다. '비용의 성격별 분류' 주석사항에는 1년 동안 제품을 생산하고 판매하고 관리하는 총비용(매출원가, 판매비와관리비)에 원재료비, 인건비, 감가상각비 등에 대한 정보가 자세히 나오기 때문이다.

도·소매업이나 서비스업의 경우에는 제조과정이 없으므로 원재료비에 대한 정보는 당연히 나오지 않는다. 따라서 '비용의 성격별 분류' 주석을 찾을 이유도 없고, 분석 포인트도 다른 쪽으로 맞춰야 한다. 그러나 제조업은 원재료비, 인건비, 감가상각비가 매우 중요한 사항이므로 이 주석사항부터 확인하는 것이 분석의 시작이라고 해도 과언이 아니다.

〈그림 2-4〉를 통해 삼성전자에서 1년간 발생한 매출원가와 판매비와관리비의 주요 금액을 알 수 있다. 판매비와관리비는 또 다른 주석사항에서 좀 더 자세한 정보가 제공되지만, 원가와 관련된 정보는 이 주석사항에서만 얻을 수 있다. 한 해에 발생된 매출원가와 판매비와관리비의 합계는 〈그림 2-4〉의 '계(*)'에서 보듯이 174조 원이다. 삼성전자의 매출액이 200조 원이므로 이 매출액이 발생하는데 어디서 어떤 비용이 발생했는지 확인할 수 있다.

표에서 금액이 큰 주요 비용을 찾아보면 원재료, 인건비(급여, 퇴직급여), 감가상각비, 기타비용이 눈에 띈다. 원재료비, 인건비, 감가상각비는 사업보고서의 다른 정보와 연계해서 좀 더 정밀한 분석이 가능하지만, 기타비용은 분석 자체가 불가능하다. 모든 비용을 다 풀어서 보여 주려면 지면상의 제약도 있고 하니 중요 비용 몇 가지만 보여 주고 나머지는 모두 기타비용으로 묶는 편이다.

〈그림 2-4〉를 엑셀에 붙이고 매출액 정보를 넣어서 〈표 2-7〉과 같이 편집해 보았다.

〈표 2-7〉 삼성전자 2015년 비용의 성격별 분류 및 매출액 대비 비중과 전기 대비 증감률 (단위 : 백만 원)

구분	당기	비중	전기	비중	증감	증감률
원재료 등의 사용액 등	77,774,274	38.8%	84,356,410	40.9%	−6,582,136	−7.8%
급여	18,366,965	9.2%	17,696,265	8.6%	670,700	3.8%
퇴직급여	1,255,657	0.6%	1,289,973	0.6%	−34,316	−2.7%
감가상각비	19,662,541	9.8%	16,910,026	8.2%	2,752,515	16.3%
무형자산상각비	1,268,316	0.6%	1,143,395	0.6%	124,921	10.9%
기타비용	44,930,016	22.4%	46,545,826	22.6%	−1,615,810	−3.5%
매출원가 및 판관비 합계	174,240,040	86.8%	181,180,916	87.9%	−6,940,876	−3.8%
매출액	200,653,482		206,205,987		−5,552,505	−2.7%

〈표 2-7〉을 통해 매출액에서 각 비용이 차지하는 비중과 금액이 전기에 비해 어느 정도의 증감을 보이는지 알 수 있다. 매출원가 및 판관비 합계가 매출액에서 차지하는 비중이 86.8%라는 말은, 이 회사의 영업이익률이 13.2%(100%−86.8%)라는 것과 같은 의미이다. 매출액이 2.7% 감소했음에도 불구하고, 매출원가 및 판매비와관리비 합계가 3.8% 감소했기 때문에 영업이익률은 오히려 더 높아졌다. 즉 매출액이 감소한 폭보다 비용 감소폭이 더 컸기 때문에 이익이 증가하는, 소위 불황형 흑자 사례가 되었다.

매출액이 2.7% 감소하는데 원재료 사용액 등이 7.8% 감소했다는 것은 원재료 가격이 싸졌을 가능성이 있다는 말이다. 반대로 인건비와 감가상각비가 증가했다는 것은 매출 증가를 예상하고 인력 충원이나 시설투자를 많이 했을 것으로 추측할 수 있다. 물론 기업 입장에서는 장기적인 안목을 가지고 투자하기 때문에 1년의 성과로만 평가할 수는 없다. 비용의 증가와 감소에 대한 원인은 이렇게 여러 각도에서 판단이 가능하다. 자세한 분석은 각각의 분석 편에서 천천히 다룰 예정이다.

〈표 2-7〉을 보면 기타비용에 대한 정보는 없지만 원재료, 급여, 감가상각비가 매출액에서 중요한 비중을 차지한다. 이는 곧 삼성전자의 중요 매출을 담당하는 반도체 및 모바일 관련 원재료 값이 싸진다면 삼성전자에는 호재로 작용한다는 의미다. 또한 급여와 감가상각비는 고정비 성격이므로 생산량 및 판매량이 늘어나는 것이 좋다. 왜냐하면 정해진 고정비 내에서 생산량이 증가하면 제품 단위당 고정비가 적어지므로 이익이 개선되기 때문이다.

이렇게 각 비용의 성격과 관련 변수들은 회사의 이익에 큰 영향을 미친다. 따라서 '비용의 성격별 분류' 주석사항부터 확인한 후 매출액에서 차지하는 비중을 계산해 봐야 한다. 단, '비용의 성격별 분류' 주석에서 원재료, 급여, 감가상각비 등은 당기에 투입된 금액을 의미한다. 그에 비해 매출은 전기 이월재고와 당기에 제조한 재고가 모두 팔리는 부분이 잡힌다. 즉 분자인 원재료, 급여, 감가상각비와 분모인 매출액 간에 시점 차이가 일부 발생한다는 의미다. 현실적으로 사업보고서 정보이용자의 입장에서 전기 이월재고의 원재료, 급여, 감가상각비의 비중을 계산하는 것은 불가능하다. 또한 정상적인 기업은 당기에 제조한 제품이 가장 많이 팔리기 때문에 이 방식을 적용해도 크게 무리는 없다. 정보이용자의 입장에서 대상 회사의 매출액 대비 각 요소별 비중을 정확하게 계산하는 것이 목적이 아니라, 원가 구조에서 무엇이 가장 중요한지를 찾고 판단하려는 취지라는 점을 주지하기 바란다.

〈표 2-8〉은 3개 기업의 '비용의 성격별 분류' 주석사항을 정리한 것이다.

〈표 2-8〉 SK하이닉스, 롯데케미칼, 연우의 비용의 성격별 분류 및 매출액 대비 비중 (단위 : 백만 원)

SK하이닉스		
원재료	3,537,227	18.8%
종업원급여	2,485,372	13.2%
감가상각비	3,887,900	20.7%
매출액	18,797,998	

롯데케미칼		
원재료	7,251,951	61.9%
종업원급여	275,465	2.4%
감가상각비	484,827	4.1%
매출액	11,713,338	

연우		
원재료	14,856	7.50%
종업원급여	45,105	22.70%
감가상각비	10,162	5.10%
외주가공비	85,334	42.90%
매출액	199,099	

〈표 2-8〉은 비용의 성격별 분류 주석사항에서 중요한 비용금액과 매출액을 나타낸 것이다. 각 표의 오른쪽에 나오는 비율은 매출액에서 각 비용이 차지하는 비중을 나타낸 것이다. 만약 SK하이닉스에서 생산하는 반도체의 판매가격이 1만 원이라면 거기에는 원재료비 1,880원, 인건비 1,320원, 감가상각비 2,070원이 원가로 들어가 있다는 의미로 해석하면 된다. 만약 원재료 가격이 떨어지고 판매가격이 그대로라면 SK하이닉스의 이익은 당연히 좋아질 것이다. 단, 원재료가 매출액에서 차지하는 비중이 크지 않으므로 원재료의 가격 하락이 이익 개선에는 크게 기여하지 않는다. SK하이닉스는 삼성전자와 다르게 원재료 비중보다는 감가상각비 비중이 더 크다. 인건비와 감가상각비 모두 고정비 성격이므로 고정비가 변동비 성격인 원재료보다 더 중요해 보인다.

롯데케미칼은 대표적인 장치산업이다. 2015년에 공장과 기계장치 등에 투자한 금액이 5,000억 원이 넘고, 유형자산이 총자산에서 차지하는 비중이 35%에 달할 정도로 유형자산이 중요하다. 그러나 막상 '비용의 성격별 분류' 주석사항을 보면 매출액에서 원재료가 차지하는 비중이 61.9%로, 감가상각비 4.1%보다 월등히 크다. 이를 통해 감가상각비보다 원재료가 더 중요한 기업이라는 점을 알 수 있다.

화장품 용기를 생산하는 연우는 용기의 원재료가 중요할 것 같지만 뜻밖에 인건비와 외주가공비가 차지하는 비중이 더 높다. 자체 생산보다는 위탁 가공이 더 중요한 비중을 차지하고 있다는 이야기다.

이렇게 기업마다 비용이 원가에서 차지하는 비중은 다 제각각이다. 롯데케미칼 같은 장치산업은 유형자산에 대한 투자금액이 많으므로 감가상각비가 가장 중요한 비용일 것이라고 단정지었다가는 큰코다치기 쉽다. SK하이닉스와 삼성전자도 같은 반도체산업에 속하지만 원가에서 중요하게 차지하는 비용은 서로 다르다.

원재료 투입 비중이 큰 기업인가

원재료금액이 매출액에서 차지하는 비중이 높은 기업은 원재료 가격이 오르면 이익이 줄어들 가능성이 있다. 반대로 원재료 가격이 내리면 이익이 커질 기회를 갖는다. 원재료금액이 매출액에서 차지하는 비중이 작은 기업은 원재료 가격이 변해도 이익에 미치는 영향이 크지 않다. 아마 누구나 이런 상황에 대해 이해할 수 있을 것이다. 직접 숫자로 확인해 보면 그 점은 더 분명해진다.

앞서 [퀴즈]에서 다룬 예를 가지고 변동비와 고정비가 변동되는 상황에 따라 기업의 이익이 어떻게 바뀌는지 살펴보자.

첫 번째 사례는 원재료비가 5,000원에서 4,000원으로 20% 감소하고 나머지 조건은 같은 상황이다. K상사는 제품 5,000개를 생산해 판매했다.(〈표 2-9〉 참고)

〈표 2-9〉 원재료비 비중이 큰 기업의 원재료 가격 하락에 따른 기업 이익 변화   (단위 : 원)

구분	원재료비 5,000원	원재료비 4,000원	증감
제품 단위당 판매가격	10,000	10,000	
제품 단위당 변동비	5,000	4,000	20% 감소
제품 단위당 공헌이익	5,000	6,000	20% 증가
생산 및 판매량	5,000	5,000	
총 공헌이익	25,000,000	30,000,000	20% 증가
고정비	20,000,000	20,000,000	
순이익	5,000,000	10,000,000	100% 증가

원재료비가 5,000원일 때 이 회사의 제품 하나당 공헌이익은 5,000원(1만 원 -5,000원)이다. 그런데 원재료비가 4,000원으로 떨어지면 공헌이익은 6,000원 (1만 원-4,000원)이 된다. 제품 하나 팔 때마다 1,000원의 이익이 더 생기므로 이익이 20% 증가할 것으로 기대된다. 여기에 고정비 2,000만 원까지 차감한 후 순이익을 계산하면 원재료비 5,000원일 때는 500만 원이지만, 4,000원으로 떨어지면 순이익은 1,000만 원이 된다. 즉, 원재료비는 20% 감소했지만 이익은 2배가 되었다. K상사의 원재료비는 2,500만 원(5,000원×5,000개)으로, 매출액 5,000만 원(1만 원×5,000개)의 50%에 해당할 정도로 매우 중요한 금액이다.

만약 K상사의 원재료비가 5,000원이 아닌 500원이고, 원재료비가 20% 하락해 400원이 된다고 가정해 보자.(〈표 2-10〉 참고)

〈표 2-10〉 원재료비 비중이 작은 기업의 원재료 가격 하락에 따른 기업 이익 변화   (단위 : 원)

구분	원재료비 500원	원재료비 400원	증감
제품 단위당 판매가격	10,000	10,000	
제품 단위당 변동비	500	400	20% 감소
제품 단위당 공헌이익	9,500	9,600	1.1% 증가
생산 및 판매량	5,000	5,000	
총 공헌이익	47,500,000	48,000,000	1.1% 증가
고정비	20,000,000	20,000,000	
순이익	27,500,000	28,000,000	1.8% 증가

원재료비가 500원일 때 이 회사의 제품 하나당 공헌이익은 9,500원(1만 원－500원)이다. 그런데 원재료비가 400원으로 떨어지면 공헌이익은 9,600원(1만 원－400원)이 된다. 제품 하나를 팔 때마다 100원의 이익이 더 생기므로 이익이 1.1% 증가할 것으로 기대된다. 원재료비는 20% 떨어졌지만, 이익 개선은 1.1%에 불과하다. 여기에 고정비 2,000만 원까지 차감한 후 순이익을 계산하면, 원재료비가 500원일 때는 순이익이 2,750만 원이지만 400원으로 떨어지면 2,800만 원에 그친다. 즉 원재료비가 20% 감소했지만 이익은 1.8%밖에 증가하지 못했다. K상사의 원재료비 250만 원(500원×5,000개)은 매출액 5,000만 원(1만 원×5,000개)의 5%에 불과하므로 중요한 금액은 아니다. 즉 K상사의 이익이 개선되는 데에 원재료비 하락이 중요 포인트가 아니라는 이야기다.

이렇게 원재료 비중이 작은 기업은 높은 공헌이익을 자랑하기 때문에 판매량이 증가해야 엄청난 이익 개선이 가능해진다. 이 내용을 확인하기 위해 이번에는 판매량이 2배로 늘어나고 원재료비는 변동이 없다고 가정해 보자.(〈표 2-11〉 참고)

〈표 2-11〉 판매량 증가에 따른 기업 이익 변화

(단위 : 원)

구분	판매량 5,000개	판매량 10,000개	증감
제품 단위당 판매가격	10,000	10,000	
제품 단위당 변동비	500	500	
제품 단위당 공헌이익	9,500	9,500	
생산 및 판매량	5,000	10,000	
총 공헌이익	47,500,000	95,000,000	100% 증가
고정비	20,000,000	20,000,000	
순이익	27,500,000	75,000,000	173% 증가

매출액이 5,000만 원(1만 원×5,000개)에서 1억 원(1만 원×1만 개)으로 100% 증가했는데, 순이익은 그보다 훨씬 큰 173% 증가한 결과가 나왔다. 이렇게 단위당 공헌이익이 큰 기업, 즉 원재료가 차지하는 비중이 작은 기업은 원재료비 인하가 미치는 영향은 크지 않고, 판매량 증가가 이익 개선의 중요 포인트가 된다.

노동집약형 산업인가, 자본집약형 산업인가

노동력 투하가 중요하고 인건비의 비중이 크다면 노동집약형 산업이라 하고, 토지·건물 및 시설장치 등에 큰 금액의 자본이 투자되면 자본집약형 산업이라고 한다. 이런 기본 개념은 초등학교 때 배웠지만, 막상 회사를 분석하려면 그 기업이 노동집약형인지 자본집약형인지 판단하기 어려울 때가 있다. 그럴 때 가장 쉬운 방법은 역시 '비용의 성격별 분류'에서 인건비 비중이 높은지 또는 감가상각비 비중이 높은지를 확인하면 된다.

〈표 2-8〉의 사례를 보면 SK하이닉스와 롯데케미칼은 감가상각비가 인건비보다 비중이 크므로 자본집약형으로 분류할 수 있고, 연우는 인건비 비중이 높으므로 노동집약형으로 분류할 수 있다. 그런데 노동집약형이든 자본집약형이든 간에 인건비와 감가상각비는 고정비 성격이다. 정해진 비용이 투입될 때는 생산량이 많아져야 기업의 이익이 개선된다. 특히 고정비 비중이 높은 기업은 생산량 증가가 이익 개선의 중요 요인이 된다. 반대로 고정비 비중이 낮은 기업은 생산량 증가가 이익 개선에 별로 영향을 미치지 않는다. 이 역시 숫자로 확인해 보자.

[퀴즈]에서 살펴본 예를 다시 한 번 다루도록 하자. 단 제품 단위당 원재료비는 변동이 없고 오로지 생산량만 변동되는 경우다. 사례를 단순화시키기 위해 생산된 제품은 모두 판매되었다고 가정한다.(〈표 2-12〉 참고)

〈표 2-12〉 고정비 비중이 큰 기업의 생산량 변동에 따른 이익 변화   (단위 : 원)

구분	판매량 5,000개	판매량 10,000개	증감
제품 단위당 판매가격	10,000	10,000	
제품 단위당 변동비	5,000	5,000	
제품 단위당 공헌이익	5,000	5,000	
생산 및 판매량	5,000	10,000	100% 증가
총 공헌이익	25,000,000	50,000,000	100% 증가
고정비	20,000,000	20,000,000	
순이익	5,000,000	30,000,000	500% 증가

생산 및 판매량이 5,000개에서 1만 개로 증가했으므로 매출액과 공헌이익도 모두 100% 증가한다. 그런데 고정비를 차감한 순이익은 무려 500%나 증가하는 결과가 나온다. 왜 그럴까?

고정비 2,000만 원을 생산량 5,000개로 나누면 제품 단위당 고정비는 4,000원으로 계산된다. 즉, 1만 원짜리 제품을 팔면 원재료비 5,000원과 고정비 4,000원을 제하고 1,000원의 이익(이익률 10%)이 생긴다. 그런데 생산량이 1만 개로 늘어나면 제품 단위당 고정비는 2,000원(2,000만 원/1만 개)으로 계산된다. 즉, 1만 원짜리 제품을 팔면 원재료비 5,000원과 고정비 2,000원을 제하고 3,000원(이익률 30%)의 이익이 생기는 결과가 나온다. 5,000만 원의 매출액에서 고정비 2,000만 원이 차지하는 비중은 40%로 매우 높다. 이렇게 고정비 부담이 큰 기업에서 생산량 증가는 제품 단위당 고정비의 하락을 가져온다. 만약에 생산량이 2,500개로 줄어들면 K상사의 제품 단위당 고정비는 8,000원(2,000만 원/2,500개)으로 계산되므로, K상사는 적자에 빠지게 된다. 이처럼 고정비가 중요한 기업에서 생산량 증가는 기업의 이익 개선을 위한 필수 요건이라 할 수 있다.

만약 기업에서 고정비가 차지하는 비중이 중요하지 않다면 어떻게 될까? 〈표 2-13〉에서 모든 조건이 같고 고정비만 200만 원으로 바뀐다고 가정해 보자.

〈표 2-13〉 고정비 비중이 작은 기업의 생산량 변동에 따른 이익 변화 (단위 : 원)

구분	판매량 5,000개	판매량 10,000개	증감
제품 단위당 판매가격	10,000	10,000	
제품 단위당 변동비	5,000	5,000	
제품 단위당 공헌이익	5,000	5,000	
생산 및 판매량	5,000	10,000	100% 증가
총 공헌이익	25,000,000	50,000,000	100% 증가
고정비	2,000,000	2,000,000	
순이익	23,000,000	48,000,000	109% 증가

고정비 200만 원을 생산량 5,000개로 나누면 제품 단위당 고정비는 400원으로 계산된다. 만약 생산량이 1만 개로 늘어나면 고정비는 200원으로 감소해 100% 비용 절감이 되는 것으로 계산된다. 그러나 순이익을 계산해 보면 이익 증가는 109%에 불과하다. 즉 생산량 및 판매량 증가로 늘어난 공헌이익에서 약간 더 이익이 개선되었을 뿐이다. 〈표 2-12〉처럼 극적인 반전은 없다. 이는 매출액 5,000만 원에서 고정비 200만 원이 차지하는 비중이 4%에 불과하기 때문이다.

이제 복잡한 케이스스터디Case study는 마쳤다. 그 내용을 정리해 보자.

❶ 매출액에서 원재료비가 차지하는 비중이 큰 기업은 원재료비의 하락이 큰 이익 개선을 가져온다.

❷ 매출액에서 원재료비가 차지하는 비중이 작은 기업은 높은 공헌이익을 가지고 있으므로 판매량의 증가만이 큰 이익 개선을 가져온다.

❸ 매출액에서 고정비(인건비, 감가상각비 등)가 차지하는 비중이 큰 기업은 생산량 증가가 큰 이익 개선을 가져온다.

❹ 매출액에서 고정비가 차지하는 비중이 작은 기업은 생산량이 증가해도 이익 개선에는 한계가 있다.

이익 극대화를 위해서

주주 입장에서 투자한 기업에 가장 크게 기대하는 것은 바로 기업가치 극대화이고 이를 달성하기 위한 필수요소는 이익 극대화이다. 돈 잘 버는 기업의 가치가 올라가는 것은 당연하다. 그러나 매출이 늘어나도 이익이 감소하는 기업이 있고, 매출이 감소해도 이익이 늘어나는 기업이 있는 등 기업마다 사정은 천차만별이다. '$(P-VC) \times Q - FC$'의 식을 통해 어떻게 기업의 이익이 극대화되어야 하는지 생각해 보자.

① 판매가격(P)이 올라가야 한다.
② 판매수량(Q)이 많아져야 한다.
③ 변동비(VC)가 작아져야 한다.
④ 고정비(FC)가 작아져야 한다.

간단히 표현하면 비싸게 많이 팔고, 비용은 내려갈 때 기업이익은 극대화된다. 투자자의 관점에서 제조업의 핵심은 바로 이것이다.

매출이 증가하고 매출원가와 판매비와관리비가 내려가는 것은 손익계산서에서 확인할 수 있다. 그런데 우리가 알고 싶은 것은 다가오는 다음 분기 또는 다음 사업연도에는 어떻게 될 것인가이다. 이에 대한 정확한 예측은 불가능하지만, 사업보고서 정보를 조합해서 추정해 보면 전망은 가능하다. 그러려면 무엇보다도 사업보고서에서 판매가격, 판매수량, 변동비, 고정비의 정보부터 찾아서 확인해야 한다.

4. 사업보고서 분석을 위한 기본 정보 찾기

영업부문

단일제품을 판매하는 기업이라면 분석이 매우 쉽다. 그러나 여러 제품을 판매하는 기업이라면 분석이 복잡해진다. 더 나아가 여러 사업부에서 여러 제품을 생산하는 기업은 더 복잡하다. 큰 규모의 기업들은 대부분 여러 사업부를 가지고 있고 각 사업부에서 여러 제품을 생산해서 판매하기 때문에 각 영업부문의 정보부터 먼저 확인해야 한다. 영업부문의 정보는 사업보고서의 'Ⅱ.사업의 내용' 또는 'Ⅲ. 재무에 관한 사항' 중 '3. 연결재무제표' 주석에서 확인할 수 있다. 두 군데에 같은 정보가 표시되는데, 'Ⅱ. 사업의 내용'에 참고해서 봐야 할 내용이 많으므로 이곳을 활용하는 것이 낫다.

연 매출 200조 원인 삼성전자는 재무제표도 복잡하고 사업보고서도 방대하다. 그러나 영업부문으로 나눠서 분석하면 생각보다 많이 복잡하지 않다. 〈그림 2-5〉와 같이 가장 복잡한 사례를 살펴보고 나면 규모가 작은 기업을 분석할 때는 훨씬 쉽게 느껴질 것이다.

〈그림 2-5〉 삼성전자 사업보고서의 'II. 사업의 내용' 중 부문별 주요 제품 현황

2. 회사의 연혁
3. 자본금 변동사항
4. 주식의 총수 등
5. 의결권 현황
6. 배당에 관한 사항 등
II. 사업의 내용
III. 재무에 관한 사항
1. 요약재무정보
2. 연결재무제표

[부문별 주요 제품]

부문		주요 제품
CE 부문		TV, 모니터, 냉장고, 세탁기, 에어컨, 프린터, 의료기기 등
IM 부문		HHP, 네트워크시스템, 컴퓨터, 디지털카메라 등
DS 부문	반도체 사업부문	DRAM, NAND Flash, 모바일AP 등
	DP 사업부문	TFT-LCD, OLED 등

삼성전자 사업보고서에서 'II.사업의 내용' 편을 펼치면 가장 먼저 나오는 정보가 사업부문별 현황 정보다. 사업부문, 영업부문, 부문정보 등 기업마다 쓰는 표현 방식은 각각 다르다. 〈그림 2-5〉에서 보듯이 삼성전자는 4개의 사업부문을 가지고 있으며, 각 사업부문에서 생산하는 제품을 친절하게 알려준다. 그러므로 각 사업부문의 매출액과 영업이익 정보를 확인하면 어느 사업부문이 가장 중요한지를 판단할 수 있다.

〈표 2-14〉는 사업보고서 'II. 사업의 내용' 편에 나오는 사업부문별 요약 재무현황표를 엑셀에 붙인 후 정리한 것이다.

〈표 2-14〉 삼성전자 2014~2015년 사업부문별 손익 현황 변화 (단위 : 백만 원)

부문		구분	2015년		2014년		증감	증감률
			금액	비중	금액	비중		
CE부문		순매출액	46,895,411	20.8%	50,183,135	22.1%	-3,287,724	-6.6%
		영업이익	1,254,187	4.7%	1,184,325	4.7%	69,862	5.9%
		영업이익률	2.7%		2.4%		0.3%	
IM부문		순매출액	103,554,255	45.9%	111,764,544	49.1%	-8,210,289	-7.3%
		영업이익	10,142,022	38.3%	14,562,885	57.8%	-4,420,863	-30.4%
		영업이익률	9.8%		13.0%		-3.2%	
DS 부문	반도체	순매출액	47,586,752	21.1%	39,729,902	17.5%	7,856,850	19.8%
		영업이익	12,787,297	48.3%	8,776,442	34.8%	4,010,855	45.7%
		영업이익률	26.9%		22.1%		4.8%	
	DP	순매출액	27,486,861	12.2%	25,727,169	11.3%	1,759,692	6.8%
		영업이익	2,295,367	8.7%	660,181	2.6%	1,635,186	247.7%
		영업이익률	8.4%		2.6%		5.8%	

사업보고서의 표보다 훨씬 간단하게 작성했지만 사업부문이 많다 보니 복잡해 보인다. 사업보고서의 표에서 총매출액과 내부매출액은 무시하고 순매출액만 확인하기 바란다. 순매출액은 회사 내의 내부거래를 제외한 후의 금액으로, 손익계산서에 매출액으로 올라가는 금액이다. 매출액과 영업이익 정보만 활용했고, 전기 대비 증감과 증감률, 영업이익률은 직접 계산했다. 비중은 회사 전체에서 각 부문이 차지하는 비중을 나타낸다.

예를 들면 2015년 IM부문 매출액은 삼성전자 전체에서 45.9%를 차지하고, 반도체 영업이익은 삼성전자 전체에서 48.3%를 차지한다는 의미다. 그리고 유의미한 숫자는 〈표 2-14〉에서 보듯이 해당 칸에 색을 넣었다. 회계에 대해 잘 모른다고 해도 이 표를 보면 누구나 다음과 같은 분석 결과를 내놓을 수 있을 것이다.

1. 회사 전체 매출액에서 가장 중요한 비중을 차지하는 것은 IM부문이다.
2. 회사 전체 영업이익에서 가장 중요한 비중을 차지하는 것은 반도체이다.
3. IM부문 매출액은 감소했고, 영업이익은 더 많이 감소했다.
4. 반도체 매출액은 증가했고, 영업이익은 더 많이 증가했다.
5. IM부문 영업이익률은 감소 추세이고 반도체 영업이익률은 증가 추세이며, 반도체 영업이익률이 가장 높다.
6. DP는 매출액보다 영업이익이 더 많이 증가했다. 그러나 DP의 영업이익이 회사 전체 영업이익에서 차지하는 비중은 그리 크지 않다.

이제 이 분석 내용을 바탕으로 삼성전자의 미래를 예상해 보자. 단순화를 위해 영업이익 비중이 작은 CE와 DP는 생략하고 IM과 반도체부문만 보자.

1. 스마트폰과 모바일기기 시장의 정체가 시작되면서 IM부문의 손익이 악화되고 있다. 회사 전체 매출액에서 차지하는 비중은 높지만, 이익은 감소 추세이므로 회사 전체 이익에 악영향을 주고 있다. 만약 신제품의 판매량 증가 및 부품가격 하락 등으로 IM사업부문의 이익이 개선된다면 회사는 지금보다 더 성장할 수 있을 것이다.
2. 반도체사업은 여전히 좋다. 특히 매출액의 증가보다 영업이익의 증가폭이 더 크다. 회사 전체 영업이익의 반 정도를 반도체에서 내고 있다. 만약 반도체 경기가 악화된다면 삼성전자 전체 이익에 미치는 영향이 크겠지만 계속 좋은 흐름이 이어진다면 삼성전자의 실적은 계속 좋을 것이다.

삼성전자는 IM부문과 반도체만 예의 주시하면 된다. 두 사업부문의 매출액과 영업이익의 합이 전체 매출액과 영업이익에서 차지하는 비중이 각각

67.0%, 86.6%로 거의 절대적이다. 두 사업부문이 모두 성장한다면 최고의 시나리오가 될 것이다. 만약 IM사업부문은 역성장을 하고 반도체사업부문만 성장한다면, 반도체 사업부문의 이익 증가가 IM사업부문의 이익 감소를 상쇄시키고도 남을 만큼인지 따져봐야 한다. 최악의 시나리오는 두 사업부문 모두 역성장하는 것이다. 성장과 역성장에 대한 시장 판단 및 예측은 매우 어려운 부분이므로 주관적인 판단보다는 확인 가능한 객관적인 데이터를 주기적으로 살펴보는 게 가장 좋은 방법이다.

스마트폰 판매량 및 시장점유율은 세계적인 조사기관인 가트너Gartner에서 분기별로 발표하고, 국내 뉴스에서도 기사를 확인할 수 있다. 2016년 2분기의 판매실적은 8월 19일 뉴스(이데일리)에 실렸다.(〈표 2-15〉 참조)

〈표 2-15〉 2016년 2분기 전 세계 업체별 스마트폰 판매량   (단위 : 1,000대)

업체	2016년 2분기 판매량	2016년 2분기 시장점유율 (%)	2015년 2분기 판매량	2015년 2분기 시장점유율 (%)
삼성	76,743.50	22.3	72,072.50	21.8
애플	44,395.00	12.9	48,085.50	14.6
화웨이	30,670.70	8.9	26,454.40	8
오포	18,489.60	5.4	8,073.80	2.4
샤오미	15,530.70	4.5	15,464.50	4.7
기타	158,530.30	46	160,162.10	48.5
총계	344,359.70	100	330,312.90	100

출처 : 이데일리, 가트너

반도체업계에 투자한다면 보통 미국증시에 상장된 반도체회사 16개사의 주가 추이가 반영된 필라델피아 반도체지수를 많이 참조한다. 이 반도체지수를 통해 미국의 반도체시장 동향을 알 수 있으므로 좋은 참고자료가 된다. 또한 반도체가격의 실시간 시세가 알고 싶다면 dramexchange.com에 접속해 확인하면 되는데, 회원가입도 해야 하고 무료회원에게 제공되는 정보에는 한계가 있으므로 여기보다는 한국무역협회(kita.net)에 접속할 것을 추천한다. 한국무역협회 사이트는 자료 정리가 잘 되어 있고, 누구나 접속 가능하며, 반도체 이외의 여러 국제 원자재 시세도 알 수 있으므로 다른 산업에 투자하는 투자자도 유용하게 사용할 수 있다.(〈그림 2-6〉 참조)

〈그림 2-6〉 한국무역협회 국제 원자재 시세

이 사이트에는 귀금속, 에너지, 비철금속, 반도체, 곡물, 식품, 섬유 등 제조업에서 중요하게 여기는 원자재 정보가 나온다. 원자재 가격이 내려가야 이익 개선 가능성도 크기 때문에 관련 기업에 투자한 투자자는 주기적으로 점검하는 것이 좋다.

이렇게 인터넷에서 조금만 손품을 팔면 투자에 대한 분석과 판단을 위한 유용한 정보를 많이 얻을 수 있다.

시장 규모 및 시장점유율 정보

〈그림 2-7〉과 같이 사업보고서의 'Ⅱ. 사업의 내용' 편에서 키워드 검색(Ctrl+F)을 통해 시장 규모와 시장점유율에 대한 정보를 찾아볼 수 있다.

〈그림 2-7〉 사업의 시장 규모 및 시장점유율 정보

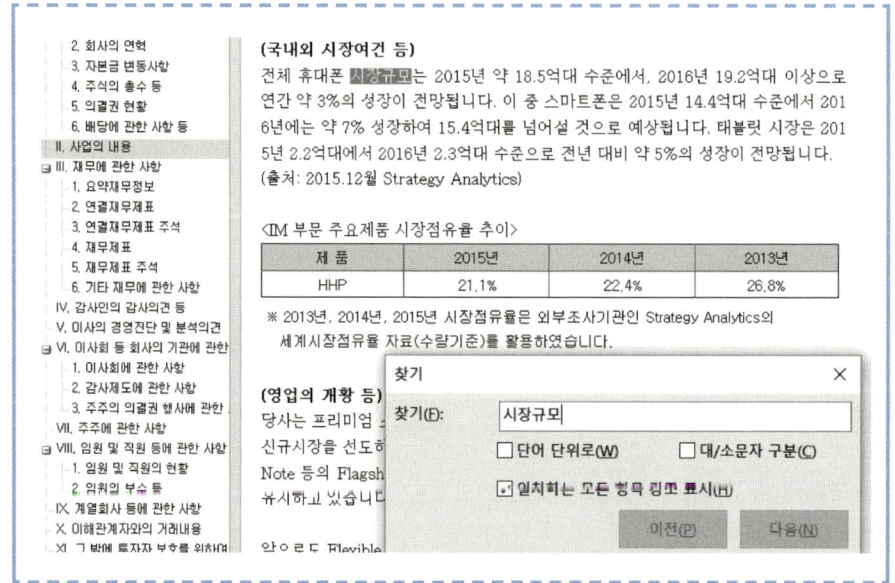

시장 규모를 키워드로 해서 검색하면 〈그림 2-7〉처럼 시장 규모 정보와 시장점유율까지 확인할 수 있다. 이처럼 세계시장에서 판매되는 제품일수록 전문적인 시장조사기관의 자료를 많이 응용할 수 있지만, 내수 위주 산업이나 소비재산업의 경우 시장 규모 정보까지 보여 주는 기업은 별로 없다. 기업이 속한 산업의 파이$_{pie}$가 커져야 회사도 성장할 가능성이 높아지므로 시장 규모 정보는 매우 중요하다. 단, 반드시 직전연도 사업보고서와 맞춰 볼 것을 권장한다. 권위 있는 시장조사기관의 자료라 하더라도 정확하게 맞춘다고 보장할 수는 없기 때문이다. 과거 수치와 비교하면서 보수적으로 판단하는 것도 하나의 방법이 될 것이다.

예를 들어 2014년 사업보고서에도 같은 조사기관의 자료를 그대로 사용했는데, 내용을 보면 2015년에 휴대폰 시장 규모를 약 19억 대 수준으로 전망했다. 그러나 2015년 사업보고서에 밝힌 2015년 휴대폰 시장 규모의 실제치는 18.5억 대로 예상을 밑돌았다. 매년 사업보고서에 공시되는 〈그림 2-7〉의 정보를 이용해 최근 2년간 시장 규모의 예상치와 실제치를 정리해 보면 〈표 2-16〉과 같다.

〈표 2-16〉 2014~2015년 시장 규모의 예상치와 실제치 차이 (단위 : 억 대)

		2014년	2015년
휴대폰 시장 규모	a.예상치	18	19
	b.실제치	18	18.5
	차이 (b-a)	0	-0.5
	차이율	0%	-3%
스마트폰 시장 규모	a.예상치	12	14
	b.실제치	12.5	14.4
	차이 (b-a)	0.5	0.4
	차이율	4%	3%
태블릿 시장 규모	a.예상치	2.9	2.9
	b.실제치	2.5	2.2
	차이 (b-a)	-0.4	-0.7
	차이율	-14%	-24%

휴대폰 시장 규모와 스마트폰 시장 규모는 약간의 차이가 발생한데 비해 태블릿 시장은 생각보다 큰 차이가 발생했다. 2년 연속 예상치에 미치지 못하는 판매량 추이를 보인다. 이에 따라 태블릿 관련 부품기업의 실적 및 주가 또한

좋지 못하다. 전방산업에 속한 삼성전자의 태블릿 시장 규모가 점점 작아진다는 것은 후방산업에 속한 부품, 소재, 장비주에까지도 큰 타격이 미친다는 의미로 해석할 수 있다. 만약 후방산업에 속한 기업을 분석하거나 투자할 예정이라면 반드시 전방산업의 사업보고서도 같이 분석하길 권한다.

한편 스마트폰 시장 규모는 매년 예상치보다 실적치가 조금 더 좋았다. 시장 규모도 전년보다 커졌기 때문에 스마트폰 시장이 성숙기에 접어들었다고는 하지만 나쁜 상황은 아닌 것으로 보인다. 이제 시장점유율을 살펴보자. 시장 규모와 시장점유율은 같이 확인하는 것이 좋다. 시장 규모가 커진 데 반해 분석 대상 기업의 시장점유율이 낮아지면 실적은 나빠질 수밖에 없다. 시장 규모가 그대로이거나 작아지는 상황에서 시장점유율이 올라 실적이 좋아져도 자본시장에서 바라보는 눈은 대체로 회의적이다. 산업 전체의 파이가 작아지거나 성장성에 한계가 온 상황에서 기업의 시장점유율 증가는 큰 의미를 갖지 못한다.

가장 최적의 시나리오는 시장 규모도 커지고 시장점유율도 높아지는 것이다. 안타깝게도 〈그림 2-7〉에서 보는 것처럼 삼성전자의 시장점유율 추이는 매년 하락세를 겪고 있다. 시장 규모에 시장점유율을 곱하면 삼성전자의 대략적인 판매량을 계산할 수 있다. 정확한 수치는 〈표 2-15〉처럼 전문기관에서 발표하는 수치를 신문에서 찾아보면 되고, 우리는 사업보고서상에서 〈표 2-17〉과 같이 분석할 수 있다.

〈표 2-17〉 2013~2015년 휴대폰 시장 규모 및 점유율 변화

	2013년	2014년	2015년	CAGR
a. 휴대폰 시장 규모 (억 대)	17	18	18.5	4%
b. 점유율	26.80%	22.40%	21.10%	-11%
추정 판매량 (억 대) (a×b)	4.6	4.0	3.9	-7%
매출액 (억 원)	138,817	111,765	103,554	-14%

가장 먼저 눈에 띄는 것은 휴대폰 시장 규모의 성장이 둔화하고 있다는 것이다. 2014년은 시장 규모가 1억 대 증가했으나, 2015년에는 5,000만 대 증가에 그쳤다. 사람들이 휴대폰을 가지기 시작한 지 20년 이상이 지나 대부분의 사람들이 스마트폰을 사용하므로 시장이 급격히 커질 만한 상황은 아니다. 시장 규모의 성장률이 낮아지는 상황에서 시장점유율이라도 올라가면 다행인데, 삼성전자의 시장점유율은 2014년부터 급격하게 줄어들기 시작했고 2015년 역시 감소했다.

추정 판매량이 감소하는 것에 비례해 IM사업부의 매출액도 감소 추세에 있다. 시장점유율이 급격히 줄어든 2014년에 매출액 감소폭이 컸고, 2015년도에도 매출 감소를 피하지 못했다. 점유율이 연평균 11% 감소하는데 매출액은 14% 감소했으니, 점유율이 감소하는 비율 이상으로 매출액이 감소한 것이다. 또한 판매량 감소율보다 매출액 감소율이 더 크게 나타나는 것으로 보아 판매량 감소 뉴스가 실적에 더 큰 악영향을 줄 것으로도 예상할 수 있다.

판매량이 감소하는 상황에서 매출액을 유지하기 위해서는 판매가격을 올리거나 좋은 스마트폰을 만들어 빼앗긴 점유율을 회복하는 등의 방안을 떠올릴 수 있다. 삼성전자와 관련 스마트폰 부품 주에 투자하고 있는 투자자라면 분기별로 발표되는 분기보고서의 시장 규모, 시장점유율 자료, 언론에서 주기적으로 기사화되는 휴대폰 판매량 정보, 삼성전자 새 스마트폰에 대한 시장 반응 등의 정보를 수집해 종합적으로 분석하기를 권한다.

판매량 정보

판매량 정보는 〈표 2-16〉처럼 사업보고서의 시장 규모와 시장점유율을 이용해 추정하는 방법이 있고, 회사에서 직접 발표하는 자료를 찾아보는 방법도 있다.

완성차 3사(현대차, 기아차, 쌍용차)는 매월 1일 영업(잠정)실적(공정공시)을 통해 자동차 판매량에 대한 정보를 공시한다.

〈그림 2-8〉은 기아자동차가 9월 1일 전자공시시스템에 공시한 영업(잠정)실적(공정공시) 내용이다.

〈그림 2-8〉 기아자동차 9월 1일 영업실적 공시

구분(단위 : 대, %)	당기실적 ('16.8월)	전기실적 ('16.7월)	전기대비증감율(%)	전년동기실적 ('15.8월)	전년동기대비증감율(%)
판매대수(내수)	37,403	44,007	-15.0%	41,740	-10.4%
판매대수(해외)	182,522	185,037	-1.4%	154,292	+18.3%
계	219,925	229,044	-4.0%	196,032	+12.2%

구분(단위:대,%)	당기누적 ('16.1~8월)			전년동기누적 ('15.1~8월)	전년동기누적대비증감율(%)
판매대수(내수)	358,160	-	-	332,524	+7.7%
판매대수(해외)	1,548,407	-	-	1,626,800	-4.8%
계	1,906,567	-	-	1,959,324	-2.7%

8월까지 월별 판매량을 직전 달(7월) 및 전년 동기와 각각 비교하고, 누적 8개월 치에 대한 정보도 보여 준다. 3개 완성차의 자료를 다 뽑아본다면 자동차 산업의 현황이 한눈에 들어올 것이다. 판매량 정보는 완성차뿐만 아니라 후방산업인 자동차 부품 및 장비주 등에도 영향을 주므로, 관련 기업에 투자한 주주라면 월초마다 이를 확인할 것을 권장한다.

또한 유틸리티Utility 주로 분류되는 한국가스공사와 지역난방공사도 매월 중순 가스판매량, 열판매량 등에 대한 정보를 공시한다.

〈그림 2-9〉는 한국가스공사가 8월 10일 공시한 영업(잠정)실적(공정공시) 내용이다.

<그림 2-9> 한국가스공사 영업실적 공시

구분(단위:천톤)	당월실적 ('16.7월)	전월실적 ('16.6월)	전월대비 증감률(%)	전년동월실적 ('15.7월)	전년동월대비증감률(%)
도시가스용	875	873	0.2%	887	-1.4%
발전용	1,295	1,087	19.1%	1,011	28.1%
기타	18	-	-	1	-
총계	2,188	1,960	11.6%	1,899	15.2%

7월까지 월별 판매량을 직전 달(6월) 및 전년 동기와 각각 비교해서 보여 준다. 누적치에 대한 정보는 나오지 않으므로, 관련 투자자라면 매월 공시된 자료를 뽑아서 엑셀에서 정리해 전기와 비교해 보면 좋은 분석이 될 것이다. 단 한국가스공사나 지역난방공사의 가스, 열, 전기 등은 판매가격이 원가에 연동해서 자주 바뀌기 때문에 반드시 분기, 반기보고서 등에서 판매가격 정보를 같이 확인해야 한다. 판매량이 증가해도 판매가격이 감소한다면 매출액은 성장하지 않을 가능성이 있기 때문이다.

이 기업들 외에는 판매량에 대한 정보를 공시하는 기업이 없고, 사업보고서에도 표시하지 않는다. 즉, 시장 규모와 시장점유율로 추정하는 방법, 완성차기업, 유틸리티기업 외에는 판매량 확인이 어렵다. 판매량에 대한 확인은 어려워도 판매량이 전기보다 증가했는지, 감소했는지는 다음에 나오는 판매가격 정보를 활용하면 추정이 가능하다.

판매가격 정보

제조업에 속한 기업들은 자신이 만들어 파는 주요 제품의 판매가격에 대한 정보를 사업보고서에 공시한다. 삼성전자 같은 거대 기업들은 일일이 가격 변동을 표로 작성하기 힘들다 보니 전기 대비 상승 또는 하락에 대한 정보 정도로 보여 주는 편이고, 소비재 기업 역시 파는 품목이 워낙 많다 보니 일일이 보여 주기 어려워서 〈그림 2-10〉과 같이 주요 제품에 대한 공시만 하는 편이다.

〈그림 2-10〉 아모레퍼시픽 2015년 주요 제품 등의 가격 변동 추이

- I. 회사의 개요
  - 1. 회사의 개요
  - 2. 회사의 연혁
  - 3. 자본금 변동사항
  - 4. 주식의 총수 등
  - 5. 의결권 현황
  - 6. 배당에 관한 사항 등
- II. 사업의 내용
- III. 재무에 관한 사항
  - 1. 요약재무정보
  - 2. 연결재무제표

나. 주요 제품 등의 가격변동추이

(단위 : 원/개)

품목		제10기	제9기	제8기
화장품 사업부문	아이오페 모이스트젠 소프너	19,500	19,500	20,800
	라네즈 밸런싱 에멀전	18,200	18,200	18,200
	마몽드 토탈솔루션 크림	20,800	20,800	20,800
MC(Mass Cosmetic) & Sulloc사업부문	미장센 펄 샤이닝샴푸	8,560	8,560	8,560
	메디안 마린치약	5,120	5,120	5,120

모든 품목에 대한 가격은 나오지 않지만, 회사의 주요 제품 가격이 전기와 비교해 변동이 없다는 사실은 알 수 있다. 판매가격의 변동이 없는 상황에서 매출이 증가했다면 판매량이 그만큼 증가했다는 의미이다.

〈표 2-18〉에서 손익계산서상의 매출액 정보를 분석해 보자.

〈표 2-18〉 아모레퍼시픽 2015년 분기별 매출액 추이 (단위 : 원)

	제 10 기	제 9 기	증감	증감률
매출액	4,766,627,213,300	3,874,007,757,738	892,619,455,562	23%

매출액이 전기 대비 23% 증가했으니 판매량도 23% 증가했다고 볼 수 있다. 단 환율의 변화도 있고, 제품 믹스product mix상 판매되는 주요 제품 비중이 매년 다를 것이므로 반드시 판매량이 23% 증가했다고 단정 지을 수는 없다. 그러나 '매출액=P×Q'에서 P가 거의 변동이 없다는 것을 확인했으니, Q가 증가 추세라는 것은 분명하다.

판매가격에 변화가 없지만, 판매량이 증가하는 기업 입장에서 원재료 가격이 하락한다면 금상첨화일 것이다. 물론 이는 원재료가 매출액에서 중요한 비중을 차지하는 기업에만 해당되는 이야기다.

아모레퍼시픽은 매출액에서 원재료가 차지하는 비중이 25% 내외로 크지 않기 때문에 원재료의 가격 하락이 그렇게 큰 영향을 주지는 못한다. 그 대신 공헌이익률이 75%이므로 판매량의 증가가 더 큰 이익 개선의 요인이 된다. 실제로 아모레퍼시픽의 영업이익 증가율은 37%로 매출액 증가율 23%보다 더 크게 나왔다.

수출 및 내수 정보

파이가 한정적인 내수시장에서 기업이 성장하는 데는 한계가 있다. 인구가 줄고 저성장과 침체에 빠져 있는 상황에서 기업이 성장하려면 수출밖에는 답이 없을 것이다. 그러므로 기업이 수출을 많이 하고 있는지, 수출이 증가하고 있는지 등을 사업보고서에서 파악하는 것이 매우 중요하다.

수출 및 내수에 대한 정보는 〈그림 2-11〉 'II. 사업의 내용' 또는 '연결재무제표 주석'에서 모두 확인할 수 있다.

〈그림 2-11〉 아모레퍼시픽 2015년 부문별 정보

(6) 당기와 전기 중 연결회사의 지역별 매출액 및 보고기간말 현재 지역별 비유동자산의 금액은 다음과 같습니다(단위:백만원).

지역	매출액		비유동자산(*)	
	당기	전기	2015.12.31	2014.12.31
한 국	3,546,483	3,044,901	1,821,796	1,671,972
북 미	48,488	34,871	3,212	1,176
유 럽	50,517	63,984	32,102	40,357
중 국	765,786	464,933	181,387	167,986
기 타	355,353	265,319	43,725	36,337
합 계	4,766,627	3,874,008	2,082,222	1,917,828

〈그림 2-11〉을 보면 내수 매출이 절대적이고 해외 매출 비중은 다소 적다. 사실 화장품기업은 중국인을 비롯한 관광객이 우리나라의 면세점이나 백화점 등에서 제품을 많이 구입하기 때문에, 한국 매출액의 큰 부분은 관광객이 차지할 것으로 예상한다. 한정된 정보로 인해 분석이 되지 않을 뿐이지 그런 추정은 가능해 보인다.

수출 추이를 좀 더 깊게 분석하기 위해 〈그림 2-11〉의 주석을 4년 치 뽑아서 엑셀에 정리해 보면 〈표 2-19〉와 같다.

〈표 2-19〉 아모레퍼시픽 2012~2015년 지역별 매출액 추이 (단위 : 백만 원)

	2012년	2013년	2014년	2015년	CAGR
한국	2,414,680	2,560,871	3,044,901	3,546,483	14%
북미	18,883	23,489	34,871	48,488	37%
유럽	77,009	74,193	63,984	50,517	-13%
중국	259,313	336,518	464,933	765,786	43%
기타	79,577	105,342	265,319	355,353	65%
합계	2,849,462	3,100,413	3,874,008	4,766,627	19%
내수 비중	85%	83%	79%	74%	
수출 비중	15%	17%	21%	26%	
중국 비중	9%	11%	12%	16%	

한국 다음으로 매출 금액이 큰 곳은 역시 중국이다. 북미나 기타 지역의 매출 연평균성장률도 높지만 매출액 규모 자체가 중국보다 작으므로 비교 대상은 되지 않는다. 중국은 연평균성장률도 높고 수출액 규모도 상당하다. 집계는 안 되지만 한국에 관광 온 중국인들이 산 화장품까지 더한다면 수치는 더 올라갈 것으로 추정된다. 이렇게 총매출과 중국에 대한 매출 모두 성장세를 이어가고 있는 상황에서 사드(THAAD)라고 불리는 고고도미사일방어체계의 배치 이

슈로 주가가 폭락했던 것은 어쩌면 당연한 결과일지도 모르겠다. 여기에 경제 보복이나 불매운동 같은 일이라도 벌어진다면 매출에 미치는 영향은 실로 막대할 것이다.

사드와 같은 악재만 없다면 매출액 중 수출 비중이 올라가고, 수출도 계속 늘어나므로 좋은 기업이라고 충분히 확신할 수 있을 것이다.

주요 원재료 가격 변동 현황

기업에서 생산하는 제품에 투입되는 주요 원재료의 가격 변동 추이가 사업보고서의 'Ⅱ.사업의 내용'에 공시가 된다. 원재료가 매출액에서 차지하는 비중이 높은 제조업 회사는 공헌이익에 큰 영향을 미치므로 반드시 점검해야 한다.

〈그림 2-10〉에서 주요 제품의 판매가격에 변화가 없던 아모레퍼시픽의 주요 원재료가격 변동 현황을 살펴보면 〈그림 2-12〉와 같다.

〈그림 2-12〉 아모레퍼시픽 주요 원재료 등의 가격 변동 추이

라. 주요 원재료 등의 가격변동추이

(단위 : 원/KG)

구 분		제10기	제9기	제8기
화장품 사업부문	PRIPURE 3759(Phytosqualane)	34,500	49,300	48,080
	BUTYLENE GLYCOL(1,3)	3,683	3,419	3,572
	자음단	19,700	19,700	19,701
MC(Mass Cosmetic) & Sulloc사업부문	(PF1) XIAMETER MEM-7137N EMULSION	3,760	3,700	3,700
	FRUITY FRESH SH-9200	22,500	29,167	21,825

주1) PRIPURE 3759(Phytosqualane) : 환율 인하분 반영 및 대체 가능원료인 Neossance squalane(사탕수수유래)의 확대로 공급사의 전략적 가격인하
주2) (PF1) XIAMETER MEM-7137N EMULSION :Dow Corning 5-7137 Emulsion 방부처방 개선(PK+PE_0.4% 추가)으로 코드명 변경
주3) FRUITY FRESH SH-9200 : 수입업체에서 국내업체 전환으로 인한 가격 인하
(1) 산출기준
　각 사업부문의 주요 제품별로 사용되는 원재료 품목을 1개 이상씩 선정하여, 매입가격을 기준으로 1년간 이동평균법을 적용하여 계산된 단가임.
(2) 주요 가격변동원인
　시장 수요 변동에 따른 원재료 가격 변동 및 환율변동 등

아모레퍼시픽 전체 매출액의 90% 가까이를 차지하는 화장품 사업부문만 살펴봐도 될 것이다. 주요 원재료를 보면 하나는 큰 폭 하락, 하나는 소폭 증가, 하나는 동결로 나온다. 우리는 이 기업의 제품에 어느 원재료가 어느 정도 투입되는지 모른다. 즉 4만 9,300원에서 3만 4,500원으로 가격이 하락한 원재료가 제품에 더 많이 들어간다면, 원재료비 하락은 분명 회사의 이익 개선에 도움이 된다. 반대로 3,419원에서 3,683원으로 가격이 상승한 원재료가 제품에 많이 투입된다면 회사의 이익에는 악영향을 줄 것이다.

이렇게 자세히 분석할 수 있으면 금상첨화겠지만 실제 사업보고서상으로는 정보를 이렇게까지 깊게 확인하기가 어렵다. 불가피하게 3가지 원재료의 가격을 단순 평균을 내어 원재료 가격이 어느 정도 하락했는지 계산하는 게 우리가 할 수 있는 방법이다. 실제 계산해 보면 원재료 가격이 평균 약 20% 하락한 것으로 나온다.

이번에는 〈표 2-20〉을 통해 이 회사의 매출액에서 원재료의 사용액이 차지하는 비중을 확인해 보자. 각각 연결손익계산서상 매출액과 연결재무제표 주석에서 비용의 성격별 분류를 찾아 정리하면 다음과 같다.

〈표 2-20〉 아모레퍼시픽 매출액에서 원재료비가 차지하는 비중 (단위 : 백만 원)

	당기	전기	증감	증감률
매출액	4,766,627	3,874,008	892,619	23%
원부재료 및 상품매입액	1,216,557	1,035,894	180,663	17%
비중	26%	27%		

매출액에서 원부재료 및 상품매입액이 차지하는 비중 자체가 크지 않은 기업임을 알 수 있다. 전기 기준으로 1만 원짜리 화장품을 하나 팔면, 거기에 포함된 원재료가 2,700원 정도라고 볼 수 있다. 제품 하나의 공헌이익은 7,300원이므로 판매량이 증가하면 회사에 기여하는 이익은 커질 것이다. 반면에 원재료가격이 하락해도 공헌이익은 별로 크게 증가하지 않을 것으로 보인다. 판매가격의 변동이 없는 상황에서 원재료가 2,700원에서 20% 하락한 2,160원이 될 때 공헌이익은 7,840원으로 계산된다. 제품 하나를 판매할 때 이익은 7,300원에서 7,840원으로 증가했지만 증가율은 7.4%에 불과하다. 20% 하락한 원재료 가격에 비하면 이익증가폭은 그리 크지 않다.

업종은 다르지만 판매가격의 변동이 거의 없는 상황에서 원재료 가격이 하락해 공헌이익이 극대화되는 사례를 살펴보자. 대표적인 기업이 바로 한국전력공사다. 한국전력공사 사업보고서의 전기 가격 변동 추이를 보면 변동이 거의 없다. 그러나 전력구입비와 원전연료, 유연탄, 무연탄 등 원재료를 보면 큰 폭의 하락을 보인다. 단순평균으로 계산해 보면 원재료 가격은 약 23% 하락한 것으로 나온다.

〈표 2-21〉에서 한국전력공사의 매출액에서 사용된 원재료와 전력구매비가 차지하는 비중을 확인해 보자. 역시 연결손익계산서상 매출액과 연결재무제표 주석에서 비용의 성격별 분류를 이용하면 된다.

〈표 2-21〉 한국전력공사 매출액에서 원재료와 전력구입비가 차지하는 비중

(단위 : 백만 원)

	당기	전기	증감	증감률
a.매출액	58,957,722	57,474,883	1,482,839	3%
b.사용된 원재료	14,626,933	20,150,934	-5,524,001	-27%
c.전력구입비	11,428,027	12,601,686	-1,173,659	-9%
비중[(b+c)/a]	44%	57%		

매출액에서 원재료 및 전력구매비가 차지하는 비중이 큰 기업임을 알 수 있다. 살펴보면 전년도 기준으로 전기 요금 1만 원 중 5,700원이 발전을 위해 사용된 원재료나 전력을 산 원가다. 매출액의 반 이상이 원재료와 전력구매비인데, 이 금액이 약 23% 하락하면 5,700원에서 4,390원이 될 것이다. 그러면 1만 원 전기요금 기준으로 4,390원이 발전을 위해 사용된 원재료나 전력구매비이므로 공헌이익은 5,610원으로 늘어난다. 즉, 공헌이익이 28%(4,390원→5,610원)나 늘어나는 효과를 볼 수 있다. 원재료 가격 감소율보다 더 큰 이익증가율을 보인 것이다. 원재료 가격이 내려가는 상황에서 기록적인 무더위로 인해 전력 사용량이 급증했으니 이익 증가폭은 어마어마할 수밖에 없다.

이렇게 원재료가 차지하는 비중에 따라 원재료 가격 상승률과 하락률이 이익에 미치는 영향은 달라진다.

이 장의 종합사례로 소개하는 오뚜기와 농심도 양사 간의 원재료 비중과 공헌이익률 자체가 크게 다르므로 서로 비교하기 좋은 참고자료가 될 것이다.

생산능력, 생산실적, 가동률 정보

생산능력은 기업의 표준작업시간을 기준으로 생산 가능한 제품의 양을 의미한다. 소위 생산캐파(CAPA)라고도 불리는데, 유형자산과 생산 인력이 기본적으로 뒷받침되어야 계산도 가능하다. 만약 기업의 제품 판매가 증가할 것으로 예상되고 현재의 유형자산과 인력으로는 그 수요를 맞추기 어렵다면 증설을 하고 인력도 충원해야 할 것이다. 증설할 때는 현금흐름표인 투자활동현금흐름에서 큰돈이 빠져나갈 것이고, 추후 인건비와 감가상각비가 증가할 것이다.

반대로 제품 판매가 감소할 것으로 예상한다면 기존에 투자한 유형자산은 그냥 놀게 될 것이고, 고정비로 꼬박꼬박 지급되는 급여를 줄이기 위해 구조조정을 할 것이다. 급여는 인력 구조조정으로 줄일 수 있으나, 감가상각비는 매년 같은 금액을 배분하기 때문에 줄일 수 없는 비용이다.

생산실적은 기업이 1년간 실제로 생산한 제품량을 의미한다. 한 해에 생산한 제품이 그해에 모두 팔리는 경우는 없으며, 항상 적정재고를 유지하면서 생산하게 된다. 원재료 조달부터 생산까지 걸리는 기간과 판매되는 기간이 있으므로 그에 맞춰 적정재고를 유지하는 게 기업 재고관리의 핵심이 된다. 너무 많이 생산했는데 시장의 소비 추세가 바뀌어 다음 연도에 팔리지 않을 가능성도 있고, 너무 조금 생산했는데 갑자기 초과 주문이 몰려들면 납기를 못 맞춰서 원망을 들을 수도 있다.

예를 들어 감가상각비 1,000만 원, 인건비 2,000만 원만 발생하는 기업에서 만드는 제품을 3,000원에 판매한다. 기업의 생산 능력은 3만 개이고, 제품을 1만 개, 2만 개, 3만 개 생산할 때 제품의 단위당 원가를 계산하면 〈표2-22〉와 같다.

〈표 2-22〉 기업의 생산능력에 따른 제품 단위당 원가 (단위 : 원)

	1만 개 생산	2만 개 생산	3만 개 생산
감가상각비	10,000,000	10,000,000	10,000,000
인건비	20,000,000	20,000,000	20,000,000
총원가	30,000,000	30,000,000	30,000,000
제품 단위당 원가	3,000	1,500	1,000

감가상각비와 인건비는 현재 생산능력 내에서 발생되는 고정비이므로 실제 생산량과 관계없이 같은 금액이 발생한다. 기업 입장에서는 제품의 판매가격이 3,000원이므로 1만 개를 생산하면 겨우 손익분기점을 맞출 수 있고, 그 이상을 생산해야 이익이 발생하므로 최대 3만 개를 생산하는 생산능력이 되어야 가장 높은 이익을 얻을 수 있다. 3만 개 이상을 생산하려면 결국 증설까지도 고려해야 한다. 반면에 1만 개 내외로 판매되는 상황이라면 이익을 내기 위해 인건비를 줄이는 고육책을 쓸 것이다.

시장에서 제품이 1만 개 정도 팔리는 상황에서 3만 개를 생산했다고 가정해보자. 그해의 손익계산서에는 '매출액 3,000만 원(3,000원×10,000개)−매출원가 1,000만 원(1,000원×10,000개)＝매출총이익 2,000만 원'이 될 것이다. 생산은 완료되었으나 판매가 되지 않은 2만 개는 재무상태표의 재고자산에 2,000만 원(1,000원×20,000개)으로 표시된다.

경영자 입장에서는 나쁠 것이 없다. 손익도 좋아지고, 유동자산으로 분류되는 재고자산이 2,000만 원 계상되면서 유동비율도 올라가는 효과가 있기 때문이다. 이 재고자산이 다음 연도에 잘 팔리면 별 문제가 없다. 그런데 만약 다음 연도에 이 제품이 더는 팔리지 않는 상황이 되면 그때는 문제가 심각해진다. 안 팔리는 재고자산은 자산으로서의 가치가 상실되므로 재고자산평가손실로 처리해야 하기 때문이다. 재고자산평가손실이 인식되면 매출원가에 가산되므로 손익은 악화되고, 유동자산에 표시된 재고자산도 줄어들게 된다. 즉, 자산으로서의 가치를 인정받지 못하게 되는 일이 생긴다. 그러므로 정상적인 기업은 이런 위험 때문에 절대 제품을 과다 생산하지 않는다. 다음 연도에 어떻게 될지 모르는 불확실성은 늘 존재하기 때문이다.

우리나라 화장품이 아무리 잘 팔린다 해도 아모레퍼시픽이나 LG생활건강이 제품을 엄청나게 생산해서 쌓아두고 팔지 않는 것도 마찬가지 이유 때문이다.

메르스 같은 사태로 외국인 방문객이 뚝 끊기는 예상치 못한 일이 발생할 수도 있고, 사드(THAAD) 같은 악재가 돌발할 수도 있기 때문이다.

만약 기업의 매출액이 증가 추세가 아님에도 불구하고 재고자산이 계속 증가한다면 부실 또는 분식회계를 의심해야 한다.

〈표 2-23〉은 2012년 9월에 부도 처리되어 상장폐지된 코스닥기업의 3년간 재고자산 증가 현황을 나타낸 자료이다.

〈표 2-23〉 2012년 상장폐지된 ○○기업의 재고자산 증가 현황 (단위 : 억 원)

	2012년 반기	2011년	2010년
재고자산	1,544	1,396	695
매출원가	793	1,545	1,639
매출액	951	1,731	1,926
매출채권	968	951	1,054

투자자라면 급증하는 재고자산에 초점을 맞춰야 한다. 재고자산이 2011년부터 엄청나게 늘어났는데 과연 매출도 늘어나는 추세인지부터 확인해야 한다. 매출이 늘어나는 추세도 아닌데 재고자산이 늘어난다는 것은 상식적으로 이해하기 힘든 대목이다. 더욱이 이 기업은 매출채권 회수도 잘 되지 않을 정도로 문제가 많았음에도 불구하고 계속 재고자산이 증가했다. 채권회수가 되지 않으면 기업 내부에 돈이 돌지 않기 때문에 원재료 구입과 제품 생산에 들어가는 돈은 은행에서 빌려 올 수밖에 없다. 손익은 물론이고 재무 구조와 현금흐름 모두 악화될 수밖에 없다.

재무제표를 보는 데 시간이 넉넉하지 않은 투자자라면 꼭 재고자산과 매출원가, 매출채권, 매출액을 같이 놓고 비교할 것을 권한다. 이 수치만 비교 분석해도 기업이 제대로 운영되고 있는지 아닌지에 대한 판단을 할 수 있다. 정상적인 기업이라면 재고자산보다 매출원가 금액이 월등히 크고 매출채권보다 매출액이 월등히 커야 한다. 재고자산이 매출원가보다 크다면 팔리지도 않는데 원재료를 많이 샀거나 생산을 많이 했다는 이야기가 된다. 매출액보다 매출채권이 크거나 매출액과 매출채권 간 금액 차이가 크지 않다는 것은 매출은 발생해도 회수는 잘 되지 않는다는 말이다. 그렇다면 특수관계자나 거래처에 매출을 밀어냈을 가능성이 크다.

팔리지 않는 재고자산과 회수되지 않은 매출채권은 모두 유동자산을 구성한다. 즉 유동비율을 높게 만들어 준다. 재무비율 몇 가지만 가지고 회사를 판단하면 안 되는 이유가 여기에 있다. 번거롭더라도 재무제표를 풀버전으로 펼쳐서 분석하기 바란다.

〈표 2-24〉 아모레퍼시픽 매출액과 재고자산 증가 현황   (단위 : 억 원)

	2015년	2014년	2013년
재고자산	3,239	3,049	2,828
매출원가	11,694	10,282	9,118
매출액	47,666	38,740	31,004
매출채권	2,799	1,967	1,974

〈표 2-24〉는 아모레퍼시픽의 재무제표를 〈표 2-23〉 사례와 같은 형식의 표로 만들어 비교해 본 것이다. 〈표 2-23〉에서 살펴본 상장폐지된 코스닥 기업과는 전혀 다른 모습이다. 〈표 2-23〉의 ○○기업은 2010년에서 2011년으로 가면서 매출액과 매출원가가 모두 감소하고 있음에도 불구하고 재고자산이 무려 700억 원 가까이 늘어났다. 반면 아모레퍼시픽은 2013년에서 2015년까지 매출액이 1조 6,662억 원 늘고 매출원가가 2,576억 원 증가한데 비해, 재고자산 증가는 411억 원에 불과하다. 많이 팔린다고 해서 재고를 많이 늘리지 않았다

는 것을 알 수 있다.

한편 가동률은 생산실적을 생산능력으로 나누어 계산한다. 〈그림 2-13〉은 KT&G의 가동률 관련 정보이다.

〈그림 2-13〉 KT&G 당기 가동률 현황

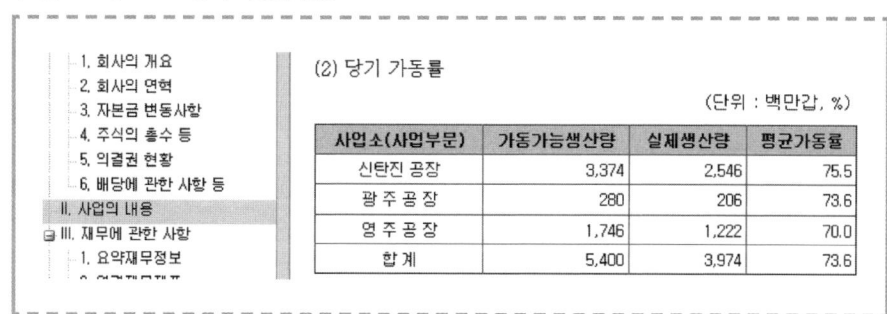

가동 가능 생산량이 생산능력이고 실제 생산량이 생산실적을 의미하므로, 두 값을 나누어 가동률을 산정했다.

만약 가동률이 100%에 육박했다면 회사의 현재 유형자산과 생산인력으로 최적의 단계에 도달해 있다는 의미가 된다. 정해진 고정비 내에서 최대로 생산하고 있으니 제품 단위당 고정비도 적을 것이고 회사의 손익도 아주 좋게 나올 것이다. 만약 고정비 비중이 큰 기업의 가동률이 100%임에도 불구하고 예전과 비교해 이익이 늘어나지 않는다면, 더는 개선되기 힘든 상태라고 봐도 될 것이다. 최적의 원가 상황임에도 불구하고 이익이 개선되지 않는 것은 분명 다른 곳에 문제가 있다는 이야기다.

반대로 가동률이 내려간다면 제품 단위당 고정비가 증가해 이익은 당연히 더 작아질 것이고, 증설을 하게 되면 인건비와 감가상각비 같은 고정비가 더 증가하게 될 것이다. 문제는 증설했음에도 불구하고 매출이 증가하지 않거나 오히려 감소하는 경우도 발생한다는 점이다. 이런 이유로 기업들은 가동률이

100%에 육박했다고 해서 바로 증설하지는 않는다. 기계에 무리가 가지 않는 한 계속 가동을 하고, 생산인력에 대해 추가 수당을 지급하면서 수요량을 맞추려 한다.

트렌드에 영향 없이 제품을 꾸준히 생산해 파는 기업은 증설이 큰 이슈가 아니지만, 트렌드에 민감한 식음료 기업 같은 경우에는 증설이 일종의 모험이 될 수도 있다. 유행은 짧기 때문이다. 하얀 국물 라면, 막걸리, 과일맛 소주 등 유행은 강했지만 그 기간이 너무나 짧았던 사례를 우리는 수없이 보았다. 구하기 힘들어 먹을 수 없었던 허니버터칩이 이제는 대형마트에 가면 수북이 쌓여 있는 모습을 보면서 해태가루비(해태제과식품의 공동 지배기업)의 증설에 회의적인 시각을 갖는 사람들 또한 많아졌다.

나가사끼 짬뽕을 대유행시켰던 삼양식품의 과거 사업보고서를 보면 시사하는 바가 크다. 〈그림 2-14〉는 2012년(52기) 삼양식품의 사업보고서 자료이다.

〈그림 2-14〉 삼양식품 2012년 사업부문별 생산능력 및 생산실적

나. 생산능력, 생산실적 및 가동률

(1) 당기 사업부문별 생산능력

(단위: 백만원)

사업부문	품목	사업소	제 52 기 연간	제 51 기 연간	제 50 기 연간
식품의 제조및 판매	면·스낵	원주공장	395,485	241,320	222,040
	면·스낵	익산공장	62,148	79,330	75,619
	우유류	원주공장(문막)	56,100	43,000	40,800
	장유류	원주공장	9,452	9,517	9,340
합계			523,185	373,167	347,799

(2) 당기 사업부문별 생산실적

(단위: 백만원)

사업부문	품목	사업소	제 52 기 연간	제 51 기 연간	제 50 기 연간
식품의 제조및 판매	면·스낵	원주공장	148,269	139,839	120,017
	면·스낵	익산공장	56,417	53,658	50,623
	우유류	원주공장(문막)	28,221	23,669	18,947
	장유류	원주공장	5,104	5,636	6,140
합계			238,011	222,802	195,727

면·스낵을 만드는 원주공장의 생산능력이 51기에는 2,413억 2,000만 원에서 52기에는 3,954억 8,500만 원으로 커졌음을 알 수 있다. 생산능력이 약 64% 증가하도록 공장을 증설한 것으로 추정된다. 그런데 52기의 생산실적을 보면 1,482억 6,900만 원으로 51기보다 불과 6%밖에 증가하지 않았다. 〈표 2-25〉는 손익계산서의 매출액과 비용의 성격별 분류 주석을 찾아 정리한 것이다.

〈표 2-25〉 삼양식품 2012년 매출액과 비용의 성격별 분류 (단위: 억 원)

	52기	51기	증감	증감률
매출액	3,258	2,987	271	9.1%
종업원급여	494	445	49	11.0%
감가상각비,무형자산상각비	55	37	18	48.6%
영업이익	76	148	-72	-48.6%
영업이익률	2.3%	4.9%		

생산능력을 64%나 늘렸는데, 매출액은 9%밖에 증가하지 않았다. 매출액 증가율보다 종업원급여, 감가상각비, 무형자산상각비의 증가율이 더 높다. 그리고 회사 영업이익률은 4.9%에서 2.3%로 크게 감소했다. 종업원급여, 감가상각비와 무형자산상각비가 매출액에서 차지하는 비중이 크지 않음에도 불구하고 영업이익과 이익률 모두 많이 감소한 결과를 가져왔다. 이렇게 영업이익 규모가 작은 기업에서 과도한 증설을 하면 비용을 많이 증가시키지 않더라도 이익을 크게 훼손할 수 있다.

일회용 인공눈물을 생산, 판매하는 디에이치피코리아는 2014년에 가동률이 100%를 초과하면서 증설을 결정한 기업이다. 스마트폰, 태블릿PC 등 모바일 기기의 사용자 증가로 안구 건조에 시달리는 사람이 많아지고, 미세먼지나 황사 등으로 인해 이 기업 제품의 수요가 꾸준히 늘어나면서 기존 시설로는 수요를 감당하지 못한 것으로 보인다.

〈그림 2-15〉는 2012년부터 2015년까지 디에이치피코리아의 생산실적 및 가동률을 나타낸 표이다.

〈그림 2-15〉 디에이치피코리아 생산실적 및 가동률

나. 생산실적 및 가동률

(단위: 천개)

구 분		2015년	2014년	2013년	2012년
		수량	수량	수량	수량
점안제	생산능력	192,420	132,000	132,000	96,000
	생산실적	184,375	134,087	102,319	85,666
	가동률	주1) 95.82%	주2) 101.58%	77.51%	89.24%

주1) 보고서 작성 기준일 현재 신규 증설 완료된 3호기 라인이 정상 가동되고 있으며, 가동률 수치는 상반기 부터 누적된 주말 특근 및 야근에 따른 일시적 생산량 증가 영향입니다.

주2) 2014년(전기) 가동률 101.58%는 재고확보를 위해 주말 특근 및 야근에 따른 일시적 생산량 증가 요인이 작용되었습니다.

〈그림 2-15〉에서 보듯이 2015년의 생산능력은 1억 9,242만 개로, 2014년에 비해 약 46% 증가했고, 생산실적도 38% 증가했다. 증설한 만큼 생산량도 늘었으니 삼양식품 사례와 달리 성공적인 증설이라고 볼 수 있다. 이런 상황의 기업에 투자한다면 증설된 상황에 맞게 분기별로 생산이 많이 되어 잘 팔리는지를 계속 확인해야 한다.

〈표 2-26〉에서 디에이치피코리아의 손익계산서와 비용의 성격별 분류 주석사항을 한번 살펴보자.

〈표 2-26〉 디에이치피코리아 2014~2015년 손익계산서 (단위 : 억 원)

	2015년	2014년	증감	증감률
매출액	386	326	60	18.4%
종업원급여	55	47	8	17.0%
감가상각비,무형자산상각비	23	17	6	35.3%
영업이익	103	91	12	13.2%
영업이익률	26.7%	27.9%		

디에이치피코리아는 삼양식품 매출액 규모의 1/8 정도밖에 되지 않을 정도로 외형이 작은 기업이지만 손익계산서의 모습은 매우 우월해 보인다.

역시 매출액에서 종업원급여와 감가상각비 등의 고정비가 차지하는 비중은 20%대로 높지 않은 편이다. 삼양식품과 원가 구조가 비슷하지만 디에이치피코리아는 증설 후에도 생산실적과 매출액이 모두 증가해서 영업이익이 그에 연동해 늘어났다. 만약 삼양식품처럼 증설 폭에 비해 생산실적과 매출액이 증가하지 않았다면 이 기업의 영업이익도 감소했을 것이다.

인공눈물은 식음료처럼 트렌드를 타지 않고 필수소비재로 인식되기 때문에 증설에 대한 부담이 크지 않고, 다른 경쟁자가 더 싼 가격에 좋은 제품을 내놓지 않는 이상 매출액이 감소할 위험도 크게 없어 보인다.

이 기업들과는 반대로 가동률이 원래 낮은 기업에 대해서는 다음의 두 가지 시선으로 바라봐야 한다.

첫째, 가동률이 낮다는 것은 생산능력보다 생산실적이 적다는 의미이므로 공장이 많이 놀고 있을 것이다. 즉, 기업이 실제 제품 수요량보다 과잉 투자했을 가능성이 크다. 기업 입장에서 인력에 대한 구조조정은 했겠지만 취득한 유형자산의 감가상각비는 매년 같은 금액으로 배분되기 때문에 감가상각비는 줄일 수 없다. 즉, 제품 단위당 고정비가 적은 상태가 아니므로 이익 구조 역시 최적화가 아닐 것이다.

둘째, 가동률이 낮다는 것은 향후 판매량이 증가할 때 매출 증가보다 이익 증가가 더 커질 가능성이 있다는 의미다. 생산량이 증가하기 시작하면 제품 단위당 고정비가 적어지므로 이익은 커질 수밖에 없다. 인건비와 감가상각비 등 고정비 비중이 높을수록 이익은 더 극대화될 것이다.

투자자 입장에서는 이미 가동률이 100%이고 증설을 고민할 정도로 호경기를 맞고 있는 기업도 좋지만, 지금 공장가동률은 낮지만 앞으로 제품이 잘 팔릴 것으로 기대되는 기업을 찾는 게 더 높은 투자이익을 거둘 수 있다.

5. 종합 사례 : 농심 vs 오뚜기

　기업을 분석할 때는 항상 같은 그룹 내에 속한 유사기업들Peer group과 비교하는 것이 좋다. 기업 자체의 수익가치와 자산가치만으로도 저평가되어 있는지 또는 고평가되어 있는지 판단할 수도 있지만, 유사기업과 같이 비교해 보면 좀 더 분명하게 확신할 수 있기 때문이다.

　오뚜기와 농심을 종합 사례 대상으로 선정한 이유는 여러 가지다. 첫째, 2015년에 식음료 시장을 둘러싼 영업환경이 매우 좋았고, 히트제품이 나오면서 강력한 실적 개선이 이루어졌다. 둘째, 두 기업의 주가가 상승하는 강도가 달랐고 발표된 실적 또한 다른 모습을 보여 주었다. 셋째, 같은 산업에 속한 기업들이지만 사업보고서를 분석해 보면 각자 다른 특성으로 인해 손익 구조가 확연히 다르다.

　이 기업들의 특징을 잘 봐두면 앞으로 다른 제조기업을 분석할 때 많은 참고가 될 것이다. 아무리 신사업이 계속 등장하고 다른 섹터가 주도주가 된다고 해도 원재료를 투입하고 인건비와 감가상각비 등이 합쳐져 만든 제품을 판매하는 제조업의 범위에 모두 포함되기 때문에 같은 포인트로 접근할 수 있다.

2014년 vs 2015년 실적 비교

농심과 오뚜기 모두 프리미엄 라면이라고 부르는 짜장과 짬뽕 신제품이 히트를 쳤고, 밀가루와 팜유 등 주요 원재료의 가격은 계속 내려가는 추세였다.

여기서 우리는 다음과 같은 생각을 할 수 있다.

① 판매가격이 올랐고 판매량이 증가했다.
② 판매량이 증가했으니 생산량도 증가했을 것이다.
③ 판매가격은 올랐고, 원재료 가격은 떨어졌고, 생산량 증가로 제품 단위당 고정비도 적어졌을 것이니 마진폭은 매우 커졌을 것이다.

과연 이대로 손익계산서가 만들어졌는지 〈표 2-27〉, 〈표 2-28〉을 살펴보도록 하자.

〈표 2-27〉 농심 2014~2015년 손익계산서 (단위 : 원)

	2015년	2014년	증감	증감률
매출	2,181,623,581,013	2,041,702,670,000	139,920,911,013	6.9%
매출원가	1,509,622,908,285	1,456,355,028,555	53,267,879,730	3.7%
매출총이익	672,000,672,728	585,347,641,445	86,653,031,283	14.8%
판매비와관리비	553,712,739,885	511,804,528,069	41,908,211,816	8.2%
영업이익	118,287,932,843	73,543,113,376	44,744,819,467	60.8%
영업이익률	5.4%	3.6%		

〈표 2-28〉 오뚜기 2014~2015년 손익계산서 (단위 : 원)

	2015년	2014년	증감	증감률
매출	1,883,098,974,718	1,781,728,719,562	101,370,255,156	5.7%
매출원가	1,425,163,060,580	1,366,215,406,649	58,947,653,931	4.3%
매출총이익	457,935,914,138	415,513,312,913	42,422,601,225	10.2%
판매비와관리비	324,526,723,021	299,642,376,864	24,884,346,157	8.3%
영업이익	133,409,191,117	115,870,936,049	17,538,255,068	15.1%
영업이익률	7.1%	6.5%		

농심과 오뚜기 모두 소폭의 매출 증가세를 보였다. 짬뽕과 짜장 제품의 인기에 비해 매출 증가폭이 아주 큰 편은 아니다. 양사 모두 라면만 만드는 회사가 아니므로 다른 제품에 원인이 있을 수도 있다. 이 부분은 매출을 좀 더 정밀히 분석할 때 들여다볼 것이다.

그런데 영업이익은 극명하게 차이를 보인다. 농심은 2014년 대비 2015년 영업이익 증가율이 무려 60.8%에 달하는데, 오뚜기는 증가폭이 15.1%에 불과하다. 판매가격이 오르고 판매량도 많이 증가하고 원재료비는 떨어지는, 이 좋은 영업 환경에서 오뚜기의 이익 증가폭이 작다는 것은 다소 문제가 있어 보인다.

한편 1년간 주가는 어떻게 움직였을까? 〈표 2-29〉에서 2014년 종가와 2015년 종가를 비교해 보자.

〈표 2-29〉 농심과 오뚜기 2014~2015년 주가 변화 (단위 : 원)

	2015-12-30	2014-12-30	증감	증감률	시가총액 (억 원)	PER
농심	439,500	252,500	187,000	74.1%	26,733	22.8
오뚜기	1,225,000	486,000	739,000	152.1%	42,140	40.3

농심이 1년 동안 주가가 74% 오른 데 비해 오뚜기는 152%나 상승했다. 오뚜기의 영업이익 증가는 15%이고 농심의 영업이익 증가는 61%인데, 주가는 오뚜기가 더 많이 앞서간 셈이고 기업가치(시가총액)도 오뚜기가 더 크다. 순이익을 시가총액으로 나눈 PER도 농심은 22.8, 오뚜기는 40.3으로 동종산업에서도 큰 차이가 발생한다.

농심은 저평가, 오뚜기는 고평가라는 생각이 들지만, 과거와도 비교해 봐야 하고 각 기업 간 자산가치도 따져 봐야 하므로 여기서 단정 짓기는 이르다.

이번에는 〈표 2-30〉, 〈표 2-31〉에서 범위를 4년 더 확장해서 살펴보자.

〈표 2-30〉 농심 2012~2015년 손익계산서 (단위 : 원)

	2012년	2013년	2014년	2015년	CAGR
매출	2,175,710,560,328	2,086,651,379,293	2,041,702,670,000	2,181,623,581,013	0%
매출원가	1,577,645,689,287	1,500,535,418,294	1,456,355,028,555	1,509,622,908,285	-1%
매출총이익	598,064,871,041	586,115,960,999	585,347,641,445	672,000,672,728	4%
판매비와관리비	501,172,920,509	493,513,244,356	511,804,528,069	553,712,739,885	3%
영업이익	96,891,950,532	92,602,716,643	73,543,113,376	118,287,932,843	7%

〈표 2-31〉 오뚜기 2012~2015년 손익계산서 (단위 : 원)

	2012년	2013년	2014년	2015년	CAGR
매출	1,686,637,585,277	1,728,175,159,245	1,781,728,719,562	1,883,098,974,718	4%
매출원가	1,301,012,796,811	1,337,333,527,870	1,366,215,406,649	1,425,163,060,580	3%
매출총이익	385,624,788,466	390,841,631,375	415,513,312,913	457,935,914,138	6%
판매비와관리비	276,937,009,770	285,765,910,017	299,642,376,864	324,526,723,021	5%
영업이익	108,687,778,696	105,075,721,358	115,870,936,049	133,409,191,117	7%

농심과 오뚜기의 4년 치 손익계산서를 분석해 보자. 농심은 4년간 매출 성장이 미미했지만, 오뚜기는 매년 4%씩은 꾸준히 성장했기 때문에 오뚜기에 더 높은 점수를 줘야 할 것 같다. 그러나 영업이익을 비교해 보면 양사 모두 똑같이 연평균 7%씩 성장했기 때문에 차이가 없다는 결과에 도달한다.

그러면 4년 동안 주가상승률은 어땠을까? 〈표 2-32〉에서 살펴보자.

〈표 2-32〉 농심과 오뚜기의 4년간 주가상승률   (단위 : 원)

	2011-12-30	2015-12-30	증감	CAGR
농심	232,500	439,500	207,000	17.3%
오뚜기	155,000	1,225,000	1,070,000	67.7%

4년간 농심의 영업이익은 연평균 7%씩 상승하고 주가는 연평균 17.3% 상승했다. 오뚜기의 영업이익은 연평균 7%씩 상승하고 주가는 연평균 67.7%나 상승했다. 두 회사 모두 이익상승률보다 주가상승률이 높은데, 오뚜기가 특히 더 높다. 연평균상승률이 아닌 단순증가율로 비교해 보면 그 차이는 더 크게 나온다.

〈표 2-33〉 농심과 오뚜기의 4년간 영업이익 증가율과 주가상승률

	4년간 영업이익 증가율	4년간 주가상승률
농심	22.1%	89.0%
오뚜기	22.7%	690.3%

농심과 오뚜기의 2011년 실적과 2015년 실적을 비교하면 영업이익은 각각 22.1%, 22.7%로 거의 비슷하다. 그렇다면 주가는 어땠을까? 놀랍게도 농심은 주가가 89% 상승한 데 비해 오뚜기는 무려 690%나 상승했다. 실적보다 주가

가 과도하게 앞서갔다는 데 이의를 달기 어려울 것 같다. 물론 주가라는 것이 반드시 실적 상승과 비례하지는 않기 때문에 자산가치도 살펴봐야 한다. 오뚜기가 농심보다 자산가치가 더 크다면 주가 상승도 정당화될 수 있기 때문이다.

〈표 2-34〉에서는 두 기업의 자산가치를 살펴보기 위해 양사의 재무상태표에서 현금성자산과 금융자산, 투자부동산만 선별해서 분석하기로 한다.

〈표 2-34〉 농심과 오뚜기의 현금성자산과 금융자산, 투자부동산 현황 (단위: 천 원)

2015년 기준	농심	오뚜기	차이	ratio
현금및현금성자산(1)	168,848,965	169,940,855	-1,091,890	-0.6%
단기금융상품(2)	399,736,503	134,015,581	265,720,922	198.3%
차입금(3)	-152,076,833	-143,289,761	-8,787,072	6.1%
순현금(4=1+2-3)	416,508,635	160,666,675	255,841,960	159.2%
금융자산(주식, 채권)(5)	33,293,493	252,124,047	-218,830,554	-86.8%
장기금융상품(6)	11,812,948	66,000	11,746,948	17798.4%
투자부동산(7)	228,517,726	20,342,902	208,174,824	1023.3%
합계(4+5+6+7)	690,132,802	433,199,624	256,933,178	59.31%

저자는 보통 기업의 자산가치를 분석할 때 이 정도의 자산은 살펴보는 편이다. 다시 말해 기업의 처분 가능한 비영업용 자산인 순현금, 금융자산, 투자부동산의 가치를 본다. 이는 인수·합병 같은 기업 실무에서 사용하는 방식과 유사하다. 주로 현금, CMA, MMF, 보통예금 등으로 구성된 현금및현금성자산과 정기예금 및 적금으로 구성되는 단기금융상품을 더한 뒤 차입금을 차감해 순현금을 계산한다. 만약 현금및현금성자산 및 단기금융상품의 합이 차입금보다 더 적다면, 내 돈보다 빌린 돈이 더 크므로 순현금도 (-)로 계산된다. 농심과 오뚜기 같은 기업은 보유한 돈이 더 많으므로 자산가치가 있다고 하겠다.

그다음 단기매매금융자산, 매도가능금융자산, 만기보유금융자산, 장기금융상품, 관계기업주식 등을 더한다. 관계기업주식이나 비상장기업주식은 현금화하는 데 시간이 오래 걸리는 면이 있기는 하지만 같은 조건으로 두 기업을 비교하는 것이므로 그런 점은 생략한다. 마지막으로 투자부동산을 더해서 자산가치를 합산한다. 투자부동산은 임대 또는 매각 목적으로 보유한 것이고 영업에 직접 사용되지 않는 자산이므로, 비영업용자산으로서 훌륭한 가치가 있다.

유형자산에 속한 토지와 건물의 가치도 포함해야 한다고 생각하는 독자도 있을 것이다. 역시 같은 조건으로 비교하는 상황이므로 더해도 되고 더하지 않아도 된다. 그러나 유형자산으로 분류된 토지와 건물은 영업활동을 목적으로 보유한 것이므로 자산가치보다는 손익가치에 이미 반영되었다고 보는 편이 더 합리적이다. 만약 회사가 어려워져서 토지와 건물을 모두 팔고 임차해서 살겠다고 하면 유형자산에 속한 토지와 건물도 자산가치를 평가해야겠지만, 미리 가정해서 답을 내는 것은 현실적으로 어렵다. 또한 사옥이 속한 토지와 건물 매각은 가능하겠지만, 라면공장이나 카레공장을 팔지는 않을 테니, 이런 것까지 고려해서 추정할 바에는 두 기업 모두 분석에서 제외하는 것이 낫다.

기업의 자산가치나 수익가치를 구하는 것은 실무적으로 공식이 정해져 있지만, 투자자 입장에서 기업의 사업보고서를 보면서 가치를 산정할 때에는 정해진 공식보다는 기업의 상황을 보면서 자산과 부채를 더하고 빼는 식으로 판단하는 것이 좋다. 〈표 2-34〉에서 보듯이 농심이 오뚜기보다 현금과 금융상품, 투자부동산을 더 많이 가지고 있는 등 자산가치가 훨씬 크다.

보통은 시가총액을 재무상태표의 순자산(자본)으로 나누어 PBR을 계산한다. PBR은 자본시장에서 형성된 기업의 시가총액이 기업의 순자산 가치보다 몇 배 정도로 평가받고 있는지를 측정하는 지표로, 높으면 고평가, 낮으면 저평가라고 판단한다. 〈표 2-35〉에서 두 기업의 PBR을 계산해 보면 역시 오뚜기가 더 높게 측정된다.

〈표 2-35〉 농심과 오뚜기의 시가총액과 자본, PBR

2015년 말 기준	농심	오뚜기
시가총액	26,733억 원	42,140억 원
자본	16,465억 원	9,491억 원
PBR	1.6	4.4

이렇게 자본시장에서 수익가치와 자산가치 모두 농심보다 오뚜기가 더 높게 평가받았다는 것은 향후 실적에 대한 기대와 그로 인한 높은 기업가치를 선반영했다고 판단할 수 있다. 기대했던 대로 실적이 보답했다면 주가는 유지될 것이고, 기대 이상의 실적을 보여준다면 주가는 실적발표일에 더 오르는 게 통상적인 자본시장의 모습이다. 그런데 만약 기대에 못 미치는 실적을 내놨다면 어떻게 될까?

오뚜기는 실적에 대한 확인이 가능한 3월 3일 이후부터 주가가 급격히 내려가면서 본격적인 하락세로 접어들었다.(〈그림 2-16〉 참조) 이미 〈표 2-28〉에서 살펴본 것처럼 이익 증가가 기대만큼 크지 않았다. 주가는 이미 다 올라가 버린 상황에서 실적은 주가 상승률보다 한참 낮게 나왔으니, 더 이상의 주가 상승을 기대하는 것은 무리다.

실적을 확인하는 방법에 대한 것은 제조업편 후반부에 소개할 예정이니 참고하기 바란다.

〈그림 2-16〉 오뚜기 2016년 주가 차트

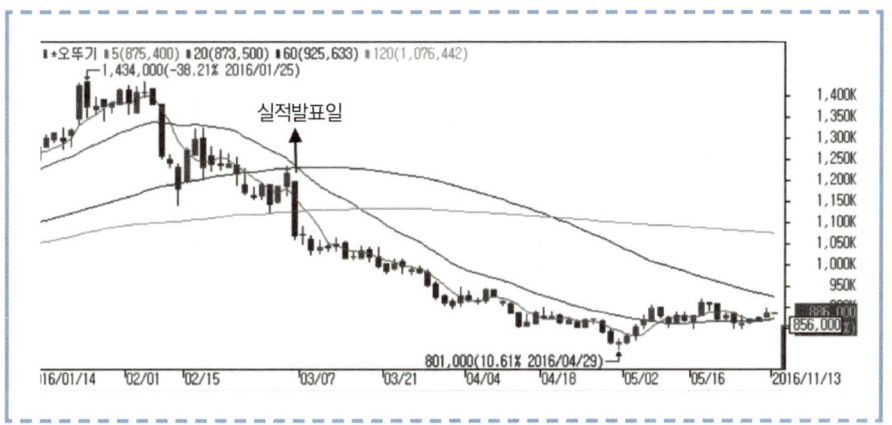

비슷한 환경에서 영업했는데, 영업이익의 증가폭은 왜 이렇게 차이가 나는 것일까? 결론적으로 말하면 농심은 우호적인 영업환경에 맞게 실적도 비례해서 좋게 잘 나왔다. 그러나 오뚜기는 회사 자체의 구조적인 문제로 인해 실적이 좋지 않았다. 그 이유에 대해 이제부터 오뚜기 사업보고서를 자세히 분석해 보면서 하나씩 확인해 보자.

오뚜기 매출 분석

P(판매가격)를 확인하라

앞서 설명한 대로 분석을 위해 필요한 정보를 하나씩 찾아보자. 사업보고서 'II. 사업의 내용' 편에서 키워드 검색(Ctrl+F)를 누른 후에 공란에 '가격'을 치면 〈그림 2-17〉과 같이 확인할 수 있다.

〈그림 2-17〉 오뚜기 주요 제품군의 가격 변동 추이

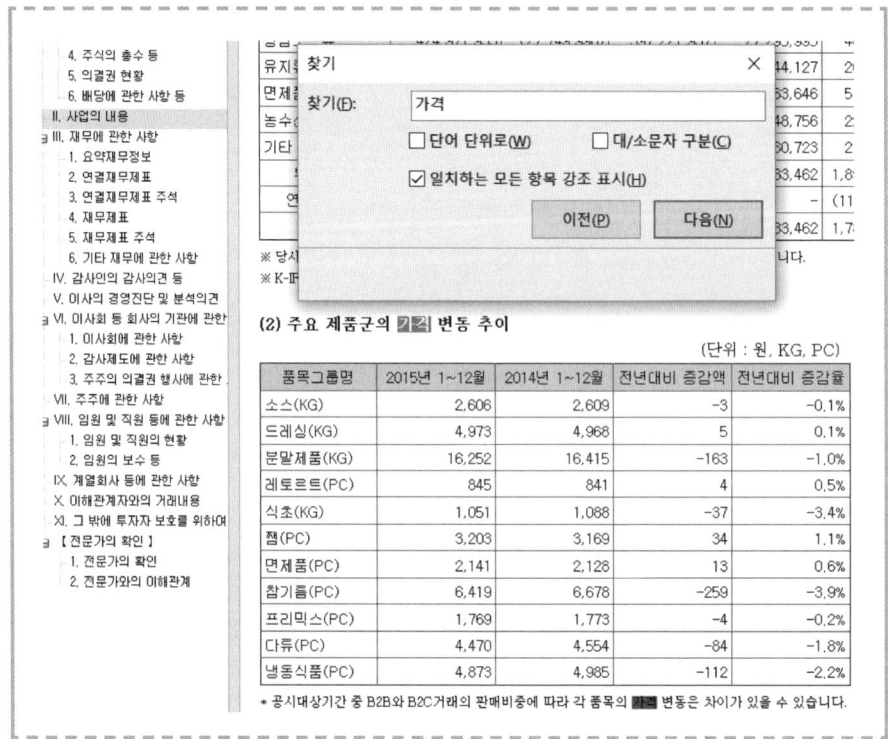

    오뚜기에서 판매하는 제품의 종류와 수가 워낙 많다 보니 모든 제품에 대한 가격까지 일일이 알아보는 것은 불가능하고, 주요 제품군에 대해서만 표시가 되어 있다. 오뚜기 같은 경우에는 친절하게 전년도와 비교해 가격이 오르고 있는지, 떨어지고 있는지까지 보여 주고 있다. 오뚜기나 농심 같은 기업의 제품 가격은 우리나라 물가상승률과 밀접하게 연관되기 때문에 가격을 급격하게 올리기 어렵다. 그래서인지 가격 변동 추이를 보면 전년도보다 떨어지거나 거의 비슷한 수준으로 유지됨을 알 수 있다. 앞서 살펴본 대로 이 회사는 전년도보다 매출액이 5.7% 증가한 것으로 확인된다. 이를 바탕으로 정리를 해보면 다음과 같다.

① 판매가격(P)은 변동이 없거나 소폭 하락세다.
② 판매수량(Q)은 증가했다.

'P×Q'는 매출액이므로 P가 변동이 없거나 감소하는 상황에서 매출액이 증가했으니, 판매수량은 엄청나게 많이 증가했다는 것을 역으로 유추해 볼 수 있다. 판매량에 대한 정보까지는 사업보고서에 공시가 되지 않지만, 'P×Q=매출액'에서 P정보와 매출액 정보를 알 수 있으니 Q는 자연스럽게 답이 나온다.

영업부문 정보를 확인하라

위에서 P와 Q에 대한 정보는 확인했으니, 이제 어떤 제품류 또는 어떤 사업에서 많이 버는지 확인할 차례다.

〈그림 2-18〉에서 오뚜기의 영업부문별 매출 실적을 살펴보자.

〈그림 2-18〉 오뚜기 영업부문별 매출

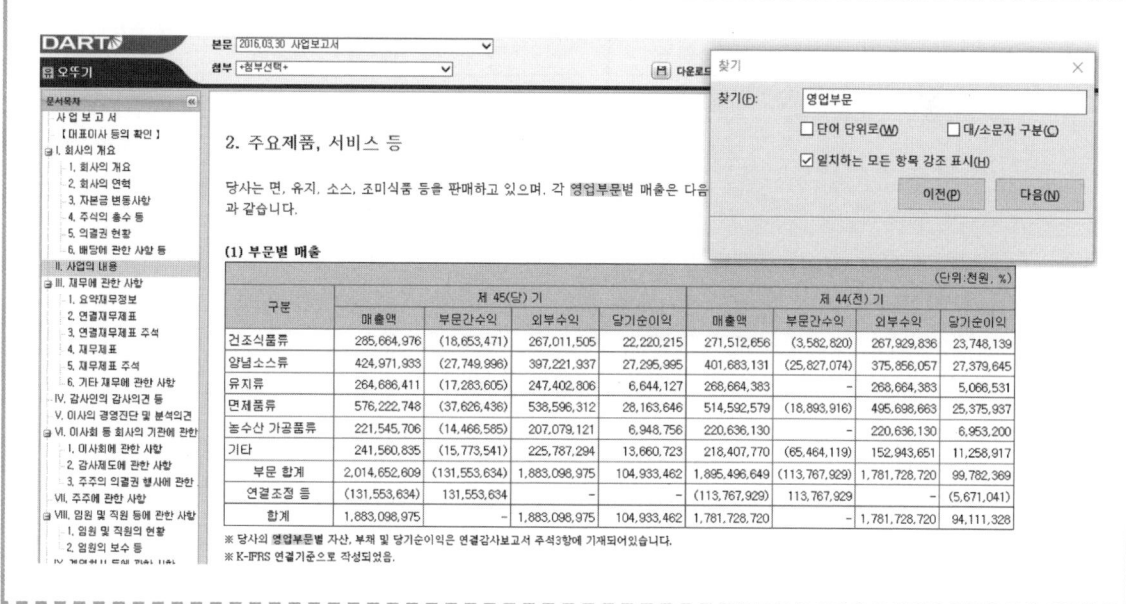

영업부문 관련표는 기업마다 작성하는 방법이 각각 다르다. 보통 매출액과 영업이익 위주로 명시하는 기업들이 많은데, 오뚜기는 부문별 당기순이익까지 보여 준다. 부문 간 수익은 부문별 내부거래 사항이므로 회사 손익계산서의 매출액에는 잡히지 않는다. 표에서 매출액과 부문 간 수익은 무시하고 외부수익의 숫자만 확인하면 된다. 외부수익 합계 1조 8,830억 원이 손익계산서의 매출액과 정확히 일치한다.

철저한 분석을 위해 이 표를 엑셀에 옮기고 매출액 비중과 증감 등을 계산하면 〈표 2-36〉과 같다.

〈표 2-36〉 오뚜기 주요 영업부문의 2014~2015년 매출 비중 변화

	2015년	매출비중	2014년	매출비중	증감	증감률
건조식품류	267,011,505	❸ 14.2%	267,929,836	❹ 15.0%	−918,331	−0.3
양념소스류	397,221,937	❷ 21.1%	375,856,057	❷ 21.1%	21,365,880	5.7
유지류	247,402,806	❹ 13.1%	268,664,383	❸ 15.1%	−21,261,577	−7.9
면제품류	538,596,312	❶ 28.6%	495,698,663	❶ 27.8%	42,897,649	8.7
농수산 가공품류	207,079,121	❻ 11.0%	220,636,130	❺ 12.4%	−13,557,009	−6.1
기타	225,787,294	❺ 12.0%	152,943,651	❻ 8.6%	72,843,643	47.6
합계	1,883,098,975		1,781,728,720		101,370,255	5.7

각 부문별 매출액을 전체 매출액으로 나누어 매출 비중을 계산하고, 높은 순으로 순위를 매겼다. 그리고 2014년과 비교해 각 부문의 매출 증감과 증감률을 계산했다. 이렇게 엑셀에 표를 붙인 후 증감을 계산해 보면 오뚜기의 사업 구조가 비교적 쉽게 이해된다. 회사 전체 매출에서 가장 큰 비중을 차지하는 영업부문은 어디인지, 그 영업부문의 매출 증가폭이 큰지에 대한 분석을 해야 할 것이다. 또한 가장 급격하게 성장하는 사업부는 어디이며, 회사 전체 매출액에서 차지하는 비중이 의미가 있는지 등도 여러모로 분석이 필요하다. 매출은 많

이 증가했는데 회사 전체 매출액에서 차지하는 비중이 작거나, 회사 매출액에서 차지하는 비중이 가장 큰 영업부문에서 실적 증가가 둔화하거나 역성장한다면 회사 전체 매출액은 잘 나오기 힘들 것이다.

이제부터 오뚜기의 매출을 집중적으로 분석해 보자. 라면, 당면, 국수 등 면제품류의 매출액이 전체에서 차지하는 비중이 28.6%로 계속 성장하고 있음을 알 수 있다. 그다음은 양념소스류, 건조식품류 순인데, 면제품류와 양념소스류의 합이 전체 매출액의 절반 가까이 되고, 나머지 부문이 큰 차이 없이 구성되어 있다. 매출 비중이 큰 면제품류와 양념소스류는 매출액이 증가 추세이고, 매출 비중이 비교적 적은 유지류 및 농수산 가공품류 등은 감소 추세다. 특히 매출 비중이 12%밖에 되지 않는 기타부문이 무려 47.6%에 가까운 매출증가세를 보이는 것이 눈에 띈다. 계속 이런 추세인지 확인하려면 몇 년 치 재무제표를 놓고 분석하면 좀 더 확신의 강도를 높일 수 있다.

〈표 2-37〉에서 2012년부터 2015년까지 오뚜기 주요식품군의 매출액 변화를 살펴보자.

〈표 2-37〉 오뚜기 주요 영업부문의 2012~2015년 매출액 변화

구분		2012년	2013년	2014년	2015년	CAGR
건조식품류	카레 및 3분류 (레토르트)	250,009	249,770	267,930	267,012	2.2%
양념소스류	마요네즈 및 케첩소스	368,151	366,199	375,856	397,222	2.6%
유지류	참기름 및 식용유	292,068	274,745	268,664	247,403	-5.4%
면제품류	라면 및 당면	429,341	473,979	495,699	538,596	7.9%
농수산 가공품류	밥 및 참치	204,914	211,844	220,636	207,079	0.4%
기타	간편식 등	142,155	151,638	152,944	225,787	16.7%
합계		1,686,638	1,728,175	1,781,729	1,883,099	3.7%

〈표 2-37〉은 〈그림 2-17〉의 제품군과 〈그림 2-18〉 부문을 합쳐서 표시했다. 제품군과 영업부문 간에 서로 매칭이 되지 않는 문제가 있기 때문이다. 〈표 2-37〉을 보면 이젠 건조식품류에 레토르트가 포함되고 기타에 간편식이 있다는 것을 알 수 있다. 이는 과거 사업보고서에서 'Ⅱ. 사업의 내용'을 정리하면 이와 같이 부문과 제품군 간의 매치가 가능하다.

〈표 2-37〉을 보면 면제품류와 간편식 등의 성장이 두드러지고, 다른 기업과 경쟁이 치열한 부문인 건조식품류, 양념소스류, 유지류, 농수산 가공품류 등은 성장률이 낮거나 오히려 역성장하는 곳도 있음을 알 수 있다. 역성장하는 유지류는 전체 매출액에서 차지하는 비중이 4위 정도로 높지 않고, 여기서 매출이 감소하는 것 이상으로 다른 부문에서 매출 성장이 이뤄지고 있으므로, 오뚜기는 안정적인 사업 포트폴리오를 잘 갖췄다고 평가할 수 있다.

연평균성장률(CAGR)은 최근 몇 년간 기업의 실적 흐름을 따질 때 활용하기 좋은 지표인데, 기초 시점과 기말 시점까지의 성장률을 복리 개념으로 표현하기 때문에 해석에 주의가 필요하다. 예를 들면 건조식품류가 2012년부터 2015년까지 연평균 2.2% 성장했지만, 2015년은 2014년에 비해 오히려 -0.3% 역성장한 것으로 계산된다.

〈그림 2-19〉에서 연평균성장률과 전기 대비 당기증감률을 계산해 보았다.

〈그림 2-19〉 오뚜기 건조식품류의 연평균성장률과 전기 대비 당기증감률

	A	B	C	D	E	F
1		2012년	2013년	2014년	2015년	CAGR
2	건조식품류	250,009	249,770	267,930	267,012	2.2%
3						=RATE(3,0,-B2,E2)

	A	B	C	D	E
1		2015년	2014년	증감	증감률
2	건조식품류	267,012	267,930	-918	-0.3%
3					=D2/C2

연평균성장률만 확인하면 회사 매출이 계속 증가한다고 단정 지을 수 있다. 하지만 전기 대비 당기 증감률까지 같이 살펴봐야 회사가 연평균 성장해 오다가 최근에 성장세가 꺾였다는 평가를 내릴 수 있을 것이다.

오뚜기 비용 분석

매출에 대한 분석이 끝났다면 그다음은 비용에 대해 분석할 차례다. 분석 대상이 될 비용은 영업외비용, 금융비용 등을 제외한 순수 영업 관련 비용만 해당된다. 매출원가와 판매비와관리비가 이에 속하는데, 둘을 합쳐 영업비용으로 부르겠다. 제조업에서는 매출원가와 판매비와관리비로 나뉘고 서비스기업은 합쳐서 영업비용으로 표시한다고 앞서 설명했는데, 분석의 편의를 위해 제조업에서도 영업비용 명칭을 쓰겠다. 뒤에 분석할 '비용의 성격별 분류' 등을 보면 매출원가와 판매비와관리비가 합쳐서 공시되기 때문이다.

매출이 증가한 만큼 영업비용이 증가했다면 영업이익은 개선되기 힘들다. 그러나 영업비용이 매출액보다 적게 증가한다면 이는 영업이익 증가로 이어질 것이다.

〈그림 2-20〉과 같이 영업비용 증가폭이 매출액 증가폭보다 작아야 영업이익도 증가할 것이다.

〈그림 2-20〉 매출액과 영업비용의 변화에 따른 영업이익

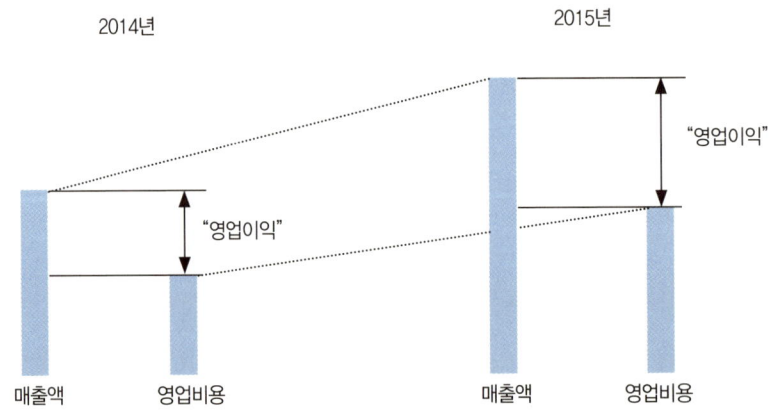

〈그림 2-20〉과 같이 영업비용 증가폭이 매출액 증가폭보다 작아야 영업이익도 증가할 것이다. 매출액 증가에 비례해 영업비용이 증가하지 않고 증가폭이 둔화될 수 있을까? 아마 제품에 들어가는 원재료를 빼거나 덜 집어넣으면 가능할 수도 있다. 그러나 이는 대단히 상식적이지 못한 방법이기 때문에 대기업이 그렇게까지 하리라고는 생각하지 않지만, 예전에 대기업이 건설하는 초고층 아파트가 철근을 덜 집어넣어 문제가 된 사례도 있으므로 주의를 기울여야 한다.

우리가 알고자 하는 것은 당연히 비상식적인 방법이 아니다. 원재료비가 떨어지거나 생산량이 증가하는 것이 변동비와 고정비에 어떤 영향을 주는지, 그 영향으로 인해 영업이익이 많이 개선되는지를 실제로 확인하려는 것이다. 그러기 위해서는 오뚜기의 '비용의 성격별 분류 주석'을 보면서 비용 구조부터 살펴봐야 한다.

비용의 성격별 분류

'Ⅲ. 재무에 관한 사항' 중 '3. 연결재무제표 주석'에서 키워드 검색으로 '성격별'을 입력하고 찾아보면 〈그림 2-21〉과 같다. 성격별 비용, 비용의 성격별 분류 등 회사마다 표현 방식이 다르므로 '성격별' 정도로 검색하는 것이 찾기에 편하다.

〈그림 2-21〉 오뚜기 주요 비용의 성격별 분류

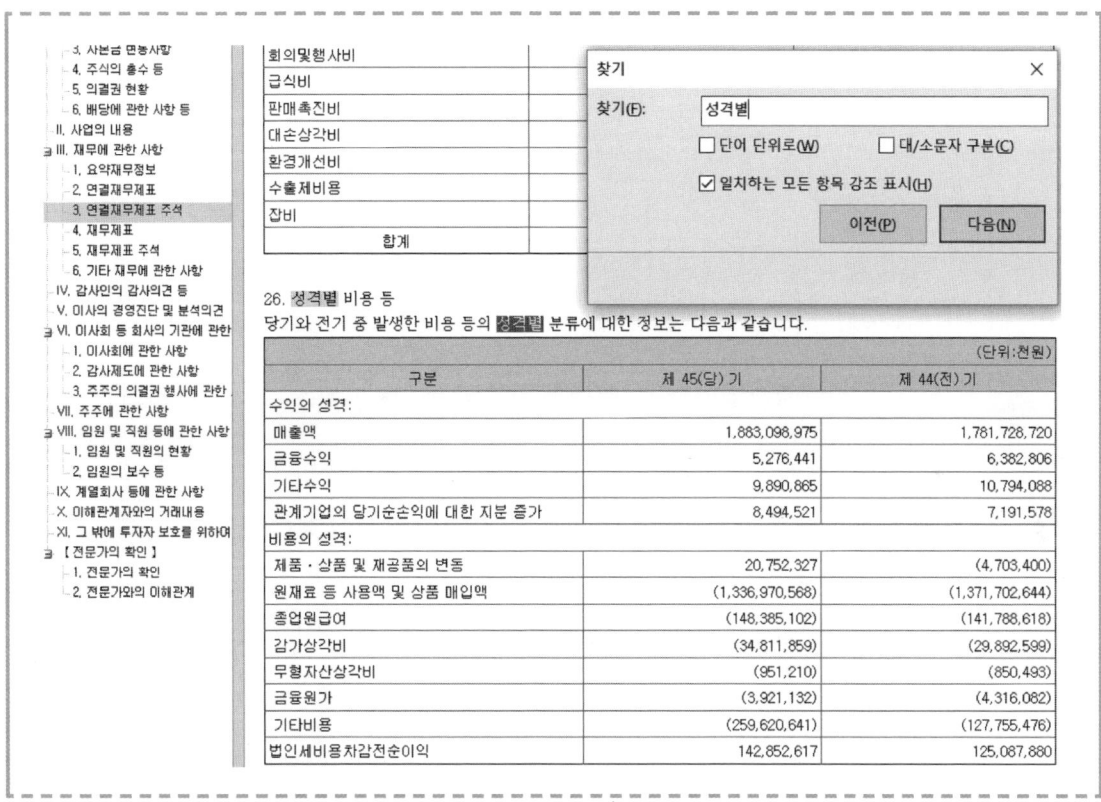

〈그림 2-21〉을 보면 회사의 주요 비용에 대한 합계액이 나온다. 원재료 등 사용액 및 상품 매입액은 회사의 제품과 상품 판매와 대응되는 원재료비 및 상품원가로 이해할 수 있다. 종업원급여와 감가상각비 및 무형자산상각비는 회

사의 대표적인 고정비 성격의 비용이다. 그 외 기타비용에 숫자가 크게 집계되어 있는데 이는 여러 비용의 합이므로 더 이상의 분석은 불가능하다. 그러나 원재료 등 사용액 및 상품 매입액, 종업원급여, 감가상각비, 무형자산상각비가 차지하는 비중이 상당하므로 이 정보들만 활용해도 회사의 손익 분석은 가능하다.

〈표 2-38〉은 오뚜기의 성격별 비용 주석과 매출액 정보를 모아서 엑셀에 정리한 것이다.

〈표 2-38〉 오뚜기 2014~2015년 성격별 비용 주석과 매출액 변화 (단위 : 천 원)

	2015년	비중	2014년	비중	증감	증감률
원재료 등 사용액 및 상품 매입액	1,336,970,568	71.0%	1,371,702,644	77.0%	-34,732,076	-2.5%
종업원급여	148,385,102	7.9%	141,788,618	8.0%	6,596,484	4.7%
감가상각비	34,811,859	1.8%	29,892,599	1.7%	4,919,260	16.5%
매출액	1,883,098,975		1,781,728,720		101,370,255	5.7%

비중은 매출액에서 각 비용이 차지하는 비율을 계산한 것이다. 2015년의 수치를 예로 든다면 우리가 오뚜기의 라면 제품을 1,000원에 샀다면, 그 가격에는 원재료비 710원, 급여 79원, 감가상각비 18원이 포함되어 있다. 이 세 가지 비용만 계산해도 매출액에서 차지하는 비중이 80%가 넘는다. 앞서 살펴본 〈표 2-28〉에서 오뚜기의 영업이익률은 7.1%였다. 바꿔 말하면 오뚜기의 영업이익 관련 비용이 92.9%가 발생했다는 것인데, 우리는 벌써 이 '비용의 성격별 분류 주석'을 활용해서 회사 영업과 관련된 비용의 80%를 분석했다. 다른 자세한 비용 분석까지 할 수 있으면 좋겠지만 생략해도 분석의 결과를 뒤집을 만한 중요한 변수는 없다고 봐도 무방하다.

오뚜기는 원재료가 매우 중요한 기업이다. 매출액에서 차지하는 비중이

70%가 넘기 때문에 원재료가격 하락이 기업의 이익 개선에 큰 영향을 미칠 수 있다. 물론 판매량 증가도 이익 개선에 영향을 주지만 판매량 증가보다는 원재료의 가격 하락이 더 큰 영향을 준다. 1,000원짜리 라면을 하나 만들어 팔 때마다 원재료비 710원이 발생하므로 공헌이익은 290원이 된다. 290원이 남는 라면을 1,000개 팔다가 10% 증가한 1,100개를 판다면 이익은 2만 9,000원(290원×100개)으로 늘어난다. 만약 판매량의 변화 없이 원재료 가격이 700원에서 630원으로 10% 떨어진다면, 이익은 7만 원(70원×1,000개)이나 늘어나게 된다.

최고의 시나리오는 판매량 증가와 원재료 가격 인하이고, 그다음으로 좋은 그림은 판매량 증가율보다 원재료 가격하락률이 더 큰 것이다. 그러므로 원재료 가격이 얼마나 많이 내려가고 있는지부터 살펴봐야 한다.

주요 원재료에 관한 사항

'Ⅱ. 사업의 내용' 편에 나오는 주요 원재료에 관한 사항을 찾아보자. 역시 키워드 검색을 통해 '원재료'를 입력하면 〈그림 2-22〉와 같다.

〈그림 2-22〉 오뚜기 사업 내용 중 주요 원재료에 관한 사항

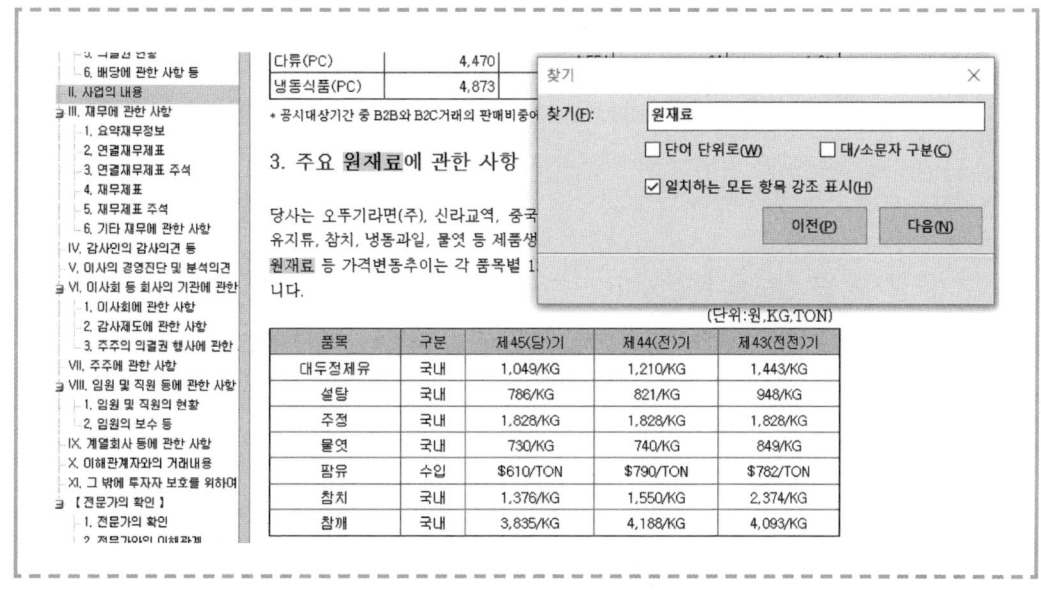

주정을 제외한 대부분의 원재료가 전전기 및 전기보다 싸지고 있다. 제조업에서 원재료가격이 싸진다는 것은 굉장한 호재가 아닐 수 없다. 판매가격의 변동이 없는 상황에서 원재료비가 싸진다는 것은 원재료비가 매출액 대비 차지하는 비중이 높은 오뚜기 입장에서 볼 때 이익의 폭이 증가할 수 있는 절호의 기회이기 때문이다.

다시 'P(판매가격)−VC(변동비)'라는 제품 단위당 공헌이익 공식을 상기해 보자. P는 변동이 거의 없고, VC인 원재료는 싸지는 상황이므로 이익 개선은 떼놓은 당상이다. 여기에 판매량만 증가한다면 더 많은 이익 창출이 가능하다. 2015년에 오뚜기 주가가 크게 오른 것 역시 이런 기대 때문일 것이다. 원재료가격은 계속 싸지고 신제품 출시로 인해 판매량은 증가하고 있으니, 실적에 대한 기대가 클 수밖에 없었다.

단, 모든 제조업이 다 그렇지는 않다. 원재료가격의 인하가 제품 판매가격을 끌어내리는 경우가 있는데, 대표적인 곳이 바로 정유사다. 국제유가의 하락에 따라 주유소의 휘발유 값도 영향을 받는다는 사실은 누구나 상식적으로 알고 있다. 뿐만 아니라 전방 기업에 부품을 납품하는 후방 기업 역시 원재료가격의 하락에 따라 납품가도 떨어지는 경우가 있다. 원재료가격도 떨어지고 판매가격도 내려간다면 매출총이익이 증가할 가능성이 줄어들게 되니, 이런 경우는 별로 좋지 않은 상황이다. 따라서 판매가격과 원재료가격은 항상 같이 비교하는 식으로 분석해야 잘못된 판단을 막을 수 있다.

공장가동률 정보를 확인하라

공장가동률 정보를 확인하려면 〈그림 2−23〉과 같이 'Ⅱ. 사업의 내용' 편에서 '가동률'을 키워드로 검색하면 된다.

<그림 2-23> 오뚜기 사업 내용 중 가동률 현황

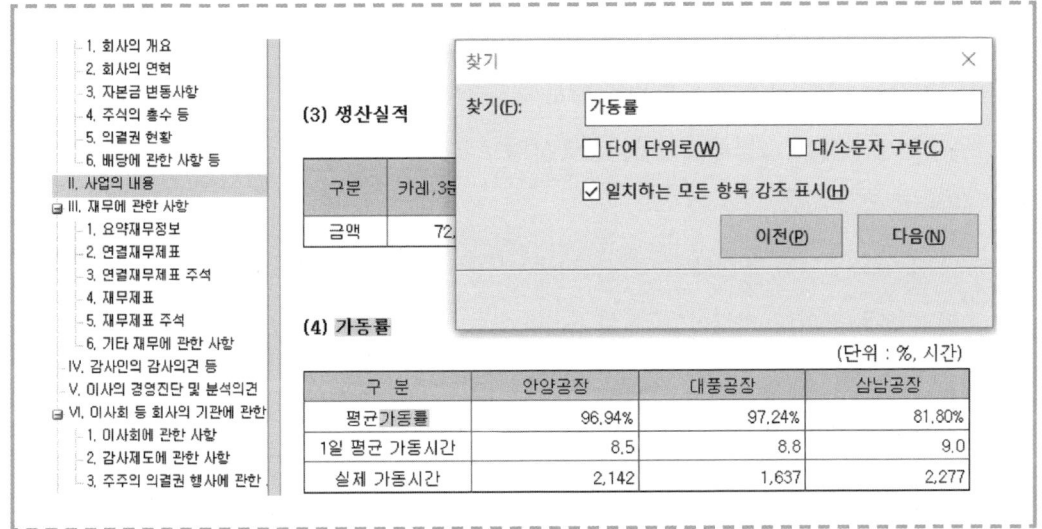

오뚜기의 경우 가동률이 100%에 육박하고 1일 평균 가동시간이 정규 근무시간보다 약간 많은 정도임이 확인된다. 정보이용자 입장에서 회사의 자세한 내막은 모르지만 가동률이 거의 꽉 찬 상태로, 증설보다는 추가 근로를 하면서 수요량을 맞추고 있는 과정이라고 추론해 볼 수 있다. 각 공장의 가동률이 100%를 초과하는 것은 아니므로 굳이 대규모 증설은 하지 않을 것으로 예상한다. 또 굳이 증설하지 않아도 큰 문제는 없어 보인다. 제품이 엄청나게 잘 팔린다면 삼남공장의 가동률이 더 올라갈 것이고, 평균 가동시간도 더 늘릴 것으로 보이기 때문이다. 물론 추가 근무시간에 대한 인건비는 발생하겠지만, 경영자 입장에서는 음식료 업종 추세가 짧다는 점을 고려해 증설보다는 추가 근무를 택할 것이라는 생각이 든다.

한편 <표 2-38>에서 살펴본 대로 오뚜기는 인건비와 감가상각비가 매출액에서 차지하는 비중이 10% 미만으로 크지 않다. 회사 전체 손익에서 고정비가 그렇게 중요한 사항은 아니라는 이야기다. 그리고 가동률이 100%에 육박한 상황이므로 고정비 측면에서 거의 최적의 상태에 놓여 있다고 보면 될 것이다. 가동률이 낮은 상태에서 높은 상태로 올라가는 모습이면 고정비 절감으로 인한 이익 개선이 가능하겠지만, 과거 사업보고서와 비교해 보면 가동률은 항상 비슷한 수준이었다.

결국 오뚜기의 손익에서 가장 중요한 사항은 원재료이다. 이 원재료 하나에만 초점을 맞춰도 분석이 매우 쉬워진다.

부문별 영업이익을 확인하라

우리는 '비용의 성격별 분류'를 보면서 회사의 원재료 등 사용액 및 상품매입액, 종업원급여, 감가상각비가 매출액에서 차지하는 비중이 어느 정도이고, 전기와 대비해 증가 추세인지 감소 추세인지를 확인했다. 이제 영업부문별로 얼마나 이익을 내고 있고 이익률은 잘 나오는지 확인해 보자. 매출 규모가 큰 영업부문이라면 이익률도 높아야 할 것이다. 반면 매출 규모가 작은 영업부문에서 이익률이 높은 것은 회사 전체의 이익에 크게 기여하지 않을 것이므로 이런 점에 초점을 맞춰 검토해야 한다.

〈표 2-39〉는 이미 살펴본 〈그림 2-18〉의 주석사항을 엑셀을 활용해 조금 더 정리한 것이다.

<표 2-39> 오뚜기 2014~2015년 부문별 순이익률과 매출증가율 (단위 : 천 원)

	2015년	순이익률	2014년	순이익률	매출증가율	매출비중
건조식품류	22,220,215	① 8.3%	23,748,139	8.9%	-0.3%	③ 14.2%
양념소스류	27,295,995	② 6.9%	27,379,645	7.3%	5.7%	② 21.1%
유지류	6,644,127	⑥ 2.7%	5,066,531	1.9%	-7.9%	④ 13.1%
면제품류	28,163,646	④ 5.2%	25,375,937	5.1%	8.7%	① 28.6%
농수산 가공품류	6,948,756	⑤ 3.4%	6,953,200	3.2%	-6.1%	⑥ 11.0%
기타	13,660,723	③ 6.1%	11,258,917	7.4%	47.6%	⑤ 12.0%
합계	104,933,462		99,782,369		5.7%	

대부분 기업은 영업부문 주석사항에 부문별 매출액과 영업이익을 보여 주는 편인데, 오뚜기는 특이하게도 순이익 정보를 공시한다. 부문별 매출액, 매출원가, 판매비와관리비는 관리가 되기 때문에 영업이익까지 보여 주는 것이 일반적이다. 이렇게 순이익 정보까지 공시한 것으로 보아서는 오뚜기 자체적으로 영업외수익과 비용, 금융수익과 비용까지도 부문별로 관리가 되고 있다고 추정해 볼 수 있다. 아니면 단순하게 회사 전체의 영업외수익과 비용, 금융수익과 비용을 부문별 매출액 기준으로 배분했을 가능성도 있다. 사업보고서에서는 결산 방법에 대한 확인이 불가능하므로 일단 주어진 정보를 이용해 분석해 보기로 하자.

<표 2-39>를 보면 면제품류의 매출 비중이 28.6%로 가장 높은데 비해 순이익률은 5.2%밖에 되지 않는다. 이는 오뚜기 전체 순이익률 중 네 번째로 높고, 2014년과 비교해 보면 이익률 증가가 거의 없다. 매출액 증가도 크고 매출 비중이 가장 높은 면제품류의 이익률이 변동이 없다는 것은 안타까운 대목이다.

회사의 순이익률이 가장 높은 부문은 건조식품류로 8.3%인데, 2014년에 비해서 오히려 순이익률이 감소했다. 그리고 전체 매출액에서 차지하는 비중이

14.2%로 3위에 해당한다. 즉, 면제품류보다 매출액은 반 정도 작으면서 이익률은 더 높다.

〈표 2-39〉를 보면서 다음과 같은 결론을 내릴 수 있다. 이익률이 가장 높은 영업부문인 건조식품류는 매출 비중이 작으므로 회사 전체 이익률 개선에 별 도움이 되지 않는다. 매출 비중이 가장 높은 면제품류의 경우 이익률은 회사 전체 영업부문 중 네 번째에 해당하나, 2014년과 비교하면 별 차이가 없다. 즉, 원재료비가 떨어지는 추세라고 해도 면제품류의 이익 개선에는 도움이 되지 않은 것이다.

손익계산서로는 회사의 전반적인 이익 개선이 크게 이루어지지 않은 이유가 확인이 되지 않지만, 이렇게 영업부문으로 나누어 분석해 보면 답을 찾아낼 수 있다.

문제는 특수관계자 거래

오뚜기의 상황을 다시 정리해 보자.

1. 판매량 : 증가 추세
2. 판매가격 : 거의 변동 없음
3. 원재료가격 : 하락 추세
4. 가동률 : 100% 육박

영업이익 최적화를 위한 최고의 환경이다. 또한 사업보고서상에 명시된 제품 평균 판매가격은 거의 변동이 없지만, 2015년에 베스트셀러 제품이 된 짬뽕과 짜장면의 값이 올랐기 때문에 실질적으로 판매가격은 올랐다고 보는 것이 맞다. 오뚜기의 이런 영업환경은 주가가 오를 만한 충분한 근거가 되고 2015년

동안 실제로 주가도 많이 올랐다. 그러나 오뚜기의 영업이익은 기대한 만큼 많이 증가하지 않았다. 그런 이유인지 오뚜기의 실적이 확인된 3월 3일 다음날부터 주가가 큰 폭의 하락을 보인 후 본격적인 내리막길을 걷기 시작했다.

왜 오뚜기의 영업이익은 최적의 환경이었음에도 불구하고 많이 증가하지 않았을까? 여기서 한 가지 더 확인해야 할 주석사항이 있는데 바로 특수관계자 거래 내용이다. 연결재무제표 주석에서 '특수관계자' 키워드를 검색하면 〈그림 2-24〉와 같은 정보를 확인할 수 있다.

〈그림 2-24〉 오뚜기 당기와 전기 특수관계자와의 거래 내용

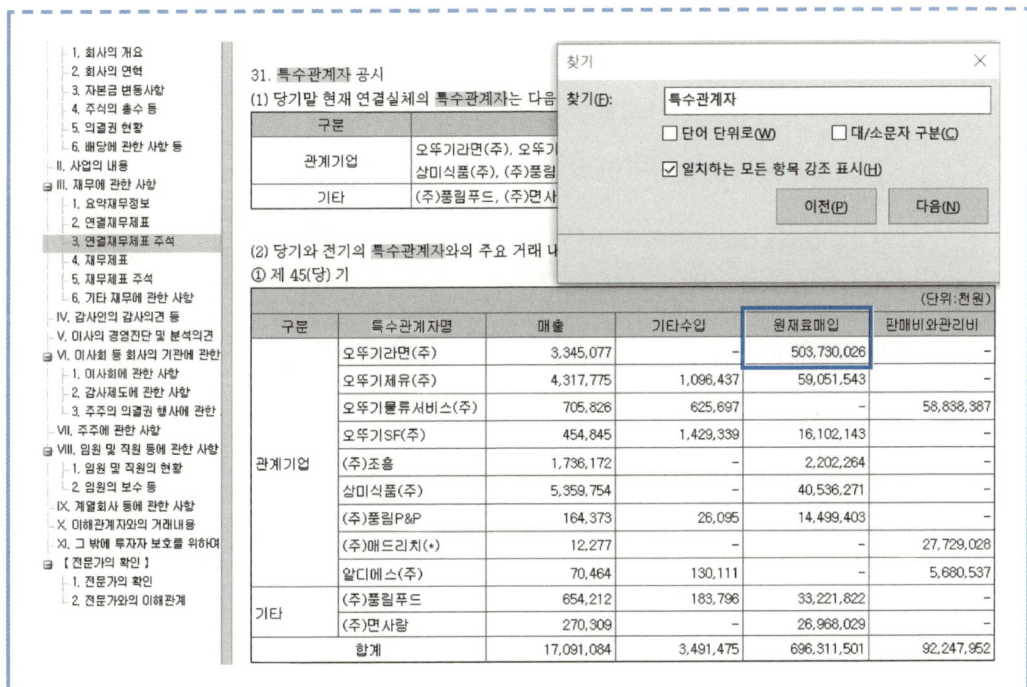

특수관계자 공시 주석에는 특수관계자인 회사명과 그들과 주고받은 거래내역, 채권·채무 잔액 등에 대한 정보가 나온다. 특수관계자는 회사의 계열사가

대부분인데, 회사가 지분을 가지고 있거나 회사의 최대주주나 경영진이 설립한 비상장회사가 많다.

〈그림 2-24〉를 보면 두 가지 사항이 눈에 띈다. 특수관계자로부터 원재료를 매입한 금액이 총 6,963억 원이라는 것과 그중 오뚜기라면㈜로부터 매입한 원재료 금액이 5,037억 원이라는 항목이다. 특수관계자로부터 원재료를 매입한 금액이 꽤 큰 편이다. 〈표 2-38〉에서 살펴본 원재료 등 사용액 및 상품 매입액이 1조 3,369억 원이니 특수관계자한테서만 50% 넘게 구입했다는 이야기다. 오뚜기라면㈜라는 회사 이름으로 보아 라면을 ㈜오뚜기에서 만드는 것이 아니라 오뚜기라면㈜에서 만들고, 오뚜기는 단순히 판매만 하는 것이 아닌가라는 의심이 들 정도다. 여기서 비상장기업인 오뚜기라면㈜의 실체를 살펴보려면 전자공시시스템에서 오뚜기라면을 검색하고 감사보고서를 열어 보면 된다.

〈그림 2-25〉에서 오뚜기라면㈜ 감사보고서에서 주석사항을 확인해 보자.

〈그림 2-25〉 오뚜기라면(주) 감사보고서 주석사항

오뚜기라면주식회사

1. 일반사항
오뚜기라면주식회사(이하 "당사")는 1987년 11월 30일에 설립되었으며, 라면, 식용유, 프리믹스 등의 제조 및 판매를 주사업으로 하고 있습니다. 본사 및 공장은 경기도 평택시 안중읍 덕우로 423에 소재하고 있습니다. 당사는 설립 후 수차례의 유상증자를 거쳐 당기말 현재 자본금은 5,072백만원입니다. 당기말 현재 당사의 주요 주주 내역은 다음과 같습니다.

주 주 명	소유주식수	지분비율 (%)	비고
함 영 준	250,556	24.70	최대주주
㈜오 뚜 기	245,514	24.20	
함 태 호	110,890	10.93	
기 타	407,426	40.17	
계	1,014,386	100.00	

오뚜기라면㈜는 라면, 식용유, 프리믹스 등을 제조 및 판매한다고 나와 있으며, 최대주주는 함영준으로 함태호 ㈜오뚜기 창립자의 2세로 확인된다. 라면을 제조 및 판매하므로 오뚜기라면㈜가 만들어서 ㈜오뚜기가 판매만 하는 구조일 가능성이 높다. 실제로 오뚜기에서 판매하는 라면 포장지의 뒷부분을 보면 '제조원 : 오뚜기라면㈜', '판매원 : 오뚜기㈜'라고 표기되어 있다.

오뚜기라면㈜의 손익계산서를 보면 매출액이 5,080억 원으로 나온다. ㈜오뚜기가 오뚜기라면㈜로부터 사온 원재료 매입액이 5,037억 원이니까, 오뚜기라면㈜ 매출의 99%는 ㈜오뚜기로 인해 발생했다. 이쯤 되면 그냥 ㈜오뚜기가 직접 라면을 만들어서 팔면 될 것 같은데 굳이 오뚜기라면㈜를 거칠 필요가 있을까 하는 의문이 들 것이다. 회사 내부 사정이 있겠지만, 투자자 입장에서 오뚜기라면㈜의 주주 구성을 고려해 보건데, 2세 승계를 위한 계열사 밀어주기를 의심해 볼 만하다. 더 나아간다면 ㈜오뚜기와 오뚜기라면㈜의 합병을 통한 2세 승계 시나리오까지도 예상해 볼 수 있다.

오뚜기라면㈜는 2014년에 비해 매출액은 8%, 영업이익은 무려 38%나 성장했다. 그에 반해 오뚜기는 매출액 5.7%, 영업이익은 15.1% 증가에 그쳤다. 짬뽕, 짜장 등 히트제품의 판매량 증가, 판매가격 인상, 원재료가격 하락 등의 수혜를 상장사인 ㈜오뚜기가 아닌 비상장사인 오뚜기라면㈜가 받은 셈이다.

한편, 오뚜기라면㈜의 주석사항 중 이익잉여금처분계산서를 보면 주주들을 상대로 2015년에는 51억 원, 2014년에는 38억 원의 배당금을 지급했다고 나온다. 이런 특수관계자와의 거래 구조 속에서 과연 ㈜오뚜기의 영업이익이 성장할 것을 기대할 수 있을까?

그런데 이런 구조는 오뚜기에만 해당하지 않는다. 소유와 경영이 분리되지 않고, 자식에게 회사를 물려주려는 우리나라 기업 문화에서는 빈번히 발생하는 일이다. 그러므로 오뚜기 사례처럼 항상 특수관계자거래 주석사항을 보면서 계열사와의 거래 금액을 확인해 볼 필요가 있다. 우호적인 영업환경임에도 불구하고 이익을 극대화시키지 못하는 데는 이렇게 이유가 있는 것이다.

투자자 입장에서는 계열사 밀어주기로 이익이 극대화되지 않는 기업에 투자하는 것은 불확실성을 끌어안고 투자하는 것과 다를 바 없다. 기대한 실적이 나오지 않으면 주가는 냉정하게 아래쪽으로 방향을 틀기 때문이다. 아마 분기, 반기보고서에서 이런 거래 구조를 미리 파악했다면, 굳이 연말 실적이 나올 때까지 기다릴 필요는 없을 것이다. 정해진 손익 구조가 시간이 지난다고 좋아지지는 않기 때문이다.

〈표 2-40〉은 2015년 반기와 2016년 반기 오뚜기 손익계산서 자료이다.

〈표 2-40〉 오뚜기 반기 손익계산서 변화

(단위 : 원)

	2016년 반기	2015년 반기	증감	증감률
매출액	1,003,697,660,829	920,190,975,463	83,506,685,366	9.1%
매출원가	760,604,448,941	691,937,869,873	68,666,579,068	9.9%
매출총이익	243,093,211,888	228,253,105,590	14,840,106,298	6.5%
판매비와관리비	107,068,799,595	152,261,270,091	14,807,529,504	9.7%
영업이익	76,024,412,293	75,991,835,499	32,576,794	0.0%
영업이익률	7.6%	8.3%		

매출이 전년도 반기보다 많이 증가했으나 영업이익 증가는 미미하고, 영업이익률은 오히려 더 악화되었다. 아무리 원재료가격이 싸지고 제품이 잘 팔린다고 해도 특수관계자로부터 높은 가격에 원재료를 매입해 오는 상황이 계속되는 한 이익이 개선되기를 기대하기는 어렵다.

특수관계자와 관련된 또 하나의 사례는 이 장 마지막에 나오는 "칼럼"에서 확인하기 바란다.

6. 실적 발표 확인하는 방법

　기업의 실적은 분기, 반기마다 발표하고 전자공시시스템에 올리기 때문에 누구나 확인할 수 있다. 그런데 기업마다 실적을 확인하는 방법에는 약간씩 차이가 있다.

　먼저 잠정실적 공시를 확인하는 방법이 있다. 대부분의 대기업은 결산이 완료되는 대로 잠정실적을 발표한다.(〈그림 2-26〉 참조) 완전하지는 않지만, 주요 수치가 나오기 때문에 가장 빨리 확인할 수 있는 방법이다.

〈그림 2-26〉 삼성전자 2015년 잠정 실적 공시

연결재무제표 기준 영업(잠정)실적(공정공시)

※ 동 정보는 잠정치로서 향후 확정치와는 다를 수 있음.

1. 연결실적내용

구분(단위 : 백만원, %)		당기실적 ('15.4Q)	전기실적 ('15.3Q)	전기대비증감율(%)	전년동기실적 ('14.4Q)	전년동기대비증감율(%)
매출액	당해실적	53.00	51.68	2.55	52.73	0.51
	누계실적	200.34	147.34	-	206.21	-2.85
영업이익	당해실적	6.10	7.39	-17.46	5.29	15.31
	누계실적	26.37	20.27	-	25.03	5.35

〈그림 2-26〉은 2016년 1월 8일 발표된 삼성전자의 실적 공시 사항으로, 잠정실적에는 매출액과 영업이익 정도만 나온다. 매출액, 매출원가, 판매비와관리비 등 관련 결산부터 먼저 끝내놓고, 일차적으로 주주와 이해관계자들을 위해 공시를 하는 것이다. 전기(3분기) 대비 그리고 전년 동기(2014년 4분기) 실적과 비교할 수 있다. 좀 더 자세한 정보를 원하면 〈그림 2-27〉처럼 결산이 마무리될 때까지 기다려야 한다.

〈그림 2-27〉 삼성전자 2015년 실적 공시

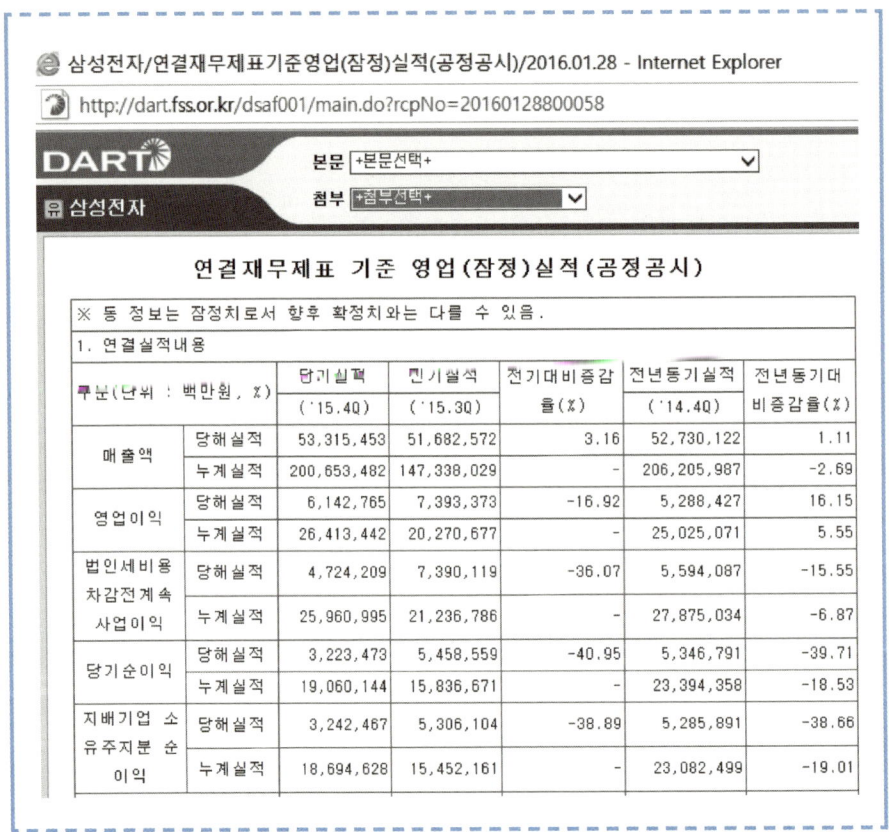

〈그림 2-27〉은 1월 28일에 발표된 실적공시로 영업이익 아랫단까지 모든 숫자가 표시되어 있다. 결산이 완료되면서 1월 8일에 잠정 공시했던 매출액과 영업이익이 약간 달라졌음을 알 수 있다. 그러나 이 수치 또한 변경될 수 있다. 왜냐하면 회계감사 과정에서 감사인의 지적사항이 발견되면 수치는 또 달라질 수 있기 때문이다. 최종 수치는 감사보고서 제출 공시 또는 사업보고서를 통해 확인하면 된다.

그런데 모든 기업이 삼성전자처럼 잠정실적을 공시하지는 않는다. 법적인 의무사항이 아니므로 하지 않는 기업도 있지만, 실적이 좋든 나쁘든 정보이용자의 궁금증 해소를 위해 자율적으로 공시하는 기업들이 더 많은 편이다.

유감스럽게도 오뚜기는 잠정실적을 공시하지 않았다. 그렇다면 이런 기업들의 실적을 빨리 확인하는 방법은 없을까?

〈그림 2-28〉 오뚜기 전자공시 내용

번호	공시대상회사	보고서명	제출인	접수일자	비고
1	유 오뚜기	사업보고서 (2015.12)	오뚜기	2016.03.30	연
2	유 오뚜기	임원·주요주주특정증권등소유상황보고서	차성덕	2016.03.29	
3	유 오뚜기	최대주주등소유주식변동신고서	오뚜기	2016.03.29	유
4	유 오뚜기	사외이사의선임·해임또는중도퇴임에관한신고	오뚜기	2016.03.18	
5	유 오뚜기	정기주주총회결과	오뚜기	2016.03.18	유
6	유 오뚜기	감사보고서제출	오뚜기	2016.03.09	유
7	유 오뚜기	주주총회소집공고	오뚜기	2016.03.03	
8	유 오뚜기	현금·현물배당결정	오뚜기	2016.02.24	유
9	유 오뚜기	주주총회소집결의	오뚜기	2016.02.24	유
10	유 오뚜기	최대주주등소유주식변동신고서	오뚜기	2016.02.01	유
11	유 오뚜기	임원·주요주주특정증권등소유상황보고서	최승영	2016.01.04	

전자공시시스템에서 오뚜기를 찾아보면 〈그림 2-28〉과 같다. 감사보고서 제출일인 3월 9일이나 사업보고서 공시일인 3월 30일이 되어야 비로소 재무제표 확인이 가능하다고 생각할 수 있다. 하지만 그보다 더 빨리 확인할 수 있는 방법이 있다. 바로 주주총회 소집공고를 활용하는 것이다. 3월 3일에 공시된 주주총회 소집공고를 클릭해 보면 〈그림 2-29〉와 같이 재무제표가 첨부되어 있음을 알 수 있다.

〈그림 2-29〉 오뚜기 주주총회 소집공고 공시

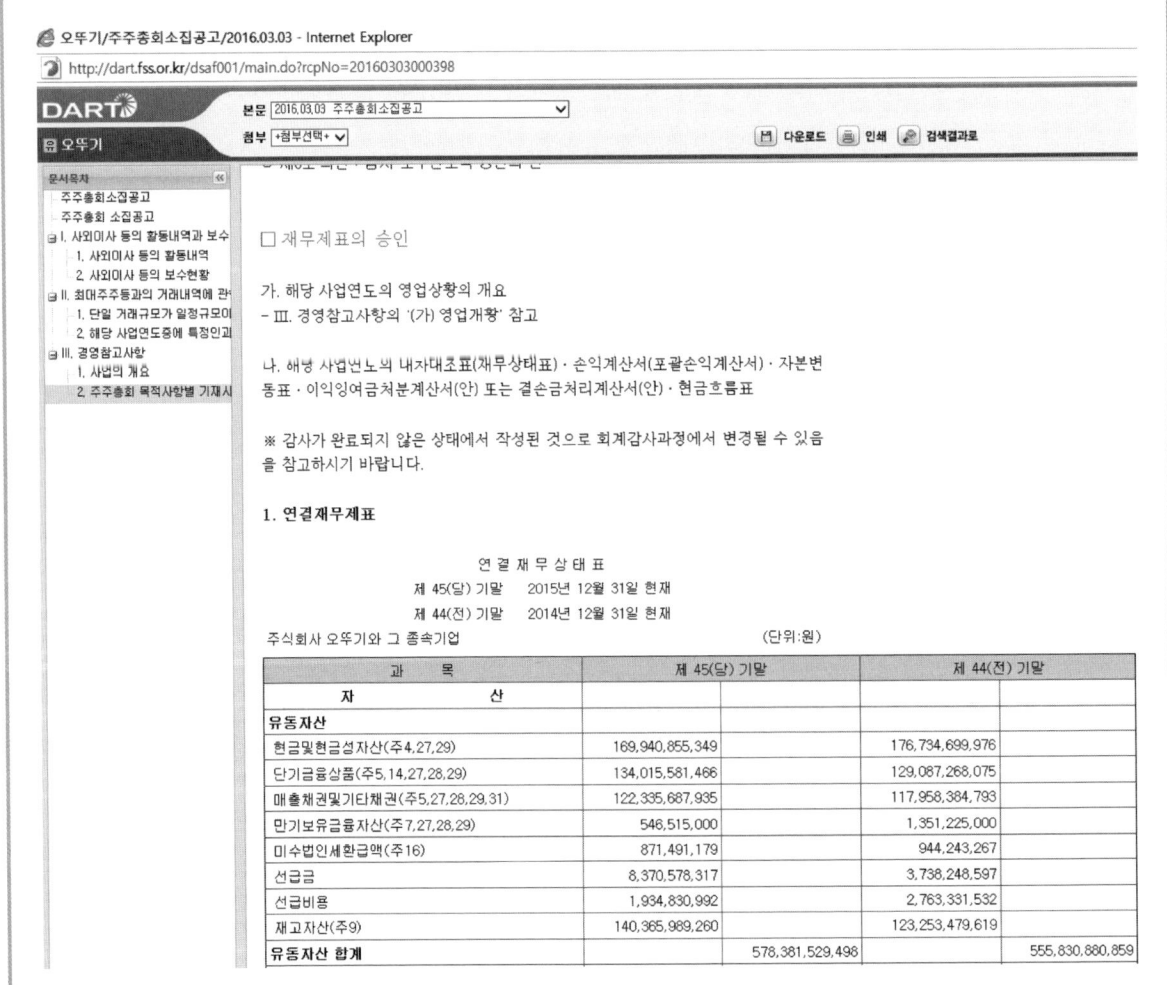

회사에서는 주주들을 주주총회에 초청하면서 1년 동안 어느 정도의 실적을 냈고 재무 상태는 어떤지 알려야 할 의무가 있으므로, 이렇게 소집공고에 재무제표를 첨부한다. 따라서 잠정실적을 공시하지 않는 기업들은 감사보고서 제출일, 사업보고서 공시일까지 기다리지 말고 주주총회 소집공고를 기다렸다가 여기서 바로 실적을 확인하면 된다. 또한 이는 앞서 언급한 대로 주주총회 소집공고일인 3월 3일 이후에 오뚜기 주가가 급격하게 하락한 배경이기도 하다.

7. 박 회계사의 투자 이야기

농심 편

앞서 살펴봤듯이 2015년은 식음료기업의 실적과 주가가 대단히 좋았다. 이유를 살펴보면 매출액의 급격한 성장보다는 원재료가격의 하락으로 인해 이익이 늘어난 면이 컸다. 사실 식음료시장은 신제품이 나와서 크게 히트하거나 새로운 지역의 시장을 뚫지 않는 이상 급격하게 성장하기는 어려운 구조라고 봐야 한다.

이는 워런 버핏의 버크셔 해서웨이Berkshire Hathaway가 최대주주인 코카콜라의 손익만 봐도 한번에 확인할 수 있다. 〈표 2-41〉은 코카콜라의 최근 3년간 손익에 관한 내용이다.

〈표 2-41〉 코카콜라 2013~2015년 손익계산서

(단위: 1,000달러)

	2013년	2014년	2015년	CAGR
매출액	46,854,000	45,998,000	44,294,000	-3%
영업이익	10,228,000	9,708,000	8,728,000	-8%
영업이익률	22%	21%	20%	

외국기업의 실적은 여러 경로를 통해 확인할 수 있다. 해당 기업 사이트에 들어가서 사업보고서Annual report를 확인하거나 10-K(미국의 상장기업이 매년 제출하는 회계연도에 대한 기업 실적 리포트)를 열어보면 된다. 인터넷을 통해 좀 더 빠르고 쉽게 찾아보는 방법도 있는데, 야후 파이낸스(http://finance.yahoo.com)에서 기업명을 입력하고 'financials' 메뉴에서 재무제표를 보거나, 위키피디아 영문판에서 기업명을 입력하면 정보 확인이 가능하다.

코카콜라뿐만 아니라 네슬레, 맥도날드 등 글로벌 식음료사의 최근 실적을 보면 대부분 매출액과 영업이익이 역성장하는 추세다. 이런 상황에서 우리나라 식음료 기업들의 매출액과 영업이익 증가는 선전善戰 그 이상이라고 해도 과언이 아니다.

저자는 2015년에 오뚜기가 아닌 농심에 투자했다. 그 이유는 오뚜기의 주가가 실적 대비 가파르게 상승하는 면이 있어서 고평가에 대한 부담이 있었고, 무엇보다 농심은 오뚜기에 비해 특수관계자거래가 손익에 영향을 크게 주지 않는 구조라는 점이 매력으로 크게 와 닿았기 때문이다. 농심은 계열사인 태경농산에서 라면스프를 사오고, 율촌화학에서 포장재를 위주로 사오는 구조이기 때문에 소맥, 팜유 등 주요 원재료 가격이 내려가는 효과를 제대로 누릴 수 있었다.

농심은 〈표 2-42〉와 같이 오뚜기와는 다른 원가 구조로 되어 있다.

〈표 2-42〉 농심 2014~2015년 성격별 비용 주석과 매출액 변화 (단위 : 천 원)

	2015년	비중	2014년	비중	증감	증감률
원재료 사용액	968,925,393	44.4%	945,537,830	46.3%	23,387,563	2.5%
종업원급여	314,196,698	14.4%	294,726,135	14.4%	19,470,563	6.6%
감가상각비	79,929,580	3.7%	81,030,622	4.0%	-1,101,042	-1.4%
매출액	2,181,623,581		2,041,702,670		139,920,911	6.9%

오뚜기는 매출액에서 원재료 사용액이 차지하는 비중이 71%인데 비해 농심은 44%에 불과하다. 라면 1개를 1,000원에 팔면 오뚜기는 공헌이익이 290원이지만 농심은 제품 1개당 공헌이익이 560원이나 된다. 농심의 신제품 짜왕과 맛짬뽕이 출시되어 판매량이 증가했으니 영업이익 증가는 당연할 수밖에 없다. 여기에 원재료 가격까지 내려갔으니 이익은 더 늘어난다. 물론 오뚜기처럼 원재료가 차지하는 비중이 크지 않기 때문에 원재료 가격 인하가 판매량 증가보다는 영향력이 적다. 1,000원짜리 라면을 하나 만들어 팔 때마다 원재료비 440원이 발생하므로 공헌이익은 560원이 된다. 560원이 남는 라면을 1,000개 파는 상황에서 원재료가격이 440원에서 396원으로 10% 떨어진다면, 이익은 4만 4,000원(44원×1,000개)이 늘어나게 된다. 만약 원재료 가격의 변화 없이 판매량만 10% 증가해서 1,100개씩 판다면, 이익은 5만 6,000원(560×100개) 늘어나게 된다.

오뚜기와 농심은 이렇게 손익구조가 다르다. 원재료의 가격 하락 영향은 오뚜기가 더 크게 받고(물론 특수관계자인 오뚜기 라면(주)가 수혜를 누리지만), 판매량 증가의 영향은 농심이 더 크게 받는다. 2015년은 원재료 가격이 하락하고 판매량이 모두 증가하는 상황이 연출되었기 때문에 양사 모두 최고의 영업 환경이었다. 오뚜기는 특수관계자 거래로 인해 손익 효과가 크지 않았지만 농심은 그런 거래가 없어서 실적 증가가 가능했다.

짜왕이 꾸준히 잘 팔려서 판매량이 증가하고 있었으므로 8월에 주식을 사기 시작했다.

〈그림 2-30〉에서 농심의 주가 차트를 살펴보자.

〈그림 2-30〉 농심 주가 차트

〈그림 2-30〉을 보면 과거와 대비했을 때 8월에 주가가 많이 올라간 상황이어서 매수하기가 부담스럽기도 했지만, 짜왕이 시장에 출시된 것은 5월이었다. 즉, 6월 말까지 실적이 잡히는 반기보고서에는 짜왕의 판매량 한두 달 치밖에 반영되지 않았으므로, 3분기와 연말 실적은 당연히 더 잘 나올 수밖에 없다는 확신이 100% 들었다. 차트를 보면 다소 늦은 감이 있지만, 〈표 2-43〉의 2014년과 2015년 반기보고서를 보면서 이제 시작이라는 판단이 들었다.

〈표 2-43〉 농심 2015년 반기 손익계산서
(단위 : 원)

	2015년 반기	2014년 반기	증감	증감률
매출액	1,069,417,764,618	1,032,619,295,591	36,798,469,027	3.6%
매출총이익	321,285,963,899	296,547,205,925	24,738,757,974	8.3%
영업이익	51,877,635,908	43,133,882,162	8,743,753,746	20.3%
영업이익률	4.9%	4.2%		

〈표 2-43〉을 보면 매출액 증가폭은 크지 않지만 매출총이익과 영업이익은 많이 증가했음을 알 수 있다. 즉, 짜왕 판매량이 한두 달 치밖에 포함되지 않아 매출 증가는 별로 크지 않은데, 원재료 가격의 하락과 생산량 증가로 영업이익이 매출액보다 더 크게 증가하는 상황이었다. 막연히 짜왕이 잘 팔린다는 소문만 듣고 주식을 매수했다면 반기 실적에 실망할 수 있다.

그러나 사업보고서를 보면서 이렇게 분석해 온 투자자라면 실망할 때가 아니라 더 기대할 때라는 것을 알았을 것이다. 그리고 실제로 3분기 실적과 연말 실적이 잘 나오면서 주가 역시 그에 화답해서 많이 상승했다. 오뚜기보다 주가 상승폭은 작았지만, 투자자 입장에서 불확실성 없이 마음 편하게 투자할 수 있었던 사례다.

앞으로 제조업을 분석할 때에는 반드시 매출액에서 원재료가 차지하는 비중을 살펴보기 바란다. 원재료가 매출액에서 차지하는 비중이 큰 기업이라면 원재료가격이 내려가는 상황인지 점검하고, 원재료가 매출액에서 차지하는 비중이 작다면 판매량이 증가할 만한 신제품이 나왔는지 확인하면 된다. 역사는 반복되므로 또 비슷한 상황이 시장에서 펼쳐질 것이다. 그때 기회를 잘 잡기 바란다.

코리아오토글라스 편

저자의 경우 자동차 및 부품산업은 몇 년간 관심 밖 섹터였다. 현대차의 영업이익률이 계속 낮아지고 매출 증가도 크지 않았기 때문이다. 전방산업이 좋지 않으니 당연히 후방산업인 자동차 부품기업들도 눈에 들어오지 않았다.

〈표 2-44〉에서 현대차의 2014년과 2015년 손익계산서를 한번 살펴보자.

〈표 2-44〉 현대차 2014~2015년 손익계산서 (단위 : 백만 원)

	2015년	2014년	증감	증감률
매출액	91,958,736	89,256,319	2,702,417	3.0%
매출원가	73,701,296	70,126,276	3,575,020	5.1%
매출총이익	18,257,440	19,130,043	-872,603	-4.6%
판매비와관리비	11,899,534	11,580,057	319,477	2.8%
영업이익	6,357,906	7,549,986	-1,192,080	-15.8%
영업이익률	6.9%	8.5%		
지배기업소유주지분 순이익	6,417,303	7,346,807	-929,504	-12.7%

현대차는 2014년에 비해 매출액은 3% 증가했으나 영업이익은 16% 가까이 감소하는 손익계산서를 공시했다. 영업이익률도 불과 1년 만에 1.6%나 내려가면서 차 한 대 팔아서 남는 이익이 점점 줄고 있다. 현대차의 4년 치 손익계산서에서 매출액과 비용의 성격별 분류 주석을 묶어서 정리해 보면 〈표 2-45〉와 같다.

<표 2-45> 현대차 2012~2015년 손익계산서 중 매출액과 비용의 성격별 분류 (단위 : 백만 원)

	2012년	2013년	2014년	2015년	CAGR	전기 대비 증감률
원재료 및 상품 사용액	47,306,979	47,353,933	49,677,376	52,095,371	3.3%	4.9%
종업원급여	7,393,900	8,308,494	8,537,685	8,846,227	6.2%	3.6%
감가상각비	1,700,775	1,768,985	1,843,802	1,972,727	5.1%	7.0%
무형자산상각비	823,144	782,353	706,095	821,307	-0.1%	16.3%
기타	18,804,322	20,778,374	20,941,375	24,450,887	9.1%	16.8%
비용합계(원가+판관비)	76,029,120	78,992,139	81,706,333	85,600,830	4.0%	4.8%
매출액	84,469,721	87,307,636	89,256,319	91,958,736	2.9%	3.0%
(1) 비용/매출액	90.00%	90.50%	91.50%	93.09%	1.1%	
(2) 재료비/매출액	56.00%	54.20%	55.70%	56.65%	0.4%	
(3) 인건비/매출액	8.80%	9.50%	9.60%	9.62%	3.0%	
(4) 상각비/매출액	3.00%	2.90%	2.90%	3.04%	0.4%	
영업이익률	10.00%	9.50%	8.50%	6.91%	-11.6%	

매출액에서 비용이 차지하는 비중을 보면 연평균 1.1%씩 증가하고, 영업이익률은 연평균 11.6%포인트씩 감소하는 모습을 보인다. 영업이익률이 10%대에서 6.9%까지 떨어졌고, 표에는 나오지 않지만 2016년 반기는 영업이익률이 6.6%에 달하는 등 좀처럼 회복 기미가 보이지 않으며, 주가 또한 계속 내리막 길을 걷고 있다.

그런데 특이한 점은 매출액은 연평균 2.9% 증가하고 있고 2016년 반기도 2015년 반기보다 7.5%나 증가했는데, 영업이익은 계속 감소한다는 점이다. '비용의 성격별 분류'를 보면 원재료 및 상품 사용액 금액이 가장 크고 그다음이 기타비용이다. 2015년 기준 약 24조 원의 금액이 기타로 묶여 있는데, 이 금액에 대한 자세한 내용은 사업보고서에서 확인할 수 없으므로 분석은 사실상 불가능하다. 주어진 정보만을 가지고 최선의 분석과 추정을 하는 것이 사업보고서 정보이용자의 숙명이니 어쩔 수 없다.

기타를 제외하고 재료비, 인건비, 감가상각비 및 무형자산상각비의 정보를 확인해 보면 재료비가 가장 큰 비중을 차지한다. 수만 가지 부품이 모여 한 대의 차가 만들어진다는 상식은 숫자로도 충분히 확인 가능한 셈이다. 우리가 2,000만 원짜리 자동차 한 대를 뽑는다면 차 값의 약 57%인 1,140만 원이 원재료비라고 할 수 있다. 그런데 4년 동안 재료비/매출액 비율을 보면 매년 비슷한 수치를 보인다. 〈그림 2-31〉 'Ⅱ. 사업의 내용' 편에서 주요 원재료 등의 가격 변동 추이를 찾아 확인해 보자.

〈그림 2-31〉 현대차 주요 원재료 등의 가격 변동 추이

사업부문	품 목		2015년	2014년	2013년
차량 부문	철광석	$/TON	50	88	126
	알루미늄	$/TON	1,661	1,867	1,846
	구리	$/TON	5,495	6,862	7,326
	플라스틱	$/TON	1,113	1,538	1,482
기타부문	SUS LT2T	백만원/TON	4.9	4.9	5.2

※ 상기 차량부문의 철광석은 PLATTS(호주 Rio Tinto), 알루미늄과 구리는 LME(Lodon Metal Exchange), 플라스틱은 PLATTS(극동아시아) 가격 기준임.
※ 상기 기타부문의 가격은 SUS301L LT 2T SHEET 가격 BASE 기준임.

주요 원재료의 가격은 큰 폭의 하락을 겪고 있다. 물론 수만 가지 부품이 들어가는 자동차의 원재료가 모두 공시되지는 않기 때문에 모든 원재료가 하락 추세라고 말하기는 어렵지만, 주요 원재료 가격은 큰 폭으로 내렸다. 그럼에도 불구하고 매출액에서 원재료비가 차지하는 비중은 그대로인 이유는 무엇일까? 차 값이 계속 오르고 기본 사양 또한 고급화되면서 투입되는 원재료와 부품이 많아지다 보니 발생하는 현상에서 그 해답을 찾을 수 있다.

그런데 여기서 곰곰이 생각해 봐야 할 점이 있다. 매출액에서 50% 넘게 차

지하는 원재료 가격이 계속 하락하는 추세임에도 불구하고 영업이익이 감소한다는 사실이다. 그렇다면 반대로 생각해서 원재료의 가격이 반등을 시작한다면 어떻게 될까? 영업이익률은 지금보다 더 하락할 수 있다는 점을 예상해 볼 수 있다.

현대차의 매출액을 먼저 분석해 보자. 현대차는 매년 차량 판매량에 대해 연초에 전자공시시스템을 통해 공시하는데 그 정보는 〈그림 2-32〉와 같다.

〈그림 2-32〉 현대차 2015년 차량 판매량

구분(단위: 대,%)	당기누적 (2015년 1월~12월)	-	-	전년동기누적 (2014년 1월~12월)	전년동기 누적대비 증감율(%)
내수	714,121	-	-	685,191	4.2
해외	4,250,716	-	-	4,278,344	-0.6
계	4,964,837	-	-	4,963,535	0.0

2016년 1월 4일에 공시된 현대자동차 영업(잠정)실적(공정공시) 내용이다 1년 동안 차량 판매량을 전년도와 비교하는 식으로 공시했는데, 내용을 보면 내수는 4.2% 증가했고 해외는 약간 감소해서 총 판매량은 2014년과 비교해 큰 변화가 없다. 내수가 4.2% 증가했지만, 수출이 전체 판매량의 86%를 차지하므로 의미 있는 성장은 아니다. 그러나 판매량의 변화가 없는 상황에서 매출액이 3% 증가한 것으로 볼 때, 차 값이 3% 정도 올랐으리라는 추정이 가능해진다.

〈그림 2-33〉의 사업보고서에서도 제품의 가격에 대한 정보가 공시되므로 확인이 가능하다.

〈그림 2-33〉 현대차 주요 제품 및 상품의 가격 변동 현황

```
▣ I. 회사의 개요
    1. 회사의 개요
    2. 회사의 연혁
    3. 자본금 변동사항
    4. 주식의 총수 등
    5. 의결권 현황
    6. 배당에 관한 사항 등
 II. 사업의 내용
▣ III. 재무에 관한 사항
    1. 요약재무정보
    2. 연결재무제표
    3. 연결재무제표 주석
    4. 재무제표
    5. 재무제표 주석
    6. 기타 재무에 관한 사항
 IV. 감사인의 감사의견 등
 V. 이사의 경영진단 및 분석의견
▣ VI. 이사회 등 회사의 기관에 관한
    1. 이사회에 관한 사항
    2. 감사제도에 관한 사항
    3. 주주의 의결권 행사에 관한
 VII. 주주에 관한 사항
▣ VIII. 임원 및 직원 등에 관한 사항
    1. 임원 및 직원의 현황
    2. 임원의 보수 등
 IX. 계열회사 등에 관한 사항
 X. 이해관계자와의 거래내용
```

5. 주요 제품 및 상품의 가격변동 현황

각 부문별 제품 및 상품의 가격변동 현황은 단순 판매가격의 평균을 나타낸 것이며, 세부내용은 아래와 같습니다.

(단위 : 천원)

사업부문	구분		2015년	2014년	2013년
차량 부문	국내 완성차	승용	34,756	34,299	33,043
		R V	30,975	32,168	33,398
		소형상용	19,249	20,054	19,342
		대형상용	126,014	118,822	118,656
	해외 완성차	승용	34,242	31,137	30,005
		R V	37,569	38,403	40,376
		소형상용	37,671	38,609	40,390
		대형상용	62,163	53,533	55,044
기타부문	철도차량		1,400,000	1,850,000	1,400,000

※ 상기 차량부문의 가격은 품목별 판매가격의 단순 평균가격임.
※ 상기 차량부문은 국내 및 해외에 따라 일부 차종 등이 상이함.
※ 해외의 경우 북미지역(미국), 유럽지역(독일), 아시아지역(호주) 대표 시장의 판매가격에 환율을 적용한 단순 평균가격임.
※ 소형상용 및 대형상용의 해외 판매분은 전량 국내에서 수출되는 차량으로서, 수출지역은 일부 지역에 국한되며 차종 또한 각국의 관련 법규 등으로 인해 일부 차종으로 국한됨.
※ 상기 기타부문은 당기에 수주한 제품을 단순합산하여 1량으로 환산한 금액임.

RV나 소형 상용차를 제외하고는 차 값이 모두 올랐음을 알 수 있다. 사업보고서를 보면 전체 차량 매출액에서 RV가 차지하는 비중은 25%, 소형 상용차는 9%라고 계산되었는데, 그렇다면 차량의 34% 정도는 가격이 하락하고, 나머지 66% 정도가 가격이 상승했으리라 추정해 볼 수 있다. 매출액의 2/3를 차지하는 차들의 값을 올려서 매출액이 3% 증가했으니, 질적으로 좋은 성장은 아니라고 봐야 할 것 같다. 투자자가 아닌 소비자 관점에서 봤을 때 괘씸하다는 생각도 들 법한 대목이다.

차량판매량이 정체인 상황에서 차 값을 올려 매출이 늘어나고, 주요 원재료 가격이 하락하는데도 영업이익률은 오히려 하락하고 있다. 자동차산업이 어려

운 상황임이 분명하다.

〈표 2-45〉에서 살펴본 대로 감가상각비는 매출액에서 차지하는 비중이 3% 내외로 일정하게 유지되고 있는 반면에 인건비는 매출액에서 차지하는 비중이 계속 오르는 추세다. 비중 자체가 크지는 않지만, 매출이 정체된 상황에서 인건비가 연평균 6.2% 오른다는 것은 영업이익 하락에 영향을 줄 수밖에 없다. 인건비가 오르면 퇴직급여, 4대 보험료 등도 비례해서 오르고 그 외 복리후생비 성격의 다른 비용에도 인상 요인이 발생할 수 있기 때문이다.

그런데 이런 상황이 유독 현대차만의 문제일까? 동종기업은 어떤 상황인지 유럽의 거대 자동차그룹인 폭스바겐의 사업보고서를 찾아 확인해 보도록 하자. 폭스바겐은 아우디, 부가티, 포르쉐, 벤틀리, 스카니아 등 수많은 브랜드 및 종속기업을 보유한 거대 자동차 그룹이므로, 이 기업만 분석해도 글로벌 자동차업계에 대한 판단이 가능하리라 본다.

〈표 2-46〉을 통해 폭스바겐의 2014년과 2015년 지역별 차량 판매수량과 판매가격을 살펴보자.

〈표 2-46〉 폭스바겐 지역별 차량 판매수량 및 판매가격

	판매수량 (단위 : 천 대)				판매가격 (단위 : 천 유로)			
	2015년	2014년	증감	증감률	2015년	2014년	증감	증감률
유럽	4,524	4,430	94	2.12%	29.3	27.7	1.6	5.76%
북미	941	879	62	7.05%	37.6	31.4	6.2	19.75%
남미	540	794	-254	-31.99%	18.8	17.5	1.3	7.39%
아시아태평양	4,005	4,114	-109	-2.65%	8.8	9.3	-0.5	-5.43%
합계	10,010	10,217	-207	-2.03%				

사업보고서에 지역별 판매수량과 매출액에 대한 정보가 공시되므로 이 수치를 단순히 나눠서 차량의 판매가격을 계산해 보았다. 아시아태평양 지역을 제외한 다른 지역에서는 차량 판매가격이 오른 것으로 계산된다. 물론 이런 결과는 저가 차종이 덜 팔리고 고급 차종이 더 많이 팔리면서 발생했을 수도 있다. 세부적인 분석을 요하는 대목으로 더 많은 자료가 있어야 분석이 가능할 것이다.

폭스바겐은 차량 판매량 감소에도 불구하고 2015년 매출액이 전년도보다 5.4% 증가했다. 판매량 감소를 가격 상승으로 만회했을 것으로 추정되며, 현대차와 비슷한 상황으로 보인다. 참고로 세계 자동차 시장 상위 5개사의 2015년 판매량 정보를 보면, 르노 닛산과 현대·기아차만 2014년 대비 0.2% 증가했고, 토요타, 폭스바겐, GM은 각각 0.8%, 2.1%, 0.8% 감소한 것으로 발표되었다. 판매량이 감소한 토요타 역시 매출액은 전년도보다 4.3% 증가했고, 같은 방식으로 매출액을 판매량으로 나누어 계산해 보면 판매가격이 5% 정도 오른 것으로 계산된다. 이렇게 메이저 글로벌 완성차 업계는 차량 판매가 정체되면서 가격 인상 전략으로 대응하고 있다는 생각이 든다.

이번에는 〈표 2-47〉에서 2014년과 2015년 폭스바겐의 '비용의 성격별 분류'와 매출액을 같은 표에 놓고 분석해 보자.

〈표 2-47〉 폭스바겐 2014~2015년 비용의 성격별 분류와 매출액 변화 (단위 : 백만 유로)

	2015년		2014년		증감	증감률
	금액	비중	금액	비중		
원재료비	143,700	67.40%	132,514	65.50%	11,186	8.44%
인건비	36,268	17.00%	33,834	16.70%	2,434	7.19%
상각비	19,693	9.23%	16,964	8.38%	2,729	16.09%
매출액	213,292		202,458		10,834	5.35%

비용이 매출액에서 차지하는 비중이나 증감에 대한 차이만 있을 뿐 현대차와 비슷한 양상이다. 원자재가격이 하락하는 추세임에도 불구하고 매출액에서 원재료가 차지하는 비중은 오히려 늘어났다. 인건비는 현대차보다 더 높은 비중을 차지하며, 한 해 인건비 증가율도 꽤 높은 편이다. 또한, 현대차가 상각비 비중이 크지 않은 데 비해 폭스바겐은 상각비 비중도 매우 높다. 원재료비, 인건비, 상각비만 합쳐도 벌써 매출액의 94% 가까이 집계될 정도로 원가 구조가 단순한 편이다.

토요타를 제외하고 대부분의 글로벌 자동차 기업들의 영업이익률이 5% 내외에서 왔다 갔다 할 정도로 이익률 자체가 높지 않다. 특히 폭스바겐은 배기가스 조작 사건으로 인해 손해배상에 대한 금액까지 미리 비용으로 인식하면서 2015년에 적자를 냈다.

이렇게 현대차뿐만 아니라 외국의 자동차 기업도 낮은 이익률과 차량 판매 정체 상황에 시달리고 있음을 알 수 있다. 완성차 시장이 이렇게 좋지 않으면 완성차에 부품을 납품하는 수많은 후방기업의 실적 또한 악화될 수밖에 없다. 완성차의 판매량이 감소하면 부품업체의 판매량도 비례해서 감소할 것이고, 무엇보다 완성차 업체의 손익이 악화하면서 부품기업들이 소위 '납품단가 후려치기CR, Cost Reduction'를 당할 가능성도 커진다. 갑의 지위에 있는 완성차 업계에서 일정한 이익률을 유지하기 위해 부품업체의 납품단가를 깎을 가능성이 높아질 수밖에 없다.

그렇다면 투자자는 어떤 방식으로 투자를 하는 것이 좋을까? 가장 좋은 방법은 납품단가 후려치기를 당하지 않을 만큼의 기술력과 희소성을 가진 부품기업에 투자하는 것이다. 매출액과 차량 판매량이 증가하고 있는 포드, 혼다, 메르세데스 같은 기업에 부품을 납품하는 업체를 찾는 것도 방법이다.

코리아오토글라스는 2015년 말에 기업공개(IPO)를 진행하고 있었다. 기업명에서 짐작할 수 있듯이 이 회사는 자동차 유리를 만드는 기업이다. 차량의 앞뒤 유리를 만드는데, 기술이 어려워서 KCC와 일본의 아사히글라스 합작 형태로 생산을 하고 있었다. 이 기업에 대한 투자의 시작은 공모주부터였다. 공모주에 투자하기 위해서는 투자설명서에 대한 분석이 필수인데, 공모주 청약과 관련된 내용을 제외하면 사업보고서와 구성이 거의 비슷하다. 따라서 사업보고서 보듯이 기업을 분석하면 된다.

이 기업에 관심을 갖게 된 이유는 〈그림 2-34〉 투자설명서의 핵심투자위험 편에 나오는 문구 덕분이었다.

〈그림 2-34〉 코리아오토글라스 투자설명서

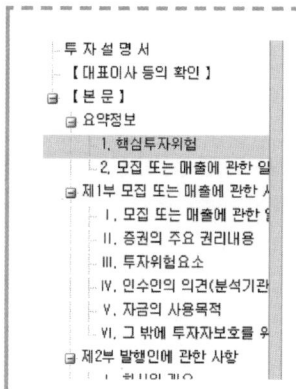

나. 당사는 자동차용 안전유리 관련 기술 및 설비 등 생산 노하우에 대하여 Asahi Glass Co., Ltd. 및 SAINT-GOBAIN GLASS FRANCE S.A.에 로열티를 지급하고 있으며, 2014년 기준 로열티 지급액은 9,687백만원입니다. 당사가 지급하고 있는 대부분의 로열티계약은 종료되거나 종료될 예정으로 향후 로열티 비용은 감소할 것으로 예상되나, **당사의 적극적인 연구개발 노력에도 불구하고 자동차용 안전유리 선도업체의 선진기술 도입과 관련하여 추가적인 로열티 비용이 발생할 가능성이 있으며, 이는 당사 영업성과와 재무상태에 부정적인 영향을** 미칠 수 있습니다.

굵은 글씨로 표시한 것을 보면 기업 입장에서는 중요한 이슈라고 생각했던 것 같다. 그러나 투자자는 굵은 표시가 아닌 문장에 주목해야 한다.

"2014년 기준 로열티 지급액은 9,687백만 원입니다. 당사가 지급하고 있는 대부분의 로열티 계약은 종료되거나 종료될 예정으로 향후 로열티 비용은 감소할 것으로 예상되나……" 로열티를 2014년에 100억 원 가까이 지급했는데, 로열티 계약 종료로 향후 로열티 비용이 감소한다는 것은 앞으로 영업이익이 무조건 증가한다는 것으로 해석할 수 있다. 손익계산서에서 2014년의 영업이익을 찾아보면 269억 원으로 나온다. 만약 이 로열티 약 100억 원이 모두 감소한다면, 단순 계산해도 영업이익은 369억 원으로 늘어나고 영업이익 증가율은 무려 37%나 될 것이다.

기업을 채 자세히 분석하기도 전에 이 문구 하나로 엄청나게 설레었던 기억이 있다. 공모가격은 최근 손익을 기준으로 평가하기 때문에 미래에 발생할 영업이익 개선 효과는 공모가격에서 배제된다. 앞으로 영업이익이 아무리 좋아진다 해도 공모가격은 과거 최근 손익으로만 결정될 뿐이다.

이제 로열티로 인해 영업이익이 언제부터 좋아질 것인지 투자설명서를 통해 살펴보자. 〈그림 2-35〉에서 코리아오토글라스 'Ⅱ. 사업의 내용' 편을 찾아보면 경영상의 주요 계약을 확인할 수 있다.

〈그림 2-35〉 코리아오토글라스 경영상의 주요 계약

9. 경영상의 주요 계약

[기준일: 증권신고서 작성 기준일 현재]

계약 상대방	계약시점	계약기간	계약명	계약 내용	비고
Asahi Glass Co.,Ltd.	2005.03.30	2005. 04. 01 ~ 2015. 06. 30	로열티 계약 (기술)	AGC 설비 기술료	-
Asahi Glass Co.,Ltd.	2005.10.20	2006. 05. 01 ~ 2016. 05. 31	로열티 계약 (NRF)	AGC 설비 기술료	-
SAINT GOBAIN	2005.12.20	2005. 10. 01 ~ 2015. 12. 31	로열티 계약 (차음)	SAINT GOBAIN 차음 기술료	-
㈜케이씨씨	2002.06.01	2014.02.01 ~ 2016.01.31	임대차 계약 (당진)	사업장 임차료	-
㈜케이씨씨	2015.08.01	2015. 08. 01 ~ 2017. 07. 31	임대차 계약 (울산)	사업장 임차료	-

경영상의 주요 계약 표를 보면 위에서부터 3건이 〈그림 2-34〉에서 언급한 로열티와 관련된 내용임을 알 수 있다. 한 건은 6월 말에 이미 종료되었고, 한

건은 연말에 종료된다. 나머지 한 건은 2016년 5월에 종료된다. 이로써 약 100억 원의 로열티가 절감되는데, 각각 얼마인지에 대한 정보는 없다. 이는 물론 회사의 기밀사항이므로 자세히 공시하지는 못할 것이다. 2015년 말에 상장되고, 2015년 사업보고서가 2016년 3월에 공시되므로 그때 분명 영업이익이 많이 개선될 것이라고 예상할 수 있다. 이미 6월에 로열티 계약이 종료되었으니, 2015년의 로열티 중 일부 금액은 전년도에 비해 6개월 치나 적게 지급했을 것이다. 그리고 2016년 분기 및 반기보고서에는 2건의 종료된 로열티로 인해 비용이 절감되므로, 직전년도에 비해 실적은 크게 개선될 것이다.

이제 기존의 제조업 기업들을 분석하듯이 코리아오토글라스도 한번 분석해보자. 코리아오토글라스는 2015년 12월에 공모주 청약을 했기 때문에 실적은 가장 최근인 2015년 3분기까지 나왔다. (〈표 2-48〉 참조)

〈표 2-48〉 코리아오토글라스 2015년 3분기 손익계산서   (단위 : 원)

	2015년 3분기	2014년 3분기	증감	증감률
매출액	318,394,155,729	313,709,163,157	4,684,992,572	1%
매출원가	258,470,734,247	255,695,613,484	2,775,120,763	1%
매출총이익	59,923,421,482	58,013,540,673	1,909,871,809	3%
판매비와관리비	32,287,999,702	31,871,951,469	416,048,233	1%
영업이익	27,635,421,780	26,141,598,204	1,493,823,576	6%
영업이익률	8.7%	8.3%		

전방산업이 침체되니 매출액 증가율은 인상적이지 않다. 그러나 영업이익은 6%나 증가했고 영업이익률도 개선되었다. 자동차부품기업임에도 불구하고 꽤 높은 영업이익률을 기록했다. 연매출 3조 원이 넘는 대형 자동차부품기업도 영업이익률이 불과 4% 대인데 비해 여기는 두 배 이상이다. 판매가격, 원재

료, 가동률 등 여러 정보를 다 분석해 봐야 하겠지만, 영업이익 증가는 로열티 계약이 종료된 효과라는 걸 추정할 수 있을 것이다.

이번에는 〈그림 2-36〉에서 제품의 판매가격 정보를 확인해 보자.

〈그림 2-36〉 코리아오토글라스 주요 제품 등의 가격 변동 추이 및 가격 변동 원인

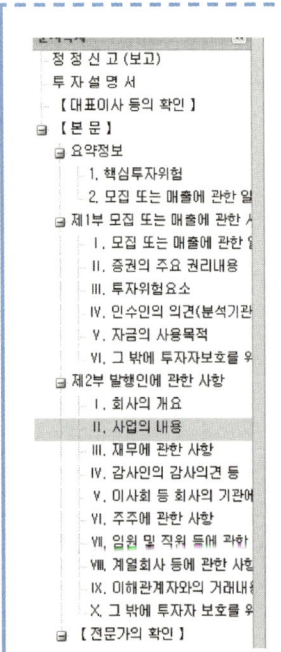

〈그림 2-36〉에서 보듯이 판매가격이 내수, 수출 모두 오르는 추세다. 전방산업의 상황이 좋지 않으므로 가격 하락에 대한 압박을 받을 것 같은데 이 기업은 예외인 것 같다. 사업보고서의 시장점유율 관련 내용을 읽어보면 국내 시장은 이 기업을 포함해 2개 기업이, 해외는 4개 기업만이 시장을 차지하고 있을 정도로 진입장벽이 매우 높다는 것을 알 수 있다. 그러다 보니 다른 자동차부품기업에 비해 접합유리 및 강화유리 등의 판매가격은 하락 압박이 덜한 것으

로 보인다.

이번에는 〈그림 2-37〉에서 코리아오토글라스의 원재료가격 변동 추이 및 가격 변동 원인을 알아보자.

〈그림 2-37〉 코리아오토글라스 원재료 가격 변동 추이 및 가격 변동 원인

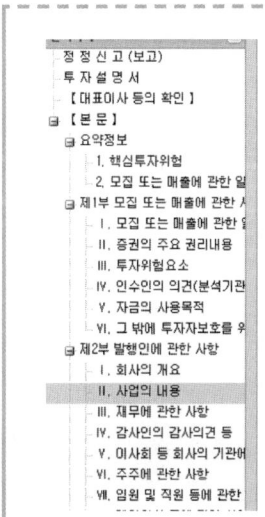

〈그림 2-36〉에서 판매가격이 오르는 추세이므로 원재료가격 역시 상승할 것으로 예상했는데 보기 좋게 빗나갔다. 오히려 원재료 가격은 내려가는 상황이다. 판매가격은 오르고 원재료가격은 떨어지니 이보다 좋은 영업 환경도 없을 것이다.

매출액에서 원재료가 차지하는 비중이 적다면 원재료의 가격 하락은 별 의미가 없을 수도 있으므로 매출액과 비교해 봐야 한다. 그런데 유감스럽게도 3분기 보고서에는 '비용의 성격별 분류' 주석사항이 공시되지 않았다. 분기 및 반기보고서는 기업 결산과 관련된 과중한 업무 부담을 덜기 위해 생략되는 공시사항들이 많다고 앞서 배운 바 있다. 이럴 때는 어쩔 수 없이 직전 연도 사업

보고서를 찾아서 분석해야 한다.

코리아오토글라스는 직전 연도에 비상장기업이었기 때문에 사업보고서는 없다. 감사보고서의 주석사항을 찾아서 '비용의 성격별 분류' 주석사항을 보면서 비용들이 매출액 대비 어느 정도의 비중을 차지하는지 분석해야 한다. 2014년 코리아오토글라스의 감사보고서상 손익계산서와 '비용의 성격별 분류'를 이용해 계산해 보면 원재료 사용액이 매출액 대비 56%이고, 고정비 성격의 급여와 감가상각비 등은 14%에 불과하다. 원재료 비중이 큰 기업인데 원재료 가격은 하락 추세이고 제품의 판매가격은 올라가고 있으니 공헌이익이 커지는 추세다. 게다가 큰 금액의 로열티까지 절감되고 있으니 투자자 입장에서는 아주 매력적인 기업이라 할 수 있다.

공모주의 경우 공모가격이 과거 손익에 의해 결정되므로 싼지 비싼지에 대한 판단이 가능하다. 문제는 상장 후에 주가가 얼마나 오를 것인가에 대한 판단인데 사실 이 부분이 어렵다. 공모주는 특성상 상장 초기에 수급에 의해 주가가 움직이는 경우가 많기 때문이다. 따라서 상장 후에 새롭게 매수하는 것은 위험할 때가 많다. 그런데 이 기업은 예외였다.

투자설명서상 2014년 말과 2015년 3분기 실적을 동종 기업들과 비교했을 때 적정가치는 1만 6,087원이었으나, 이 기업은 1만 1,000원에 공모가격을 확정해서 상장을 진행했다. 상장을 추진한 2015년 12월은 다른 IPO기업의 성적이 좋지 못해서 그 영향이 코리아오토글라스에도 미친 것이다. 기관투자자들에게도 크게 호감을 주지 못했고, 좋지 않은 연말 주식시장 분위기에 휩쓸려 주목을 받지 못했다. 그런 분위기는 상장 당일 아침까지 이어졌다.

〈그림 2-38〉에서 코리아오토글라스의 주가 일봉 차트를 살펴보자.

〈그림 2-38〉 코리아오토글라스 주가 일봉 차트

상장일인 12월 29일을 보면 시초가가 1만 1,600원으로, 공모가격 1만 1,000원에 비해 불과 600원 높게 시작되었다. 2015년에 상장한 많은 공모주의 시초가가 공모가의 2배에 육박할 정도로 인기가 좋았는데 코리아오토글라스는 예외였다. 자동차부품주라는 편견과 어수선한 증시 분위기에 휩싸이면서 관심을 받지 못한 것이다. 하지만 투자설명서에 나와 있는 로열티 감소 관련 문장을 보았다면, 공모주 청약을 하지 않더라도 상장일에 매수를 할 만한 매력적인 상황이었다. 저자는 상장일 아침, 낮은 시초가에 감사해 하며 주식을 매수해서 2016년에 많은 이익을 얻고 처분했다.

이처럼 공모주 투자를 하지 않는 투자자라도 새로 상장되는 기업의 투자설명서를 보면서 간단하게라도 분석을 해보기를 권장한다. 나중에 투자할 때 미리 공부해 놓은 것이 크게 도움되는 경우도 많고, 무엇보다 이렇게 좋은 기회를 놓치지 않고 수익으로 연결하는 경우도 종종 발생하기 때문이다.

로열티 절감 이슈가 투자의 중요한 결정 요소 중 하나였지만, 코리아오토글라스는 시장지배력이 있어서 원재료 가격이 떨어지는 상황에서도 판매가격을 올릴 수 있는 기업이라는 것을 알 수 있었다. 자동차 부품기업 즉 후방산업에 속한 기업이지만 이렇게 좋은 기업이라는 사실을 미리 봐두는 것은 다음 투자를 준비해야 하는 투자자의 입장에서 매우 중요하다.

현재 자동차 산업이 어려움을 겪고 있기 때문에 완성차 기업이나 자동차 부품기업에 대한 투자가 망설여질 수밖에 없다. 그러나 언제까지나 계속 나쁘지만은 않을 것이다. 2010년부터 화학, 정유와 함께 증시를 이끌던 산업이 바로 자동차였다. 자동차 산업도 차화정(자동차, 화학, 정유) 시대가 오기 바로 1~2년 전까지는 최악을 걷고 있었다. 서브프라임과 리먼 사태로 인해 2008년과 2009년에 자동차 소비가 급감하면서 불길한 기운마저 감돌았지만 언제 그랬냐는 듯이 이듬해부터 바로 호황기에 접어들었다.

역사는 항상 반복되기 때문에, 언제가 될지는 모르지만 그런 좋은 시절은 분명 또 다시 올 것이다. 그런데 그 좋은 시절이 이미 오고 나서 좋은 기업을 찾아 고르는 것보다 미리 좋은 기업을 공부해 놓고 그런 시절이 오기 시작할 때 주식을 매수하는 게 높은 수익률을 가져다 줄 확실한 방법이다.

기회는 항상 준비된 자의 것이다. 투자에 대한 공부는 주식시장이 좋을 때 하는 것도 좋지만, 좋지 않을 때 미리 해 놓는 게 미래를 위한 바람직한 자세다.

칼럼

터닝메카드 장난감 열풍에도 주식은 대박 안 터지는 이유

가정의 달에는 유난히 돈 들어갈 곳이 많다. 각종 기념일에 결혼식까지 챙기다 보면 다른 어느 달보다 돈의 아쉬움을 절감하며 평소에 재테크 좀 할걸 하는 생각이 절로 들곤 한다. 그렇다고 무작정 재테크를 시작하려고 해도 요즘은 버는 것보다 잃는 경우가 부지기수라 망설여지기도 한다.

미국에서 역사상 가장 성공한 펀드매니저로 평가받는 피터 린치는 투자아이디어를 생활 속에서 발견했던 것으로 유명하다. 백화점을 가거나 음식점을 갈 때 항상 딸들이 선호하는 제품이나 브랜드를 눈여겨본 후 그 회사를 철저히 분석해서 주식에 투자하는 방식인데, 실제로 매우 높은 수익률을 거둔 것으로 알려져 있다.

같은 맥락으로 전국의 어린이들에게 열풍을 일으킨 터닝메카드 장난감("메카니멀"이라고 함)을 직접 판매하는 (주)손오공의 주식에 투자하면 대박이 나지 않을까. 아이들이 수십 종의 메카니멀을 모으는 게 유행이 되면서 부모들은 그 제품을 구하기 위해 매장에 줄을 서고 기꺼이 지갑을 열었다. 분명 피터 린치라면 투자 대상으로 검토해봤을 것이다. 하지만 터닝메카드가 지난 1년간 큰 사랑을 받았음에도 (주)손오공 주가는 그에 화답하지 않았다. 물론 주가가 아예 안 오른 것은 아니다. 터닝메카드 만화가 텔레비전에 방영되기 시작한 초기에 주식을 매입했다면, 2배 이상의 이익은 거둘 수 있었다. 하지만 터닝메카드 열풍에 비하면 주가가 많이 올라간 것은 아니다.

왜 그럴까. 그 이유는 전자공시시스템에 공시된 (주)손오공의 재무제표를 들여다보면 알 수 있다. (주)손오공은 터닝메카드 열풍에 힘입어 매출 1,251억 원, 영업이익 104억 원을 기록했다. 매출액은 전년도보다 무려 2배가 넘었고, 적자였던 회사를 단숨에 흑자로 돌려세웠으니 대단한 성장이 아닐 수 없다. 터닝메카드 방영 초기보다 주가가 2배 이상 오른 게 설명이 된다. 그러나 수십 종류의 메카니멀이 불티나게 팔렸던 것에 비해서는 그리 인상적인 수치라고 말하기 어렵다. 특히 영업이익률(매출액 대비 영업이익 비율)은 불과 8.3%로, 유사한 사업을

칼럼

하는 오로라월드(주)의 영업이익률 11%보다 낮다. 이에 대한 해답을 구하려면 재무제표 주석사항 중 특수관계자 거래 내용을 봐야 한다.

(주)손오공은 장난감을 직접 제조해서 판매하지 않고 특수관계자인 (주)초이락컨텐츠팩토리로부터 매입해 오는 방식임을 확인할 수 있다. (주)초이락컨텐츠팩토리는 작년에 제품 734억 원어치를 (주)손오공에 판매했고, (주)손오공은 단순히 유통만 한 것이다. (주)초이락컨텐츠팩토리는 (주)손오공 회장의 일가가 대주주로 있는 완구제조업체로 알려져 있다. 이 회사는 2015년에 매출액 1,325억 원, 영업이익 366억 원이라는 실적을 거뒀다. 매출액이 전년도보다 무려 439%, 영업이익은 802%나 증가했고 영업이익률은 28%에 달한다.

터닝메카드 대박의 과실을 상장기업인 (주)손오공의 많은 주주가 아닌 비상장 계열사의 대주주 일가 몇 명만 따 먹은 셈이다. 계열사 몰아주기인지 아니면 또 다른 속사정이 있는지는 자세히 알 수 없지만, 사업보고서만 자세히 들여다봐도 주가 등락의 이유가 충분히 설명된다. 사업보고서를 들여다보지도 않고 느지막이 장난감이 잘 팔린다는 소문만으로 묻지마 투자에 나섰다간 낭패를 볼 수도 있다.

부동산 거래를 할 때 등기부 등본과 계약서를 꼼꼼히 봐야 하듯이, 기업에 투자할 때는 사업보고서를 잘 들여다봐야 한다. 피터 린치는 펀드매니저로 근무한 대부분 시간을 수많은 기업의 사업보고서를 읽는 데 할애했다고 한다. 운이나 정보력이 아닌 사업보고서 정독이 투자의 성공을 가져왔던 것이다. 저금리 시대에 재테크가 어려워진 것은 사실이지만 기본에 충실하고 탐욕이 아닌 합리성만 유지한다면 누구나 성공적인 투자를 할 수 있을 것이다.

— 경향신문
[박동흠의 생활 속 회계이야기]
(2016. 5. 22.)

3장

제약 · 바이오산업

수익모델을 갖추고 R&D에 투자하는가?
수익모델 없이 R&D에만 집중하는가?

1. 완제의약품과 원료의약품

제약업은 원재료, 인건비, 경비 등이 투입되어 약을 만드는 과정을 거치므로 제조업으로 분류할 수 있다. 그러나 제약업은 제조업의 일반적인 사항 외에 추가로 살펴봐야 할 것들이 많으므로, 제조업에 포함시키지 않고 별도의 산업으로 분류했다.

제약업 및 바이오산업을 이해하기 위해 간단히 업계의 구조부터 살펴보도록 하자.

〈그림 3-1〉 의약품기업의 구조

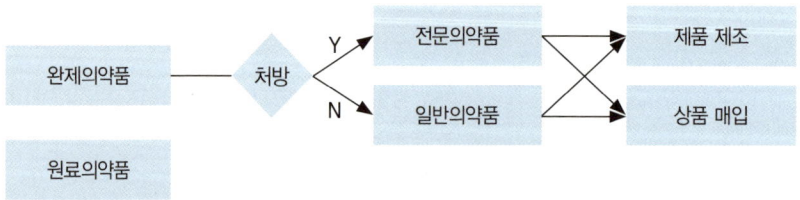

완제의약품 기업의 이해

우리가 먹거나 투여받는 약을 전문용어로 완제의약품이라고 부른다. 완제품 형태로 제조된 의약품이라고 풀어서 표현할 수도 있을 것이다. 원료의약품은 이 완제의약품의 원료라고 보면 된다. 제조업으로 표현하자면 완제의약품은 제품, 원료의약품은 원재료로 구분할 수 있다. 완제의약품은 의사의 처방이 있어야 하는 전문의약품과 처방 없이 소비자가 구매할 수 있는 일반의약품으로 구분된다. 제약회사는 완제의약품을 자체적으로 만들어서 팔거나 외국 제약기업으로부터 판매허가를 받아 수입해서 팔기도 한다. 만들어서 판다면 신약 또는 복제약의 형태가 될 것이다.

약은 화학적인 합성 방식으로 만든 합성의약품과 유전자 재조합이나 세포 배양 등 생물공학 방식을 이용해 만든 바이오의약품으로 나뉜다. 신약과 복제약을 화학적인 합성 방식으로 만들면 합성신약 또는 합성복제약이 되고, 생물공학 방식을 이용해 만들면 바이오 신약 또는 바이오 복제약이 된다.

약을 어떤 방식으로 만들든 우리가 주목해야 할 부분은 약을 만들어서 파는 기업이 사서 파는 기업보다 마진률이 높다는 점이다. 즉, 제품매출 방식이 상품매출 방식보다 회사의 이익에 크게 기여한다는 뜻이다.

〈표 3-1〉에서 한미약품의 2015년 연결손익계산서를 살펴보자.

〈표 3-1〉 한미약품 2015년 연결손익계산서 (단위 : 원)

제품매출액	649,510,757,767	상품매출액	134,299,904,602
제품매출원가	259,021,946,011	상품매출원가	123,550,802,668
제품매출총이익	390,488,811,756	상품매출총이익	10,749,101,934
제품매출총이익률	60%	상품매출총이익률	8%

제품과 상품으로 나누어 각각의 매출총이익률을 계산해 보면 차이가 엄청나다는 것을 알 수 있다. 60%의 마진을 남기는 제품을 많이 생산해서 판매해야 이익 개선에 크게 기여할 것이고, 8%의 마진밖에 남기지 못하는 상품은 회사 전체 이익에서 차지하는 기여도가 매우 낮을 것이다.

만드는 약과 그 원재료에 따라 다르기는 하지만 일반적으로 제조약의 원재료비는 매우 낮으므로, 대부분 제약회사의 제품 매출총이익률은 매우 높은 편이다. 한미약품의 경우 제품매출액에서 원재료비가 차지하는 비중은 27%에 불과하고, 보톡스로 유명한 ㈜메디톡스의 경우 매출액에서 원재료비가 차지하는 비중은 8%에 불과하다. 메디톡스는 매출총이익률이 무려 84%, 영업이익률이 58%에 달할 정도로 이익률이 엄청나다.

따라서 제약·바이오에 관심 있는 투자자라면 이렇게 제품 매출 비중이 높아서 큰 이익률을 올리는지부터 먼저 점검해야 한다.

원료의약품 기업의 이해

원료의약품 기업은 완제의약품 기업에 원료를 납품하는 일을 주로 한다. 원료의약품은 완제의약품 기업에게는 반드시 필요한 원재료이므로, 〈그림 3-2〉와 같이 대부분의 완제의약품 기업은 원료의약품 기업을 하나씩 가지고 있다.

〈그림 3-2〉 원료의약품 기업의 지배구조

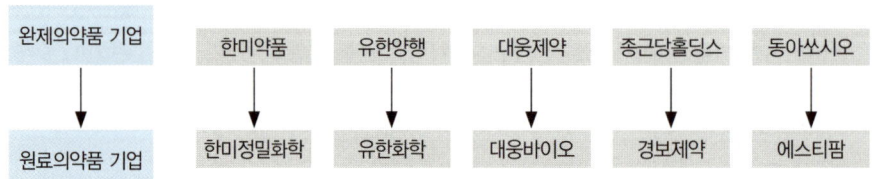

〈그림 3-2〉는 완제의약품 기업 및 그 일가가 최대주주로 있는 대표적인 원료의약품 기업들이다. 완제의약품 기업이 대부분의 주식을 보유하고 있는 경우도 있고, 완제의약품 기업의 대주주가 주식을 많이 보유하고 있는 경우도 있다. 경보제약, 에스티팜 등이 2015년과 2016년에 상장했고, 그 외 기업들은 비상장기업이다. 이 원료의약품 기업들의 지분 관계, 매출총이익률, 특수관계자에 대한 매출 비중 등을 잘 살펴보면 재미있는 점을 발견할 수 있을 것이다.

〈표 3-2〉에서 원료의약품 기업들의 지분 관계 및 특수관계자에 대한 매출 비중에 대해 알아보자.

〈표 3-2〉 원료의약품 기업들에 대한 지분 관계 및 특수관계자에 대한 매출 비중 (단위 : 억 원)

	한미정밀화학 (비상장)	유한화학 (비상장)	대웅바이오 (비상장)	경보제약 (상장)	에스티팜 (상장)
최대주주	한미약품 63%	유한양행 100%	대웅 100%	종근당홀딩스 33.4% 대주주일가 26.7%	동아쏘시오 15% 대주주일가 37.5%
매출액	891	1,409	1,683	1,780	1,007
매출총이익	114	232	521	486	474
매출총이익률	13%	16%	31%	27%	47%
특수관계자에 대한 매출 비중	92%	99%	48%	15%	22%

비상장기업은 2015년의 감사보고서 자료를 활용했고, 경보제약은 사업보고서를, 상장한 지 얼마 되지 않은 에스티팜은 2016년의 반기보고서 자료를 활용했다.

비상장기업인 한미정밀화학과 유한화학은 각각의 완제의약품 기업들이 최대주주로 있다. 한미약품은 한미정밀화학을, 유한양행은 유한화학을 각각 연결재무제표로 작성한다. 이 두 회사의 특수관계자 거래는 90%가 넘을 만큼 매우 큰데, 매출총이익률은 낮은 편이다. 매출총이익률이 높다면 특수관계자인 완제품기업의 원료비에 부담이 되므로 완제품기업의 이익률이 내려갈 가능성이 있다고 생각할 수 있다. 그러나 어차피 한미약품과 유한양행에서 각각 원료의약품 기업을 연결재무제표로 만들기 때문에 내부거래는 모두 제거되어 버린다. 즉, 이익률이 높든 낮든 연결재무제표에서는 전혀 중요하지 않다.

대웅바이오의 경우 대웅이 100% 지배하고 있는데, 대웅은 최대주주 일가가 40% 이상을 보유하고 있는 지주회사이다. 대웅바이오가 대웅제약에 원료의약품을 납품하지만, 지배권이 대웅에 있고 대웅제약이 지분을 가지고 있지 않으므로 대웅바이오를 연결재무제표에 포함하지 않는다. 특수관계자에 대한 매출 비중은 48%로 그리 높은 편은 아니지만, 이익률은 31%로 꽤 높다. 이러한 점으로 미루어 볼 때, 대웅바이오는 대웅제약에 원재료를 싸지 않은 가격에 납품하고 그 이익은 고스란히 누린다고 해석할 수 있다.

상장기업인 경보제약은 대주주일가와 종근당홀딩스가 지배하는 기업이다. 종근당홀딩스의 최대주주는 대주주 일가이므로 결국 대주주 일가의 지배를 받는다고 볼 수 있다. 특수관계자에 대한 매출 비중은 15% 정도로 적다.

2016년 6월에 상장한 에스티팜도 경보제약과 비슷한 구조인데, 대주주 일가와 동아쏘시오홀딩스가 최대주주로 지배하고 있다. 동아쏘시오홀딩스의 최대주주는 국민연금이지만, 2대 주주가 대주주 일가이므로 역시 대주주 일가의 지배를 받는다고 볼 수 있다. 이 기업 또한 특수관계자에 대한 매출 비중이 크지 않은데 마진율은 40%로 매우 높다. 투자자 관점에서 상장기업인 경보제약과 에스티팜을 분석해 보면 원료의약품 기업에 대한 편견에서 벗어나기에 좋다. 한미정밀화학이나 유한화학을 보면 낮은 이익률, 높은 특수관계자거래 의존도 등 원료의약품 기업의 한계가 보이는 데 비해, 상장기업들은 높은 이익률과 낮은 특수관계자거래 의존도가 두드러진다. 아마 이런 이유 때문에 원료의약품 기업이 직접 지배하지 않고 최대주주 일가가 많은 지분을 보유하고 있는지도 모르겠다. 그러므로 투자자 관점에서는 두 상장기업에 관심을 두는 것이 좋다. 특수관계자에 대한 매출 비중이 작고 이익률이 높다는 것은 원료의약품에 대한 경쟁력이 높다는 반증이 될 수 있기 때문이다.

실제로 경보제약과 에스티팜의 사업보고서를 보면 전체 매출액 중 수출이 차지하는 비중이 각각 43%, 81%로 매우 높다. 특히 에스티팜은 매출총이익률과 수출 비중이 매우 높아서 상장 때부터 크게 주목받아 왔고, 공모가격보다 높은 주가가 계속 유지되고 있다.

투자자 입장에서는 원료의약품 기업이 어떤 제품을 어느 제약사와 거래하는지 등의 정보를 아는 것도 중요하지만, 그전에 〈표 3-2〉와 같이 지배구조, 마진율, 특수관계자 거래비중 등을 먼저 살펴본다면 투자 대상 후보군을 압축하는 데 도움을 받을 수 있을 것이다.

2. 기술성장기업 상장특례

2015년부터 우리나라 주식시장에서는 제약·바이오 기업들이 크게 주목을 받았다. 기존의 제약·바이오 기업들의 주가가 급등했고, 그 분위기에 편승해 많은 신약 개발 기업들이 새롭게 상장했다. 기존의 제약기업들은 대부분 안정적인 수익모델을 갖추고 있지만, 신약 개발 기업들은 R&D에 치중할 뿐 매출이 크게 발생하는 구조가 아니므로 손익과 재무 구조가 매우 취약하다고 볼 수 있다.

일반적으로 비상장기업이 주식시장에 상장하려면 회사 설립 후 몇 년의 시간이 지나야 하고, 경영 성과와 이익 규모 등이 일정 요건을 충족해야만 자격이 부여된다. 그러나 역사가 짧고 경영 성과 및 이익이 없는 대부분의 신생 제약·바이오 R&D기업들은 단기간에 성과를 내기가 어려운 상황이라 현실적으로 이 요건을 충족시키기가 어렵다. 이런 기업들은 자금을 빌려 쓰는 데도 한계가 있고 투자받기도 어려우므로 주식시장 상장은 꿈같은 이야기다. 그러므로 이런 고부가가치 산업들을 살리기 위해 코스닥 상장 규정에는 이러한 기업의 상장을 위한 특례제도를 예외적으로 두고 있다. 즉 제약, 바이오, 우주항공 등 기술력이 있는 기업들은 일정 요건을 충족하지 못하더라도 코스닥시장 상장 규정인 기술성장기업 상장특례제도를 활용하면 상장할 수 있다. 간단하게 설명하면 전문평가기관으로부터 일정 등급 이상의 기술 평가를 받은 기업에게 상장예비심사 심사청구 자격을 부여하는 제도다.

이 제도를 활용해 2005년에 바이로메드와 바이오니아가 첫 상장을 했고, 그 이후 2014년까지 총 15개의 제약·바이오 기업들이 코스닥시장에 상장되었다. 그러다가 2015년부터 기술성장기업 상장특례제도를 활용하는 기업들이 물밀 듯이 쏟아져 나오면서, 2016년 12월까지 2년간 무려 26개의 기업이 새로 상장을 했는데, 업종 대부분이 제약·바이오 기업이었다. 이 기업들은 현재 손익으로는 기업가치를 산정할 수 없기 때문에 미래 손익을 추정해 공모가격을 산정하는 방식을 사용한다.

〈그림 3-3〉에서 2015년 12월에 상장한 강스템바이오텍의 투자설명서상 공모가격 산정 내역을 살펴보자.

〈그림 3-3〉 강스템바이오텍 PER을 적용한 주당 평가가액 산출

1) PER을 적용한 주당 평가가액 산출

구분	산출내역	비고
2019년 추정 당기순이익	14,065백만원	A, 주1)
연 할인율	25%	주2)
2019년 추정 당기순이익의 2015년말 현가	5,761백만원	B = A / (1.25^4)
적용 PER(x)	35.08	C, 주3)
평가 가액	202,095백만원	D = B*C
적용 주식수	15,004,150 주	E, 주4)
주당 평가가액	13,469원	F = D / E

주1) 2019년 추정 당기순이익 산정내역은 '다. 추정 당기순이익 산정내역'을 참고하여 주시기 바랍니다.

주2) 2019년 추정 당기순이익을 2015년말 비교대상 당기순이익으로 환산하기 위해 현가 할인율 25%(동사의 재무위험, 예상 매출의 실현 가능성 등을 감안)를 적용하여 산정하였습니다.

주3) 적용 PER(x)는 유사회사의 2015년 반기 실적 기준 PER(x)의 산술평균입니다.

주4) 적용주식수 = 현재 발행주식총수 보통주 11,757,150주 + 공모주식수 2,000,000주 + 신주상장주선인 의무인수분 60,000주 + 주식매수선택권 1,187,000주 등 희석 가능한 지분을 모두 포함하여 산정

강스템바이오텍은 2019년에 140억 6,500만 원의 순이익을 올릴 예정인데, 이 금액을 2015년 말의 현재가치로 환산하면 57억 6,100만 원이 된다. 유사한 회사들이 주식시장에서 PER 35.08배로 평가받고 있으니, 이 회사의 시가총액은 '57억 6,100만 원×35.08배=2,020억 9,500만 원'이 된다. 이 시가총액을 회사의 상장 후 총 발행주식수인 1,500만 4,150주로 나누면, 한 주의 가치는 1만 3,469원이 된다.

이러한 평가 방법은 일반적인 것이므로 논리상 문제는 없지만, 투자자 입장에서는 과연 이 기업이 2019년 말에 순이익 140억 6,500만 원을 달성할 수 있을

지 의심해 봐야 한다. 즉, 기업의 적정주가 1만 3,469원이 정당화되기 위해서는 2019년 말에 추정 순이익이 반드시 달성되어야 할 것이다. 또한 제약·바이오 기업들이 시장에서 적용받는 PER배수가 낮아진다면 이 기업은 그것을 만회하기 위해 더 높은 순이익을 달성해야 한다. 이 순이익 추정치는 근거를 바탕으로 작성되었는데, 그 근거 역시 투자설명서에 〈그림 3-4〉와 같이 제시되어 있다.

〈그림 3-4〉 강스템바이오텍 추정손익계산서

(1) 추정손익계산서

(단위:백만원)

구 분	2015 (E)	2016 (E)	2017 (E)	2018 (E)	2019 (E)
1. 매출액	2,284	5,483	9,471	17,870	28,696
2. 매출원가	282	735	1,204	4,576	7,698
3. 매출총이익	2,002	4,748	8,267	13,294	20,998
4. 판매비와 관리비	6,122	7,436	7,275	7,359	7,380
5. 영업이익	-4,120	-2,688	992	5,935	13,618
6. 영업외비용	1,121	25	17	10	3
7. 영업외수익	512	300	285	345	450
8. 세전이익	-4,729	-2,413	1,259	6,270	14,065
9. 법인세비용	-	-	-	-	-
10. 당기순이익	-4,729	-2,413	1,259	6,270	14,065

아직 임상시험 중인 상황이지만 정상적으로 임상시험이 진행되고 제품이 상용화되어 매출이 발생할 것이라고 가정하고 있고, 그에 대한 자세한 근거 또한 투자설명서에 명시되어 있다. 중요한 것은 예상한 매출액이 예정대로 나올 것인가인데, 이는 회사나 투자자 모두 아무도 확신하지 못한다.

강스템바이오텍은 2015년 12월에 상장했기 때문에 최소한 2015년의 추정

손익은 비슷하게 맞추리라 예상했지만 결국은 그러지 못했다. 이 기업의 2015년 사업보고서를 보면 매출액은 14억 8,500만 원이고 순이익은 −57억 5,400만 원으로, 몇 달 뒤의 손익도 추정치와 많이 어긋나 있다. 2016년 반기보고서를 보면 매출액은 불과 6억 1,900만 원이고 순이익은 −44억 8,800만 원으로, 2016년 목표치를 달성할 수 있을지도 의문이다.

물론 일이 예상한 일정보다 늦어지면서 목표 달성이 뒤로 밀릴 수도 있고 뒤늦게 갑자기 일에 속도가 붙을 수도 있지만, 투자자 입장에서 믿고 확신하기에는 불확실성이 너무 크다. 결국 이런 불확실성을 감당할 수 있는 투자자는 투자에 선뜻 나서겠지만, 불확실성을 싫어하는 투자자에게는 그리 매력적인 기업은 아니다. 아무리 우수한 인재들이 모여서 만든 기술력이 뛰어난 기업이라고 해도 미래 수익가치에 대해 확신을 갖기란 쉽지 않다.

한편, 이 기업은 주당평가가액인 1만 3,469원보다 약 55% 할인된 6,000원에 기업공개를 진행했고, 상장 후에는 2만 2,500원의 신고가를 기록하기도 했다. 제약·바이오가 강세장이었기 때문에 높은 주가흐름이 가능했다. 그러나 제약·바이오의 거품이 꺼지기 시작하면서 이 기업의 주가는 도로 1만 원대로 내려왔다.

2005년 기술성장기업 상장특례로 상장한 바이로메드의 투자설명서에 명시된 2015년의 추정순이익은 2,181억 원으로 되어 있다. 그러나 2015년 말 현재 이 기업의 당기순이익은 2억 5,700만 원에 불과하다.

대부분의 제약·바이오 기업들이 기업공개 때 전자공시시스템에 제출하는 투자설명서의 추정순이익이, 시간이 지난 후의 실제 당기순이익과 어느 정도 유사한지 확인해 보기 바란다. 추정순이익에 한참 미치지 못한다면 높은 주가 또한 정당성을 확보하기 어려울 것이다.

3. 전통 제약기업과 신흥 바이오 기업

　제약업은 크게 완제의약품 기업과 원료의약품 기업으로 나누는데, 저자는 다른 방식으로 구분해서 기업을 살펴보는 편이다. 바로 전통 제약기업인가 아니면 신흥 바이오 기업인가로 구분한다. 차이는 간단하다. 전통 제약기업은 안정적인 수익모델을 바탕으로 R&D를 하며 신약 개발에 힘을 쏟는다. 후자는 기술성장기업같이 안정적인 수익모델은 없지만 현재 매진하고 있는 R&D가 성공적으로 이루어지면 미래에 달콤한 열매를 수확할 수 있다.

　자, 그렇다면 어떤 기업에 투자할 것인가? 분명 호불호가 갈릴 수밖에 없다. 전자의 경우는 어느 정도 기업 규모가 있으므로 투자를 해도 큰 이익을 얻기 힘들다고 생각할 수도 있다. 그러나 후자의 경우는 시가총액이나 주가 수준이 낮으므로 잘만 하면 몇 배의 이익을 기대할 수도 있다. 물론 이렇게 단순한 아이디어로 투자하면 가장 중요한 기업의 내용도 알지 못할 뿐더러 위험 부담을 짊어지게 되므로 좋은 투자법이 아니라는 것쯤은 독자들도 당연히 잘 알고 있을 것이다.

이제 기업의 사업보고서를 살펴보자. 전통 제약기업도 신흥 바이오 기업 못지않게 왕성한 R&D를 하며, 막강한 자금력을 앞세워 더 큰 규모의 금액을 투자한다. 그러나 실패를 하더라도 그에 대한 부담감은 덜하다. 왜냐하면 안정적인 수익모델에서 창출한 이익을 기반으로 투자를 하는 것이고, 그 금액은 대부분 비용화해 버리기 때문이다. 이에 비해 신흥 바이오 기업은 벌어서 투자하는 것이 아니라 빌리거나 투자받은 돈을 투자하는 상황이므로 실패에 대한 위험부담이 훨씬 크다. 그러다 보니 R&D 비용을 자산으로 인식하고 비용화하지 않으려고 한다.

R&D는 미래를 위한 행위이고 성공하면 엄청난 가치를 창출할 수 있다. 그러나 성공 확률은 낮고 실패할 확률은 매우 높으므로 불확실성이 매우 크다. R&D비용을 자산화할 것인가, 비용화할 것인가에 대한 논쟁은 예전부터 있었으나 이에 대한 판단은 전적으로 투자자에게 달려 있다. 왜냐하면 다 가능한 방법으로, 맞다 틀리다로 판단할 수는 없기 때문이다. 다음 내용을 읽어 본다면 이에 대한 판단에 많은 도움이 될 것이다.

4. 신약 개발의 꿈

2015년에 제약·바이오 기업의 주가가 급등한 이면에는 신약 개발의 꿈과 함께 실제로 큰 매출이 발생하기 시작한 한미약품과 같은 기업들의 덕이 있었다. 그러나 신약 개발은 오랫동안 많은 돈을 투입해야 하는 장기 프로젝트다. 여기에 최고의 인재들이 모여서 최선을 다한다 해도 성공을 확신하기는 매우 어렵다.

〈그림 3-5〉에서 신약 개발부터 이익이 발생하는 기간까지의 라이프사이클을 살펴보자.

<그림 3-5> 신약 개발부터 이익 발생까지의 라이프사이클

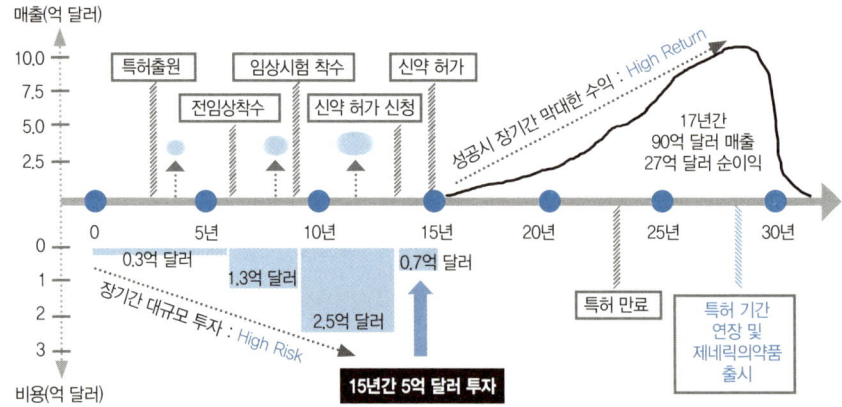

자료 : 생명공학정책연구센터, 한화투자증권 리서치센터

〈그림 3-5〉를 보면 순조롭게 신약 개발이 이루어진다는 가정하에 최소한 15년간 5억 달러의 금액은 투자해야 한다. 그러나 중간에 임상시험이 잘못되거나 예상보다 기간이 길어지게 되면 투입되는 R&D 비용은 더 많아지게 된다. 통상 1조 원 내외는 사용해야 신약 하나를 만들 수 있다는 이야기도 나올 정도라고 하니, 이렇게 오랜 기간과 큰 금액을 투자할 만한 기업이 과연 몇이나 있을까 의구심도 든다.

인내는 쓰지만 열매는 달다고 하듯이 신약 개발에 성공한다면 〈그림 3-5〉에서 보는 것처럼 장기간 많은 매출액과 이익을 실현할 수 있다. 물론 이것도 판로가 확보되고 마케팅이 잘 진행된다는 가정하에서나 가능하다. 신약이 개발되어도 대박이 나지 않는 경우도 있으니 불확실성은 여전히 존재한다. 그렇다면 신약이 성공적으로 개발될 확률은 얼마나 될까? 〈그림 3-6〉에서 살펴보자.

<그림 3-6> 신약이 성공적으로 시판될 확률

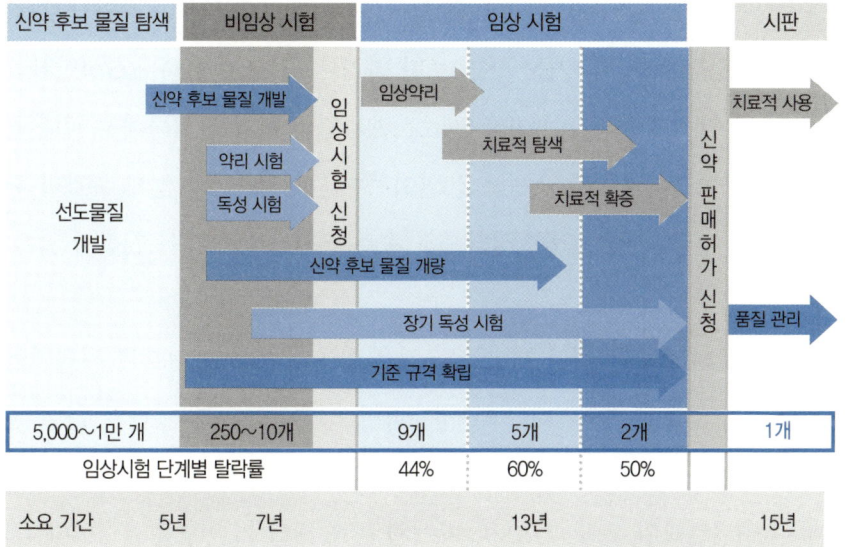

자료 : Bain drug economics model

　　5,000개에서 1만 개 사이의 신약 후보물질이 시판 가능한 신약으로 나올 가능성은 불과 1개밖에 되지 않고, 임상시험 1상에 진입하는 건수는 9개에 불과하다고 한다. 그러니 임상시험 1상 이상에 진입한 기업들의 기술력은 실로 대단한 것이라고 할 수 있다. 하지만 임상을 거듭할수록 탈락률은 높아지기 때문에 긴장을 늦출 수는 없다. 임상시험 1상에서 살아남은 신약 9개 중 2상에서 탈락할 확률은 60%, 2상까지 통과한 신약이 3상에서 실패할 확률은 50%에 달한다고 하니 성공 여부는 극히 희박하다. 그리고 3상까지 통과한다고 해도 신약 판매 허가 과정에서 또 떨어지는 경우도 있으므로 판매가 완전히 승인될 때까지는 투자자나 기업 모두 긴장의 끈을 놓을 수 없다. 물론, 주가는 이와 상관없이 1상 승인 때부터 수직으로 상승하는 경우가 있으니, 기대감만으로 주가가 올라갔다고 말해도 과언이 아닐 것이다.

2015년 8월 KDB산업은행에서 발간된 「국내 제약사의 신약 개발 추진 현황 및 전략」 보고서에 따르면, 우리나라에서 신약 개발에 성공한 사례는 24건이지만 상업적으로 성공을 거둔 사례는 단 한 건도 없다고 한다. LG생명과학의 팩티브란 신약이 2003년 4월 미국 FDA로부터 판매 허가를 획득해서 국내 최초라는 기록을 세웠지만, 결국 큰돈을 벌어 주지는 못했다. 이렇게 글로벌 시장에서 한국의 작은 제약기업이 신약으로 승부를 겨룬다는 것은 만만치 않은 일이다.

그러다 보니 요즘은 신약 개발로 수익을 창출해 내는 방법으로 해외기업과 공동으로 R&D를 추진하거나 기술이전(라이선스 아웃) 등의 형태로 많이 진행된다. 대표적인 것이 2015년 세상을 깜짝 놀라게 한 한미약품의 국제적 제약사인 베링거 인겔하임, 사노피, 얀센, 자이랩 등에 대한 기술이전 공시였다. 임상 2상, 1상 및 임상 전이던 한미약품의 R&D 파이프라인 일부가 기술 수출되는 쾌거를 일구어 냈다. 다시 말해 전반부는 한미약품이 담당하고 후반 작업은 글로벌 제약사가 마무리 짓는 것으로, 신약이 상용화되면 그때부터 일정 부분 로열티수익을 얻을 수 있으니 제약사 입장에서는 큰 위험 부담 없이 안정적으로 큰 수익을 창출할 수 있다. 물론 그 신약 물질이 3상 승인 후 FDA 판매 승인까지 거쳐야 하므로 불확실성이 완전히 제거되었다고 볼 수는 없지만, 그래도 글로벌 제약사가 우리나라 제약사의 임상 중 또는 임상 전인 신약 프로젝트를 가져갔다는 것은 큰 의미가 있다.

그런데 안타깝게도 베링거 인겔하임 기술이전 건은 임상시험 과정에서 문제가 생기면서 계약이 중도에 해지되었다. 한미약품에서는 기술이전과 관련해서 받은 계약금과 요건이 충족된 기술이전료만 매출로 인식했기 때문에 손해가 발생한 것은 아니지만, 수조 원의 수익을 얻을 수 있는 기회가 날아가 버렸으니 무척 안타까운 일이다. 하지만 냉정하게 생각해 보면 이런 임상시험 실패나 기술이전 계약 해지는 신약 성공 확률이 그만큼 낮다는 것을 반증하는 좋은 사례라 할 수 있다.

우리나라 신약 개발 기업들이 15년 동안 5억 달러 이상의 시간과 돈을 부담하기는 현실적으로 어렵다. 또한 글로벌 시장에서의 판매 경쟁력 등도 고려해 보아야 하므로 글로벌 제약사로의 기술이전이 현재로서는 최선의 판매 대안이다.

우리나라 전체 제약사 및 연구소가 보유하고 있는 신약 파이프라인은 2012년 현재 총 176개로 집계되고 있다. 그런데 세계적인 제약사인 미국의 화이자가 가지고 있는 신약 파이프라인만 무려 300개 수준이라고 하니 비교 자체가 불가능하다. 이런 열악한 상황에서 사노피 같은 글로벌 제약사에 기술 수출을 했다는 것은 엄청난 쾌거가 아닐 수 없다. 한미약품을 비롯한 몇몇 기업들이 2015년과 2016년에 이런 기술 수출을 일구어 냈다. 그리고 많은 기업들이 제2의 한미약품을 꿈꾸며 〈그림 3-6〉과 같은 바늘구멍을 통과하기 위해 열을 올리고 있다.

그렇다면 한미약품이 이러한 성과를 거두기 위해 투입한 R&D 비용은 얼마나 되고, 그 비용을 어떻게 처리했을까? 그 부분을 확인하려면 〈그림 3-7〉과 같이 한미약품의 2015년 사업보고서 '사업의 내용' 편에서 '연구개발비용'으로 키워드 검색을 하면 된다.

<그림 3-7> 한미약품 2015년 연구개발비용

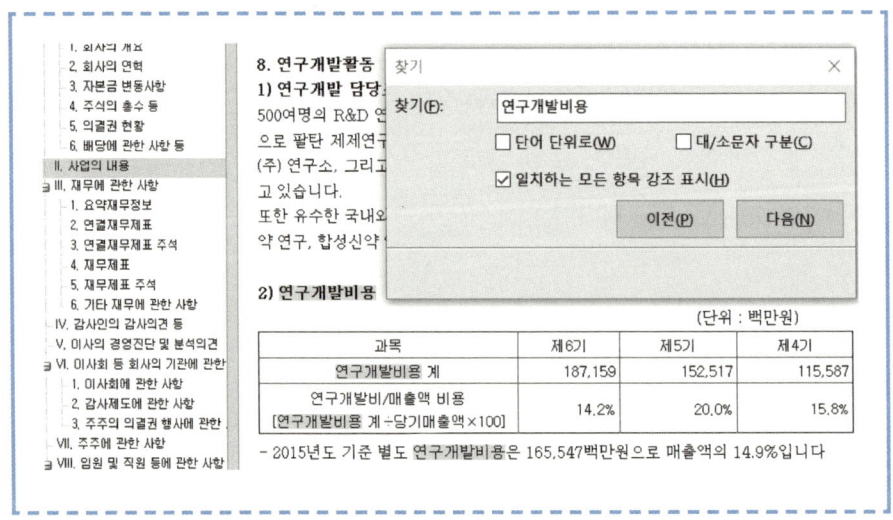

한미약품은 매출액의 14%에 해당하는 금액인 1,871억 5,900만 원을 R&D에 투자했다고 공시했다. 제약사의 미래가치를 평가할 때 가장 많이 보는 지표 중의 하나가 바로 이 매출액 대비 연구개발비용 투입률인데, 한미약품은 예전부터 이 비용이 높기로 유명했다. 그렇다면 이 연구개발비용을 회사의 재무제표에는 어떻게 표시했을까?

회계상으로 연구개발비용을 재무제표에 표시하는 방법에는 다음 두 가지가 있다.

첫 번째는 원칙적으로 비용으로 인식해서, 판매비와관리비 또는 매출원가에 경상개발비라는 계정과목으로 표시하는 방법이다. 이렇게 거액의 R&D 비용이 당기비용으로 인식되면 회사의 영업이익은 작아지게 된다.

두 번째는 개발비의 자산 인식 가능 요건 6가지를 모두 충족한다면 무형자산으로 인식할 수 있는 방법이다. 무형자산으로 인식한다는 의미는 신약 개발 기간 동안 신약과 관련된 매출이 발생하지 않으니 비용도 인식하면 안 된다는 논리다. 회계는 기본적으로 수익과 비용이 서로 대응되어야 하는데, 첫 번째처럼 비용으로 인식하면 이에 대응되는 수익이 없으므로 모순이라는 것이다. 그러니 일단 R&D 비용을 무형자산으로 잡아 놨다가, 신약이 상용화되어 매출이 발생되는 기간 동안 무형자산상각비로 비용을 인식시켜서 수익과 비용을 서로 대응시키면 된다.

하지만 이 모든 논의도 신약 개발이 성공해서 잘 팔릴 것이라는 가정하에서나 가능한데, 바로 이 지점에서 굉장히 중요한 불확실성이 존재한다. 그래서 회계기준에서는 R&D 관련 비용을 원칙적으로 비용화시킬 것을 권장한다.

개발비의 자산 인식 가능 요건 6가지는 다음과 같다.

| 개발비의 자산 인식 가능요건 (1~6 모두 충족) |

❶ 무형자산을 사용하거나 판매하기 위해 자산을 완성할 수 있는 기술적 실현 가능성
❷ 무형자산을 완성해 사용하거나 판매하려는 기업의 의도
❸ 무형자산을 사용하거나 판매할 수 있는 기업의 능력
❹ **무형자산이 미래경제적 효익을 창출하는 방법**. 그중에서도 특히 무형자산의 산출물이나 무형자산 자체를 거래하는 시장이 존재함을 제시할 수 있거나 무형자산을 내부적으로 사용할 것이라면 그 유용성 제시
❺ 무형자산의 개발을 완료하고 그것을 판매하거나 사용하는 데 필요한 기술적, 재정적 자원 등의 입수 가능성
❻ 개발 과정에서 발생한 무형자산 관련 지출을 신뢰성 있게 측정할 수 있는 기업의 능력

한두 가지만 만족해서는 안 되며 6가지 모두를 만족해야 자산으로 인식할 수 있다. 반드시 자산으로 인식하라는 의미는 아니며 자산으로 인식할 수 있다는 것이다. 기술적 실현 가능성, 판매 의도, 능력 등 1, 2, 3, 5, 6번 요건은 기업이 능력만 있으면 충족시킬 수 있다. 문제는 4번 조항이다. 과연 R&D에 투입된 비용을 무형자산으로 쌓아 놓은 것이 미래에 돈을 벌어 줄 수 있는가에 대한 물음인데, 이는 기업의 능력만으로 할 수 있는 것이 아니다. 그에 대한 답은 미래의 시장이 가지고 있으므로 지금 시점에서는 누구도 확실한 대답을 하기가 어렵다.

LG생명과학 사례에서도 봤듯이 미국 FDA 승인을 받아도 큰돈을 벌지 못하는 신약이 있을 수 있다. 무엇보다 글로벌 제약기업들 틈에서 거의 변방과 다름없는 우리나라 제약사들이 돈을 잘 벌 것이라고 확신하기는 더더욱 어려워 보인다. 이런 이유로 대부분의 전통 제약기업들은 R&D 비용을 자산으로 인식하는 것을 선호하지 않고 판매비와관리비 또는 매출원가로 인식한다.

〈그림 3-8〉에서 한미약품의 2015년 손익계산서를 보자.

〈그림 3-8〉 한미약품 2015년 손익계산서

(단위 : 원)

	제 6 기	제 5 기	제 4 기
I.매출액	1,317,534,519,130	761,279,849,468	730,133,509,597
(1)제품매출	649,510,757,767	655,887,034,519	601,584,101,956
(2)상품매출	134,299,904,602	82,115,257,264	113,315,640,690
(3)임가공매출	15,948,648,844	16,555,308,402	13,925,424,951
(4)기술수출수익	512,500,523,250	1,297,975,000	1,308,342,000
(5)기타매출	5,274,684,667	5,424,274,283	0
II.매출원가	398,250,965,720	338,776,803,211	313,679,683,278
(1)제품매출원가	259,021,946,011	255,422,615,444	287,094,094,242
(2)상품매출원가	123,550,802,668	68,717,323,710	15,267,860,778
(3)임가공매출원가	15,201,710,370	14,565,246,798	11,317,728,258
(4)기타매출원가	476,506,671	71,617,259	0
III.매출총이익	919,283,553,410	422,503,046,257	416,453,826,319
IV.판매비와관리비	539,496,426,229	252,883,111,901	259,593,532,509
V.경상개발비	167,987,151,543	135,167,920,132	94,965,049,239
VI.영업이익	211,799,975,638	34,452,014,224	61,895,244,571

한미약품의 손익계산서를 보면 판매비와관리비와 별도로 경상개발비라는 계정과목이 눈에 띈다. 자세한 회사 사정은 모르겠지만 R&D를 굉장히 많이 하기로 유명한 기업인만큼 그 숫자를 주석사항 일부가 아닌 손익계산서에 당당히 보여 주려는 의도가 아닐까 싶다.

〈그림 3-7〉에서 살펴본 R&D 비용이 1,871억 5,900만 원인데, 경상개발비로 처리한 금액이 1,679억 8,700만 원이니, 총비용의 90% 가까이 되는 금액을 한 번에 모두 비용으로 인식한 셈이다. 이렇게 R&D 비용을 많이 투입하고도 영업이익이 가능한 이유는 앞서 말했듯이 제품매출총이익을 충분히 확보했기 때문이다. 만약 약품을 만들어서 많이 팔고 충분한 이익을 남기지 못하는 회사가 큰 금액의 R&D 비용을 이와 같이 모두 비용으로 처리했다면 적자를 면치 못했

을 것이다.

그런데 R&D 비용 1,871억 5,900만 원에서 1,679억 8,700만 원을 쓰고 난 나머지 191억 7,200만 원은 어디로 갔을까? 이 부분을 확인하려면 〈그림 3-9〉의 무형자산 주석사항을 확인해야 한다.

〈그림 3-9〉 한미약품 당기 무형자산

(2) 당기 및 전기 중 무형자산 장부금액의 변동내역은 다음과 같습니다.

(당기) (단위 : 천원)

구 분	특허권	개발비	비한정내용연수 무형자산	기타무형자산	건설중인자산	합 계
기초금액	544,955	72,989,251	8,514,886	4,246,279	1,566,912	87,862,283
외부취득액	164,326	639,898	585,500	5,063,770	2,561,446	9,014,940
내부개발로 인한 증가	-	7,336,103	-	-	-	7,336,103
대체	-	-	-	612,878	974,027	1,586,905
처분	-	-	(1,959,600)	-	-	(1,959,600)
상각비	(160,503)	(21,334,139)	-	(1,846,641)	-	(23,341,283)
손상차손	-	(12,937,028)	(468,966)	-	-	(13,405,994)
기타(주)	1,722	37,325	(543)	19,163	-	57,667
기말금액	550,500	46,731,110	6,071,277	8,095,449	5,102,385	67,151,021

개발비의 외부취득액 및 내부개발로 인한 증가액으로 총 79억 7,600만 원이 무형자산으로 잡혔다. 이 금액은 전체 R&D 비용의 4.3%에 불과하다. 그 외 금액들은 제조원가로 분류했을 것이다. 회사 내부의 R&D 비용 배부 방침에 따라 각각 경상개발비, 개발비자산, 제조원가 등으로 표시할 텐데, 한미약품은 R&D 비용의 대부분을 자산으로 인식하지 않고 당기비용으로 처리한다는 것이다.

투자자 관점에서 볼 때 아무래도 이런 기업들이 조금 더 보수적인 회계 처리를 하는 것으로 판단하고, 투자하고 나서도 큰 걱정은 하지 않아도 된다. 왜냐하면 R&D 비용을 개발비 자산으로 인식한 기업에서 만약 돈을 못 벌 것이라는 확실성이 더해지게 되면, 그동안 자산으로 쌓아 놓은 개발비를 한 번에 손실로 털어내야 하기 때문이다. 이를 가리켜 무형자산손상차손이라고 하는데, 자산으로서의 가치가 상실되었기 때문에 그 시점에 자산에 있던 금액을 모두 손실(당기비용)로 처리한다.

유명 여성탤런트 남편의 주가 조작 혐의와 관련해 한참 시끄러웠던 보타바이오의 2015년 손익계산서를 〈그림 3-10〉에서 살펴보자.

〈그림 3-10〉 보타바이오 2015년 손익계산서

(단위 : 원)

	제 26 기	제 25 기	제 24 기
수익(매출액) (주24)	24,005,558,860	6,700,191,172	7,703,987,245
매출원가 (주24,28,30)	13,901,967,092	4,582,387,780	4,314,347,025
매출총이익	10,103,591,768	2,117,803,392	3,389,640,220
판매비와관리비 (주25,28,30)	14,712,426,960	5,723,637,608	3,820,053,262
영업이익(손실)	(4,608,835,192)	(3,605,834,216)	(430,413,042)
기타 수익 (주26)	459,557,342	732,686,573	1,060,204,422
기타 비용 (주26)	16,273,856,709	4,924,446,619	2,533,381,087
금융수익 (주27)	118,706,948	37,192,288	44,852,455
금융원가 (주27)	994,326,887	116,206,221	464,986,402
종속기업취득일전순손익	0	0	0
법인세비용차감전순이익(손실)	(21,298,754,498)	(7,876,608,195)	(2,323,723,654)
법인세비용 (주31)	0	0	0
당기순이익(손실)	(21,298,754,498)	(7,876,608,195)	(2,323,723,654)

영업손실이 46억 원인데, 당기순손실이 무려 213억 원대에 달하는 것으로 나온다. 그리고 영업이익과 당기순이익 사이의 기타비용을 보면 163억 원으로 크게 표시되어 있다. 기타비용은 전년도에 49억 원, 그 전년도에 25억 원이었던 점을 고려해 보면, 2015년에 분명 무슨 일이 있었음을 짐작할 수 있다.

〈그림 3-11〉에서 기타비용 계정과목 옆에 있는 주석 26번을 찾아보면 그 원인을 분명히 알 수 있다.

〈그림 3-11〉 보타바이오 기타비용 주석사항

(단위 : 원)

기타비용	외환차손	51,698,323	1,323,769
	외화환산손실	131,633,417	-
	기타의대손상각비	1,466,092,035	456,710,214
	단기매매증권평가손실	-	106,908,074
	관계기업투자주식처분손실	-	777,370,933
	투자부동산평가손실	480,550,000	-
	재고자산감모손실	4,687,389,122	-
	유형자산손상차손	593,029,501	-
	무형자산손상차손	8,474,604,894	1,672,586,165
	손해배상금	5,000,000	1,829,979,000
	잡손실	383,859,417	79,568,464
	기타비용계	16,273,856,709	4,924,446,619

기타비용의 반 이상을 차지하는 비용이 무형자산손상차손으로 무려 84억 7,460만 원으로 표기되어 있다. 전년도에도 16억 7,258만 원을 손실로 인식했는데, 금액이 다섯 배 가까이 커졌다. 내용을 확인했으니 그다음에는 무형자산 주석사항에 들어가서 어느 항목과 얼마의 금액을 자산으로 인식했고 손상차손으로 처리했는지 확인하면 된다. 무형자산 주석사항에 따르면 개발비에 대해

30억 원의 손상차손을 인식했고, 개발비는 더 이상 자산에 남아 있지 않음을 확인할 수 있다. 이 개발비 외에 영업권의 손상차손 54억 원이 더 있었기 때문에 무형자산손상차손금액이 크게 계산된 것이다.

영업권, 개발비는 이미 현금이 다 지출되었음에도 불구하고 미래 경제적 효익이 있다고 판단해 비용이 아닌 자산으로 인식했다. 이런 무형자산은 나중에 투입한 금액보다 더 많은 돈을 벌어 주는 알토란이 되어야 하지만, 때에 따라서는 시한폭탄 같은 존재가 되기도 한다. 즉, 돈을 벌어 줄 것으로 기대했던 자산이 기대와 달리 부실자산으로 판명 나는 순간 한 번에 대규모 손실로 인식되므로, 잘못하면 기업의 존속까지도 위협할 수 있게 된다.

보타바이오는 2015년의 대규모 손실로 인해 누적결손금이 1,014억 원이 되어 자본총계가 133억 원으로 줄어들었고, 2016년 반기에 155억 원에 달하는 대규모 손실을 다시 한 번 기록해 자본총계가 58억 원으로 줄어들었다. 불과 6개월 만에 75억 원이나 자본총계가 감소하면서 자본잠식률이 45%에 달했다. 참고로 코스닥기업은 자본잠식률이 50% 이상 되면 상장 규정에 따라 관리종목으로 지정된다.

5. R&D 비용의 처리

전통적인 제약기업과 신흥 제약·바이오 기업들이 R&D 비용을 어떻게 처리하는지 조사해서 비교해 보면 〈표 3-3〉과 같은 흥미로운 결과가 나온다.

〈표 3-3〉 제약기업들의 R&D 비용 처리 현황

	종근당	유한양행	녹십자	셀트리온	제넥신	인트론바이오
무형자산	0%	0%	9%	80%	96%	84%
비용처리	100%	100%	91%	20%	4%	16%

전통적인 제약기업일수록 R&D 비용을 자산보다는 비용화시키는 다소 보수적인 회계처리를 하고 있는 데 비해, 신흥 제약·바이오 기업들은 비용화시키기보다는 무형자산으로 처리하곤 한다. 국제회계기준에서 자산으로 인식할 수 있는 요건을 규정하지만, 반드시 규칙처럼 지켜야 하는 것은 아니고 기업마다 해석과 채택이 가능한 부분이기 때문에 이렇게 차이가 발생하게 된다. 무엇이

맞고 무엇이 틀린지 지금은 알 수 없다.

종근당은 R&D 비용을 자산이 아닌 전액 비용으로만 처리하기 때문에 현재 손익이 더 좋을 기회를 놓칠 수 있다. 그러나 비용화시킨 R&D 활동에서 나중에 엄청나게 돈을 벌어 주는 결과물이 나온다면 그때의 손익가치는 매우 좋을 것이다. 무형자산으로 인식한 것이 없으므로 무형자산상각비로 비용화시킬 비용 역시 없기 때문이다.

반대로 R&D 비용을 대부분 자산으로 잡는 제넥신 같은 경우는 나중에 개발 실패로 인해 자산으로 잡혀 있는 부분이 전액 손실로 나올지도 모를 부담감이 있다. 또한 신약이 성공해서 돈을 벌어 주더라도 무형자산을 상각해 비용화시키므로 이익이 더 좋아질 기회를 놓칠 수도 있다. 물론 무형자산상각비가 중요하지 않을 정도로 막대한 수익을 창출해 낸다면 중요한 이슈는 아닐 것이다.

R&D 비용은 어떻게 인식하든지 간에 양날의 검이 될 수 있지만, 투자자 관점에서는 보수적인 전통 제약사가 더 나은 투자안이 될 수 있다. 안정적인 수익모델을 기반으로 창출한 높은 매출총이익을 바탕으로 R&D 비용을 집행하고 대부분의 금액을 당기 비용화시키므로, 회계처리가 깔끔하고 미래에 자산이 감액되어 한 번에 대규모 손실이 나올 가능성이 없다.

0.02% 이하의 신약 성공 확률을 고려해 보면 성공보다는 실패할 가능성이 높으니 보수적으로 보는 것이 좋다. 반대로 신흥 제약·바이오 기업 같은 경우에는 안정적인 수익모델이 없으므로 당장 R&D 비용을 비용화하면 손익이 매우 악화된다. 아무리 좋은 기술과 인재를 많이 확보하고 있다 하더라도 자금을 조달받거나 대출받는 데 손익계산서가 걸림돌이 될 수 있으므로, 비용화시키기보다는 자산화시키는 것이 좀 더 끌리는 방법일 것이다. 물론 해당 기업은 이런 식으로 R&D 비용을 자산화, 비용화시키는 의사결정의 방법으로 삼으면 안 되지만, 투자자 입장에서는 심증적으로 이해가 가는 부분이다. 선택은 투자

자의 몫이다.

한편, 제약·바이오 선진국인 미국과 유럽은 R&D 비용을 어떻게 처리할까?

미국회계기준US GAAP을 적용받고 있는, 미국을 대표하는 글로벌 생명공학 1등 기업인 길리어드 사이언스Gilead Sciences의 사업보고서Annual reports에서 R&D 비용과 관련된 회계 정책을 찾아보면 "FDA 판매 승인 이후에 발생하는 R&D 비용에 대해서만 무형자산으로 인식한다"는 문구가 나온다. 즉 1상, 2상, 3상을 모두 통과했다고 해서 그 이후에 발생되는 개발비를 자산으로 인식하는 것이 아니라, FDA의 판매 승인까지 받아야 자산으로 인식한다는 의미다. FDA의 판매승인을 받기까지 발생되는 천문학적인 R&D 비용은 모두 그해의 비용으로 처리한다. 3상이면 실질적인 임상 실험이 모두 끝나는 것이므로 FDA 판매승인 이후에 발생되는 개발비는 많지 않다. 신약 판매 후 발생하는 부작용을 추적해 추가적인 연구를 할 때 발생하는 4상 비용만 개발비 자산으로 잡는다는 것인데, 길리어드는 그 금액도 자산으로 인식하지 않는 듯하다. 길리어드가 2015년에 R&D 비용으로 사용한 금액은 30억 1,400만 달러다. 원화로 환산하면 약 3조 4,000억 원으로, 매출액의 9%를 지출했고, 전액 당기 비용으로 인식했으며, 개발비 자산에서 증가한 금액은 0이다.

길리어드의 요약 손익계산서를 2015년과 2014년의 평균환율로 환산해서 원화로 살펴보면 〈표 3-4〉와 같다.

〈표 3-4〉 길리어드 2014~2015년 요약 손익계산서 (단위 : 억 원)

	2015년	2014년	증감	증감률
매출	369,310	262,166	107,144	41%
매출원가	45,328	39,899	5,429	14%
R&D비용	34,103	30,061	4,042	13%
영업이익	251,114	160,786	90,328	56%
당기순이익	204,869	127,017	77,852	61%
매출총이익률	88%	85%		
영업이익률	68%	61%		
순이익률	55%	48%		

길리어드는 약을 만들어서 팔기 때문에 제조업으로 분류되지만, 일반 제조업과는 차원이 다른 이익률을 자랑한다. 매출총이익률 88%, 영업이익률 68%는 국내에서 거의 찾아보기 힘든 수치다. 당기순이익이 20조 원이 넘는데, 이 기업의 시가총액은 120조 원 내외에서 형성되었다. 즉 PER이 10도 되지 않는다. 19조 원의 당기순이익을 기록한 삼성전자가 250조 원 내외의 시가총액에서 움직이는 것을 고려할 때 오히려 저평가기업으로 여겨진다. 특히 국내 웬만한 제약·바이오 기업이 PER 100 이상도 수두룩한 것과 비교해 보아도 주가가 너무 싸 보인다. 게다가 이미 수익모델을 확실하게 갖춘 상황에서 미래를 준비하기 위해 한미약품 R&D 비용의 18배가 넘는 돈을 투자하고 있으니, 실로 대단한 기업임이 분명하다.

이번에는 글로벌 제약업계 2위인 스위스의 노바티스를 살펴보자. 이 기업은 우리나라처럼 국제회계기준을 적용받는다. 우리나라 기업들과 마찬가지로 R&D 비용을 회사 판단에 따라 자산으로 잡을 수도 있고 비용으로 처리할 수도 있다. 노바티스를 비롯한 유럽의 유명 제약·바이오 기업의 사업보고서에서 개발비 관련 회계 정책을 찾아보면 길리어드와 똑같은 내용이 나온다. 즉, FDA

판매 승인 이후에 발생하는 R&D 비용에 대해서만 무형자산으로 인식한다는 것이다. 우리나라와 같은 회계기준을 적용받지만 회계처리는 매우 보수적이라는 것을 알 수 있다. 노바티스의 사업보고서에 공시된 R&D 비용은 무려 98억 1,600만 달러로, 원화로 환산하면 약 11조 원이다. 매출액의 9%를 R&D에 투자하고 있는데, 약 10조 원 정도를 비용화시켰고, 전체 R&D 비용의 9%에 불과한 1조 원만 자산으로 인식했다.

〈표 3-5〉의 노바티스 손익계산서 역시 길리어드처럼 화려하다.

〈표 3-5〉 노바티스 손익계산서 (단위 : 억 원)

	2015년	2014년	증감	증감률
매출	559,119	549,612	9,507	2%
매출원가	196,926	182,695	14,231	8%
R&D비용	101,100	95,703	5,397	6%
영업이익	233,089	243,660	-10,571	-4%
당기순이익	201,339	108,279	93,060	86%
매출총이익률	65%	67%		
영업이익률	42%	44%		
순이익률	36%	20%		

매출액이 56조 원으로 삼성전자의 매출액 200조 원 대비 28% 수준에 불과하지만, 당기순이익은 오히려 삼성전자의 19조 원보다 높다. 이익률이 높은 고부가가치 산업이다 보니 가능한 이야기일 것이다. 이 기업 역시 안정적인 수익 기반을 토대로 큰 금액의 R&D 비용을 투자하고 있으니 미래 전망 또한 밝다고 평할 수 있을 것이다. 게다가 이 기업의 시가총액은 200조 원이 조금 넘고, PER 역시 10 내외로 낮다.

어느 나라의 제약사건 간에 똑같이 신약 개발에 어려움을 겪고 있고, 성공확률은 0.02% 이하일 정도로 매우 낮다. 불확실성을 싫어하고 보수적으로 회계처리를 하는 미국과 유럽의 제약기업들은 R&D에 쏟아부은 돈을 대부분 비용화시킨다. 그러나 회계처리를 공격적으로 하는 우리나라의 일부 신흥 바이오 기업들은 R&D에 쏟아부은 돈을 대부분 자산화시킨다. 외국의 대형 제약 바이오 기업들은 안정적인 수익과 이익을 바탕으로 해서 거액의 돈을 R&D에 쏟아붓는다. 그러나 우리나라의 신흥 바이오 기업들은 기술성장특례제도를 이용해 상장해서 자금을 조달받은 후에 그 돈으로 R&D에 치중하고 있으며, 뚜렷한 수익모델이 없는 기업들이 많다.

길리어드 같은 세계적인 바이오테크 기업도 20년 전에는 이런 과정을 거쳤다. 그러나 그때도 회계처리는 보수적이었다. 오랜 기간 동안 풍부한 자금 조달과 투자가 이루어졌고 투자자들 역시 인내심을 갖고 기다려 주었기에 현재의 모습으로 성장할 수 있었다.

투자자 관점에서만 본다면 불확실한 기업보다는, 안정적인 수익모델에서 벌어들인 돈으로 투자를 계속해 개발비 자산에 대한 불확실성을 없앤 기업에 투자하는 것이 정석일 것이다.

6. 제약기업의 자산 구조, 판매비와관리비

제약기업의 자산 구조

제약기업들의 자산 구조는 약간의 차이가 있을 뿐 대부분 비슷하게 되어 있다. 〈표 3-6〉에서 한미약품의 자산 구조를 살펴보자.

〈표 3-6〉 한미약품 자산 구조

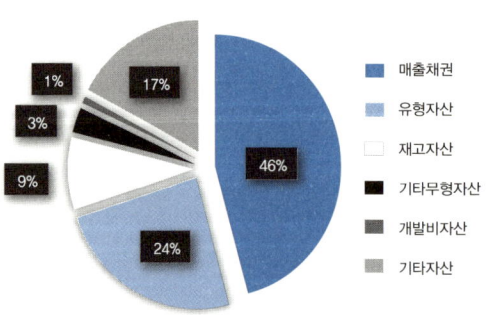

주요 계정과목	금액 (억 원)	비중
매출채권	7,827	46%
유형자산	4,157	24%
재고자산	1,581	9%
개발비자산	467	3%
기타무형자산	205	1%
기타자산	2,989	17%
자산 합계	17,226	100%

한미약품 자산에서 큰 금액들 위주로 순위를 매겨 보면 '매출채권 〉 유형자산 〉 재고자산' 순이다. 비슷한 전통 제약사인 종근당도 '유형자산 40% 〉 매출채권 29% 〉 재고자산 16%' 순으로 금액과 비중은 다르지만, 상위권에 포진된 자산은 똑같다. 그런데 개발비 대부분을 자산으로 인식하는 셀트리온은 '유형자산 33% 〉 무형자산 25% 〉 매출채권 24% 〉 재고자산 9%' 순으로 조금 특이한 편이다. 제조업 기업들이 대부분 유형자산, 매출채권, 재고자산 등을 많이 보유하고 있으므로 특별히 대수롭지 않다고 생각할 수 있으나, 여기에는 한 가지 차이점이 있다. 바로 매출채권과 재고자산 금액이 좀 큰 편이고 회전도 느리다는 것이다.

풀무원이나 빙그레 같은 기업들이 생산해서 파는 식음료의 경우, 유통기한도 짧고 소비도 빨리 되기 때문에 재고 회전도 빠르고 채권 회수도 바로 된다. 그러나 제약은 다르다. 소비층이 일반 대다수가 아닌 소수의 환자이므로 제약회사가 약을 만들어서 약국에 비치해 놓고 팔릴 때까지는 시간이 오래 걸린다. 그러다 보니 제약회사에서 매출채권을 회수하는 기간도 느릴 수밖에 없다.

〈표 3-7〉은 한미약품의 최근 3년간 매출액과 매출채권 정보다.

〈표 3-7〉 한미약품 2013~2015년 매출액과 매출채권 (단위 : 억 원)

	2015년	2014년	2013년
매출액	13,175	7,613	
매출채권	7,827	2,893	2,269

매출채권 회전율과 매출채권 회수 기간 공식을 이용해 평균 회전율과 회수 기간을 계산해 보면 다음과 같다.

〈표 3-8〉 한미약품 2014~2015년 매출채권 회전율 및 회수 기간

		2015년	2014년
매출채권 회전율 =	매출액 / 평균 매출채권	2.5	2.9
매출채권 회수 기간 =	365일 / 회전율	148일	124일

회전율 자체도 매우 낮고, 회수 기간도 평균 4개월에서 5개월 정도로 계산된다. 롯데제과 49일, 빙그레 31일, 풀무원 30일 등과 비교하면 대단히 긴 수치다. 그러나 녹십자 92일, 종근당 98일, LG생명과학 83일 등 동종 기업과 비교해 보면 고개가 끄덕여질 것이다.

이번에는 〈표 3-9〉에서 한미약품의 최근 3년간 매출원가와 재고자산 정보를 확인해 보자.

〈표 3-9〉 한미약품 2013~2015년 재고자산과 매출원가 (단위 : 억 원)

	2015년	2014년	2013년
재고자산	1,581	1,331	1,058
(상품, 제품) 매출원가	3,826	3,241	

재고자산 회전율과 재고자산 회전 기간 공식을 이용해 평균 회전율과 회전 기간을 계산해 보면 〈표 3-10〉과 같다.

〈표 3-10〉 한미약품 2014~2015년 재고자산 회전율과 회전 기간

		2015년	2014년
재고자산 회전율 =	매출원가 / 평균 재고자산	2.6	2.7
재고자산 회전 기간 =	365일 / 회전율	139일	135일

역시 회전율이 낮고 회전 기간도 4개월 이상이다. 롯데제과 59일, 빙그레 30일, 풀무원 21일 등과 비교하면 대단히 긴 수치다. 그러나 녹십자 168일, 종근당 102일, LG생명과학 175일 등 동종기업과 비교하면 역시 별 차이가 없다는 것을 알게 된다.

이렇게 제약업 특성상 매출채권과 재고자산 금액이 많고 회전도 느리지만, 이는 업계의 특성으로 이해하면 된다.

판매비와관리비

약을 만들어서 파는 기업은 높은 매출총이익률이 발생하므로 영업이익률 또한 높을 것으로 기대되나 실상은 그렇지 않다. 일단 거액의 R&D 비용 대부분을 비용으로 처리하기 때문이기도 하지만 판매비와관리비 지출이 매우 많다. 단 수익모델이 없고 R&D에만 치중하는 기업은 예외다.

〈표 3-11〉은 2015년 상장 제약회사 중 매출액이 높은 회사들을 중심으로 매출원가율과 판매비와관리비 비율을 계산한 표이다.

〈표 3-11〉 주요 제약사의 2015년 매출원가율과 판매비와관리비 비율

	한미약품	종근당	동아에스티	대웅제약	LG생명과학
매출원가/매출액	30%	50%	48%	64%	51%
판관비/매출액	41%	33%	32%	31%	43%

생활용품이나 음료도 같이 판매하는 유한양행과 광동제약 및 상품매출 비중이 큰 녹십자를 제외했고, 제품매출이 크면서 완제의약품 생산에 주력하는 기업 위주로 선별했다.

대부분 판매비와관리비가 매출액의 30% 이상을 차지하고 있으며, 많게는

매출액의 40%를 초과하는 기업도 있다. 다양한 유통채널에 수수료를 많이 지급하는 아모레퍼시픽(59%), LG생활건강(45%), LF(55%), 제이에스티나(65%) 같은 기업들보다는 판매비와관리비 비율이 낮지만, 삼성전자(25%), 현대차(13%), 오뚜기(17%), KT&G(28%) 등과 같은 제조기업들보다는 월등히 높다.

제약업의 판매비와관리비 구성 내용을 살펴보면 인건비, 감가상각비, 무형자산상각비 등 고정비성 비용이 전체의 40~50%를 차지하고 그 외에 광고선전비, 판매촉진비, 지급수수료, 여비교통비, 용역비, 학술비 등으로 구성된다. 이 계정과목들은 매출액에서 차지하는 비중이 대략 15% 내외이다. 눈치를 챈 독자도 있겠지만 여기서 말하고자 하는 것은 바로 리베이트다. 리베이트는 불법이라 근절되고 있고 실제로 지급하지 않는다고 알려져 있지만, 그동안 리베이트와 관련해 수사기관에서 발표한 사례와 뉴스를 떠올려 보면 의심해 볼 만한 계정과목이 몇 개 눈에 띈다. 영업직원에게 급여를 올려 주거나 복리후생비를 많이 지급해 거기에서 리베이트를 충당하게 했던 경우도 있고, 의사들에게 학술비, 세미나 등의 비용을 지원하거나, 광고선전비 내에서 리베이트를 만든 사례도 있었다.

투자자 입장에서는 회사의 사업보고서만으로는 리베이트가 있는지, 만약 있다면 정확하게 어느 계정과목에서 리베이트가 사용되는지 알 수가 없다. 다만 추정만 가능할 뿐이다. 현명한 투자자라면 매년 판매비와관리비가 일정 부분 높게 발생한다는 점을 고려해서 제품매출 비중이 높고 제품매출 총이익률이 높은 기업에 투자해야 할 것이다. 매출을 많이 올리고 매출총이익을 높게 확보해야 대규모의 R&D 투자도 가능하고, 판매비와관리비 또한 넉넉하게 집행해도 큰 영업이익을 올릴 수 있기 때문이다.

칼럼

한미약품 사태에서 배우는 제약·바이오 기업 재무제표

한미약품 사태가 한 달이 다 되어 가지만 그 충격은 여전하다. 독일 베링거 인겔하임에 신약 관련 대규모 기술이전을 했던 계약건이 해지되었다는 사실을 늦게 공시했고, 그 사이에 정보유출과 공매도가 있었다는 것에 대부분의 뉴스 초점이 맞춰지고 있다.

사실 이번 사태는 투자자에게 불확실성이 높은 기업에 대해 냉정하고 차분하게 분석해 투자해야 한다는 중요한 교훈을 주고 있는데, 이 부분이 너무 간과되고 있는 것 같아 안타깝기 그지없다.

2015년에 한미약품은 글로벌 4개 제약사에 대규모 기술수출을 하면서 8조 원대 기술수출이라는 극찬을 받으며 제약·바이오 업종 전체의 주가를 끌어올린 데 크게 기여했다. 그러나 한미약품의 2015년 재무제표를 보면, 기술수출로 인해 매출로 인식한 금액은 수익인식 요건 충족이 된 계약금과 기술이전료 일부 금액인 5,125억 원이 전부다. 미리 입금 받았지만 아직 수익 인식 요건이 안 되어 부채로 인식한 금액도 2,626억 원이나 된다.

기술이전과 관련하여 발표한 전자공시 내용을 보면 한결같이 '임상시험, 시판허가 등에 성공할 경우 단계별 마일스톤 금액을 별도로 지급받음'으로 표시되어 있다. 이 문장을 바꿔서 해석하면, 임상시험에서 성공하지 못하거나 판매허가를 받지 못하면 돈을 받지 못한다는 의미이다. 이런 이유로 한미약품은 앞으로 수익이 발생할 수도 있고 안 될 수도 있는 부분에 대하여 매출액으로 표시하지 않았다.

그렇다면 신약 성공 확률은 얼마나 될까? 신약 후보물질 5,000~1만 개 중 임상시험 1상을 통과하는 신약은 불과 9개 정도밖에 되지 않는다고 한다. 2상과 3상을 거치면서 탈락률은 50~60%나 될 정도로 높아서 결국 모든 임상시험을 거쳐 판매허가를 받는 약은 불과 1개밖에 되지 않는 것으로 알려져 있다. 즉, 신약 성공확률은 0.02% 이하이다. 극단적으로 말해서 한미약품에서 기술이전을 했던 신약 개발 모두 실패로 끝날 수도 있다.

신약 성공 확률이 이렇게 낮기 때문에 미

칼럼

국과 유럽의 제약기업들은 오랜 시간 동안 투입하는 많은 개발비의 대부분을 자산이 아닌 비용으로 처리한다. 2015년에 약 3조 5,000억 원의 개발비를 투입한 미국의 길리어드사이언스는 이 금액 전부를 비용으로 처리했고, 스위스의 노바티스는 11조 원 중에 10조 원을 비용으로 처리하고 1조 원만 자산으로 인식했다. 미국회계기준을 따르는 길리어드사이언스나 우리와 같은 국제회계기준을 따르는 노바티스 모두 식품의약국(FDA)의 판매 승인 전까지 발생하는 개발비는 자산이 아닌 비용으로 인식한다. 임상시험 3상을 통과해도 판매 승인을 받지 못할 수도 있으니 불확실성이 완전히 제거된 후에 발생하는 개발비만 자산으로 인식을 하겠다는 것이고, 미국과 유럽의 대부분 제약·바이오 기업들이 이 회계정책을 따른다.

노바티스와 같은 국제회계기준을 적용하는 우리나라의 많은 제약·바이오 기업들의 개발비 회계 처리는 제각각이다. FDA 판매승인 전임에도 불구하고 임상시험 기간 중에 발생하는 개발비를 자산으로 처리하는 기업들이 많다. 큰 금액의 개발비를 당기 비용으로 처리하면 손익이 악화되기 때문이기도 할 것이다. 하지만 수십조 원의 개발비를 투입해도 성공 확률이 0.02% 이하이므로 비용으로 처리해야 한다는 글로벌 제약·바이오 기업들의 회계정책과 비교하면, 우리나라 일부 제약·바이오 기업들의 개발비 회계 처리는 너무 과감하다.

국제회계기준은 개발비를 자산으로 인식할 수 있는 판단 근거 규정을 다음과 같이 명시하고 있다.

| 개발비의 자산 인식 가능 요건 |

1. 무형자산을 사용하거나 판매하기 위해 자산을 완성할 수 있는 기술적 실현 가능성
2. 무형자산을 완성해 사용하거나 판매하려는 기업의 의도
3. 무형자산을 사용하거나 판매할 수 있는 기업의 능력
4. 무형자산이 미래경제적 효익을 창출하는 방법. 그중에서도 특히 무형자산의 산출물이나 무형자산 자체를 거래하는 시장이 존재함을 제시할 수 있거나, 무형자산을 내부적으로 사용할 것이라면 그 유용성 제시
5. 무형자산의 개발을 완료하고 그것을 판매하거나 사용하는 데 필요한 기술적, 재정적 자원 등의 입수 가능성
6. 개발 과정에서 발생한 무형자산 관련 지출을 신뢰성 있게 측정할 수 있는 기업의 능력

칼럼

6가지 조항을 모두 충족해야만 개발비를 자산으로 인식할 수 있을 정도로 요건이 까다롭다. 문맥상 불확실성이 제거되지 않는다면 개발비를 자산으로 인식하지 말라는 뉘앙스를 느끼게 된다.

기업이 이 6가지 조항을 모두 충족한다는 완벽한 입증을 했기 때문에 개발비를 자산으로 인식했겠지만, 그것에 대한 근거는 기업 내부자료이므로 투자자가 확인할 수는 없다.

결국 투자자는 자산에 큰 금액의 개발비가 표시된 기업에 대하여 믿을 것인지, 불확실성이 큰 자산으로 간주하여 제거하고 봐야 할 것인지 결정해야 한다.

기술 수출도 마찬가지다. 성공 확률 0.02% 이하를 무시하고 수조 원대의 수익이 발생할 것이라는 말을 곧이곧대로 믿을 것인지 아니면 불확실성이 너무 높으므로 기대 수준을 낮춰야 할 것인지 결정해야 한다.

길리어드사이언스나 노바티스 같은 20조 원의 순이익을 내는 글로벌 제약기업들의 주가수익비율(PER)이 10배 내외인 것도 결국은 불확실성 때문일 것이다. 그에 반해 우리나라 제약바이오 업종의 주가수익비율은 많이 내려왔지만 아직도 40배 내외일 정도로 매우 높다. 각 국가별 자본시장의 참여자들이 불확실성을 바라보는 시선 차이가 너무 크다.

– 매일경제
[직장인이여 회계하라]
(2016. 10. 25.)

4장

도·소매업

사와서 파는 기업인가, 수수료만 떼는 구조인가?
사와서 파는 비중이 크다면 높은 매출총이익률을 유지하는가?

제조업이 물건을 만들어서 파는 구조라고 한다면, 도·소매업은 물건을 사와서 파는 구조로 이해할 수 있다. 도·소매업은 물건을 사와서 팔기만 하면 되고 물건에 대한 제조 과정이 빠져 있으므로 제조업보다 훨씬 단순하다. 회계도 전혀 복잡하지 않으므로 투자자에게 어렵지 않은 업종이다. 기본적으로 창고와 매장만 있으면 장사할 수 있으므로, 다른 산업에 비해 진입장벽도 낮고 복잡성도 덜하다.

오프라인에서 주로 영업하는 백화점, 면세점뿐만 아니라 온라인을 기반으로 하는 쿠팡, G마켓, GS홈쇼핑 등과 같은 전자상거래 업체 또한 도·소매업에 해당한다.

이들의 영업방식은 유사하지만, 상품을 어떤 방식으로 판매하는가에 따라 차이점이 있다. 즉, 상품을 직접 사와서 파는 구조인지, 상품에 대한 재고 부담 없이 단순히 판매중개만 하는지에 따라 회사의 재무제표가 달라진다. 좀 더 쉽게 이해하기 위해 〈그림 4-1〉과 〈그림 4-2〉를 비교해서 보도록 하자.

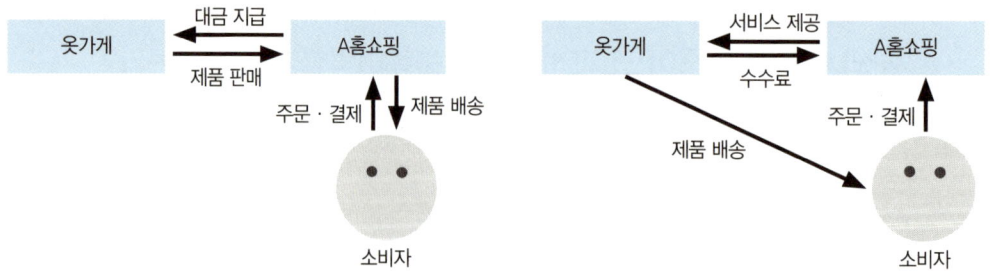

〈그림 4-1〉 A홈쇼핑의 직섭매입·직접판매 구조   〈그림 4-2〉 A홈쇼핑의 판매중개 구조

〈그림 4-1〉과 〈그림 4-2〉 모두 소비자가 인터넷 A홈쇼핑에서 옷을 사는 과정이다. 소비자가 인터넷이나 모바일에 접속해서 옷을 고른 후 주문을 하고 결재를 하는 것까지는 차이가 없다. 〈그림 4-1〉은 A홈쇼핑이 옷가게에서 옷

을 직접 사와서 소비자에게 파는 구조다. A홈쇼핑이 옷가게에 대금을 지급하고 상품을 사온 후 고객에게 직접 상품을 배송한다. 이에 비해 〈그림 4-2〉는 A홈쇼핑이 옷가게에 온라인마켓 공간을 제공하고 일정액 수수료만 받는 구조다. 옷은 옷가게가 직접 소비자에게 판매한다.

A홈쇼핑 입장에서 〈그림 4-1〉은 직접매입·직접판매 구조이고, 〈그림 4-2〉는 단순히 판매중개만 하는 구조다. 옷 한 벌에 대한 소비자 가격이 10만 원이고, A홈쇼핑이 옷가게로부터 8만 원에 사와서 소비자에게 판다고 가정한다면, 〈그림 4-1〉에서 A홈쇼핑이 인식할 매출액은 10만 원이고, 매출원가는 8만 원이 된다. 만약 〈그림 4-2〉처럼 소비자 판매가격 기준 10%의 수수료만 떼는 단순 중개 구조를 선택한다면, A홈쇼핑이 인식할 매출액은 1만 원이 되고, 매출원가는 없다. 옷을 직접 사와서 파는 구조가 아니므로 매출원가가 없고, 매출액도 옷 가격이 아닌 옷가게로부터 받은 수수료만 인식한다. 이렇게 판매구조에 따라 매출액 수치는 상당한 차이를 보인다.

또한 〈그림 4-1〉은 A홈쇼핑이 옷을 직접 사와서 파는 구조이므로 재고에 대한 부담을 진다. 만약 A홈쇼핑에서 옷이 잘 팔릴 것이라 예상해서 옷가게에서 여러 벌을 사뒀는데 잘 팔리지 않는다면, 그에 대한 부담을 A홈쇼핑이 지게 된다. 그러나 〈그림 4-2〉는 옷이 잘 팔리든 안 팔리든 상관없이 옷가게에서 수수료만 떼는 구조이므로 A홈쇼핑은 재고에 대한 위험 부담이 없다. 그 밖에도 직접매입·직접판매 구조와 판매중개만 하는 구조 간에는 〈표 4-1〉과 같이 여러 차이가 존재한다.

<표 4-1> 직접매입·직접판매와 판매중개의 차이점

판매 형태	직접매입·직접판매 (오프라인·온라인)	판매중개 (오프라인·온라인)
매출액	판매가격 x 판매수량	중개수수료
매출원가	매입원가 x 판매수량	-
재고자산	보유	미보유
장점	매출액 규모가 큼	재고 부담 및 재고 관련 비용 없음
단점	재고 부담, 물류비 및 창고비용 등 발생	매출액 규모가 작음

직접매입·직접판매 구조나 판매중개만 하는 구조 모두 온라인과 오프라인 상에서 이루어지고 있다. 직접매입·직접판매 구조에서 매출액은 'P(판매가격)×Q(판매수량)'가 되고, 손익계산서에 상품매출로 표시된다. 사온 상품을 판매하므로 제조업의 제품매출이 아닌 상품매출이다. 이에 비해 판매중개만 하는 구조에서 매출액은 수수료만 해당하고, 손익계산서에도 수수료매출로 표시된다. 직접매입·직접판매 구조에서 상품매출원가는 '상품 매입가격×판매수량'이 되고, 판매중개 구조는 재고를 사와서 팔지 않으므로 매출원가가 아예 없다. 직접매입·직접판매 구조에서 상품매출원가는 물건을 사오는 가격이므로 제조업에서 사용한 분석 방식을 쓸 이유가 없다. 즉 원재료 가격, 공장가동률 등과 같은 분석은 전혀 필요가 없다.

직접매입·직접판매, 판매중개 방식 모두 광고선전비와 판매촉진비 같은 비용이 많이 발생한다. 고객을 모으고 다양한 혜택을 제공하고 또 그런 사실을 알려야 매출 증가로 이어지기 때문이다. 단 판매비와관리비에서 차이점이 발생하는데, 직접매입·직접판매를 하는 기업은 매입해 온 상품을 보관하는 창고도 필요하고, 온라인 쇼핑몰이라면 직접 배송까지도 해야 하므로 판매중개보다 더 많은 비용이 든다. 창고를 빌려 쓴다면 임차료가 나갈 것이고, 직접 소유한 창고라면 감가상각비가 발생할 것이다. 판매중개만 하는 기업은 재고에 대한 부담을 지지 않으므로 재고 및 물류, 배송 등과 관련된 비용이 발생할 여지가 없다.

직접매입·직접판매하는 기업은 판매비와관리비에서 여러 비용이 많이 발생되므로, 높은 이익을 얻기 위해서는 결국 상품을 싼 가격에 사와서 비싼 가격에 파는 것이 매우 중요하다. 즉, 매출총이익을 많이 확보해야 판매비와관리비를 제하고도 영업이익을 얻을 수 있다. 이에 비해 판매중개만 하는 기업은 받은 수수료매출금액 내에서 상대적으로 적은 판매비와관리비를 쓰고 영업이익을 얻으므로, 직접매입·직접판매하는 기업보다는 상황이 좀 나은 편이다.

손익 구조를 놓고 보면 직접매입·직접판매보다는 판매중개만 하는 기업이 더 좋다. 그런데도 대부분의 기업이 직접매입·직접판매를 더 선호하는 이유는 매출액의 규모 확대뿐만 아니라 다른 질적인 이유가 더 있을 것으로 추정된다.

대표적인 기업이 쿠팡 브랜드로 유명한 포워드벤처스라는 기업이다. 〈표 4-2〉에서 비상장기업인 포워드벤처스의 최근 3년간 손익계산서를 살펴보자.

〈표 4-2〉 포워드벤처스 2013~2015년 손익계산서 (단위 : 천 원)

	2013년(1기)	2014년(2기)	2015년(3기)	CAGR
매출액	44,799,834	348,497,429	1,133,752,319	387%
매출원가	5,195,200	189,221,317	989,082,972	1280%
매출총이익	42,604,634	159,276,112	144,669,347	84%
판매비와관리비	42,758,439	280,824,132	691,682,255	302%
영업손실	-153,805	-121,548,020	-547,012,908	5864%

〈표 4-2〉에서 포워드벤처스의 매출액 추이를 보면 폭발적인 성장을 해 왔다는 것을 알 수 있다. 매출액 연평균 성장률이 387%라는 것은 거의 전무후무한 기록일 수 있다. 그러나 실상을 알면 그렇지 않다.(〈표 4-3〉 참조)

〈표 4-3〉 포워드벤처스 2014~2015년 매출액

(단위 : 천 원)

	2015년(3기)	2014년(2기)	증감	증감률
수수료 및 기타매출액	143,363,462	153,633,565	−10,270,103	−6.68%
상품매출액	990,388,857	194,863,864	795,524,993	408.25%
합계	1,133,752,319	348,497,429	785,254,890	225.33%

〈표 4-3〉에서 보듯이 회사의 수수료 및 기타매출액은 감소 추세이고 상품매출액은 증가 추세다. 대부분의 독자들이 알듯이 쿠팡은 단순히 상품 중개만 하던 영업 방식에서, 직접 물건을 매입해 판매하고 쿠팡맨이 직접 배송까지 하는 체계로 바꾸었다. 그로 인해 물건값 총액이 매출로 잡혀서 상품매출액은 급증했고, 수수료매출은 감소했다. 이런 식으로 급증한 매출을 가지고 회사가 급성장했다고 할 수는 없다. 오히려 직접매입·직접판매 방식으로 변경하고 난 뒤 2015년의 영업손실이 5,470억 원까지 커진 점을 고려하면, 회사의 손익 성장은 전혀 없었다고 보는 것이 맞다. 물론 일각에서는 여러 데이터 수치를 인용해 회사가 성장했다고 분석하기도 하는 등 저자의 견해가 틀릴 수도 있다. 쿠팡의 핵심가치는 물류 배송이 아닌 ICT인프라, 데이터 등으로 알려져 있고, 사업도 아직 다 보여 준 것이 아니므로 성급히 판단을 내려서는 안 되겠지만 지금까지의 손익을 놓고 볼 때 성장이 없었다는 점은 사실이다.

포워드벤처스가 벤치마킹하고 있는 아마존과 비교해 보면 쿠팡이 저마진이라는 데에 가장 큰 문제가 있음을 알게 된다.

〈표 4-4〉에서는 포워드벤처스와 아마존의 2015년 사업보고서에서 상품매출과 원가 관련 정보를 추려 보았다.

〈표 4-4〉 포워드벤처스와 아마존의 매출액 및 매출원가 비교 (단위 : 천 원, M USD)

판매 형태	포워드벤처스	아마존
상품매출액	990,388,857	79,268
상품매출원가	989,082,972	71,651
매출총이익	1,305,885	7,617
매출총이익률	0.13%	9.61%

금액 단위는 천 원, 백만 달러Million USD로 각각 다르므로 유념해서 보기 바란다. 〈표 4-4〉에서 보듯이 포워드벤처스는 상품을 사와서 파는 데 0.13%의 마진밖에 남기지 않는다. 실질적으로 마진이 없다. 그에 비해 아마존은 10%에 가까운 마진을 남긴다. 아마존은 10% 가까운 마진을 확보해 상품을 배송하는 데 들어가는 비용으로 쓰고, 마케팅비용 및 연구개발비로도 쓴다. 그러나 포워드벤처스는 상품을 팔아서 남기는 이익이 거의 없기 때문에 배송, 마케팅, 관리비 등 판매비와관리비에 수천억 원을 생돈으로 쓰는 게 현실이다.

이는 고객을 모으고 시장에 강력한 지배력을 갖기 위한 투자이며, 아마존도 창업 초기에는 포워드벤처스와 유사한 모습이었다는 이야기도 있다. 하지만 아마존은 사업 초기에도 상품을 팔아서 마진을 확보하는 식으로 영업했다. 이는 〈그림 4-3〉을 살펴보면 알 수 있다. 1994년에 설립한 아마존은 1997년에 처음으로 사업보고서를 작성했으며, 여기에는 1995년까지의 손익계산서가 나와 있다.

〈그림 4-3〉 아마존 1995~1997년 손익계산서

```
                         AMAZON.COM, INC.
                      STATEMENTS OF OPERATIONS
                (IN THOUSANDS, EXCEPT PER SHARE DATA)

                                              YEARS ENDED DECEMBER 31,
                                              1997        1996        1995
Net sales..................................  $147,758    $15,746     $511
Cost of sales..............................   118,945     12,287      409

Gross profit...............................    28,813      3,459      102

Operating expenses:  Marketing and sales...    38,964      6,090      200
                     Product development...    12,485      2,313      171
                     General and administrative  6,573     1,035       35

           Total operating expenses........    58,022      9,438      406
Loss from operations.......................   (29,209)    (5,979)    (304)
```

3년 모두 영업손실Loss from operations을 기록하고 있으나, 매출총이익Gross profit을 내고 있다는 점이 포워드벤처스와는 다른 모습이다. 3년 치의 매출총이익률을 계산하면 20~22%의 높은 이익을 올렸다는 결과가 나온다. 전자상거래가 요즘처럼 경쟁이 치열하지 않았기 때문에 가능한 일이었지만, 중요한 것은 상품을 팔아 남긴 이익으로 영업비용Operating expenses의 많은 부분을 충당했다는 점이다.

도·소매업의 사업보고서를 펼치면 가장 먼저 직접매입해서 직접판매하는 기업인지, 판매중개만 하는 기업인지, 아니면 두 방법을 병행하는지를 먼저 확인해야 한다. 그러려면 손익계산서에서 상품매출과 수수료매출의 비율부터 따져봐야 한다. 판매중개 비중이 높은 기업은 수수료매출이 많고, 재무상태표에 재고자산이 거의 없을 것이다. 이와 반대로 직접매입해서 직접판매하는 기업은 상품매출액 비중이 월등히 클 것이고, 재무상태표에 큰 금액의 재고자산 금액이 있을 것이다.

  G마켓과 옥션 두 개의 인터넷, 모바일 쇼핑을 운영하는 이베이코리아의 경우 100% 판매중개만 하는 기업에 속한다. 이런 기업은 재무상태표에 재고자산이 아예 표시되지 않는다. 즉, 재화의 구매와 보관, 배송에서 자유로우므로 위험 부담이 작다는 것이 큰 특징이다. 대신 매출액 규모는 직접매입·직접판매를 가정했을 때보다 작다. 이베이의 영업정책이 판매중개만 하는 것이므로 본사인 미국 이베이eBay의 사업보고서Annual report를 보면 역시 재무상태표에 재고자산 계정과목이 아예 없다.

  우리나라에 상장된 대부분의 기업들이 직접매입·직접판매만 하거나 판매중개도 병행하는 사업구조로 이루어져 있다. 100% 판매중개만 하는 기업은 이베이코리아가 거의 유일하다.

1. 홈쇼핑 기업

GS홈쇼핑 매출

GS홈쇼핑, CJ오쇼핑 등은 우리나라를 대표하는 TV, 인터넷, 모바일 슈핑 기업이면서 주요 도·소매기업이기도 하다. 이 기업들의 최근 몇 년간 주가 추이를 보면 내림세를 보이고 있음을 알 수 있다.(〈그림 4-4〉 〈그림 4-5〉 참조)

〈그림 4-4〉 GS홈쇼핑 주가 월봉 차트

〈그림 4-5〉 CJ오쇼핑 주가 월봉 차트

두 회사의 주가 추이를 보면 2013년 말을 정점으로 해서 가파른 하강곡선을 그리고 있다. 고점과 비교하면 50% 이상 내려온 후 회복이 되지 않는 모습이다. 주가가 하락하는 이유는 사업보고서 분석을 통해서도 충분히 알 수 있다. 〈표 4-5〉를 통해 2014년과 2015년 GS홈쇼핑의 실적을 확인해 보자.

〈표 4-5〉 GS홈쇼핑 2014~2015년 손익계산서 (단위 : 원)

	2015년	2014년	증감	증감률
매출액	1,122,448,403,117	1,085,540,856,649	36,907,546,468	3.4%
매출원가	-164,789,168,105	-139,047,020,098	-25,742,148,007	18.5%
매출총이익	957,659,235,012	946,493,836,551	11,165,398,461	1.2%
판매비와관리비	-851,960,260,812	-809,175,363,367	-42,784,897,445	5.3%
영업이익	105,698,974,200	137,318,473,184	-31,619,498,984	-23.0%
영업이익률	9.4%	12.6%		
순이익	78,665,627,366	114,362,724,287	-35,697,096,921	-31.2%

매출액은 소폭 증가했으나 영업이익과 순이익은 크게 감소했다. 게다가 영업이익률은 2014년보다 더 하락해 10%에도 미치지 못한다.

앞서 이야기한 대로 도·소매기업을 분석할 때는 우선 직접매입·직접판매 구조인지, 단순히 판매중개만 하는 구조인지부터 확인해야 한다. 그러기 위해서는 사업보고서의 연결재무제표 주석에서 '영업부문'으로 키워드 검색을 하면 〈그림 4-6〉과 같은 정보가 보인다.

〈그림 4-6〉 GS홈쇼핑 2015년 연결재무제표 주석 중 영업부문 정보

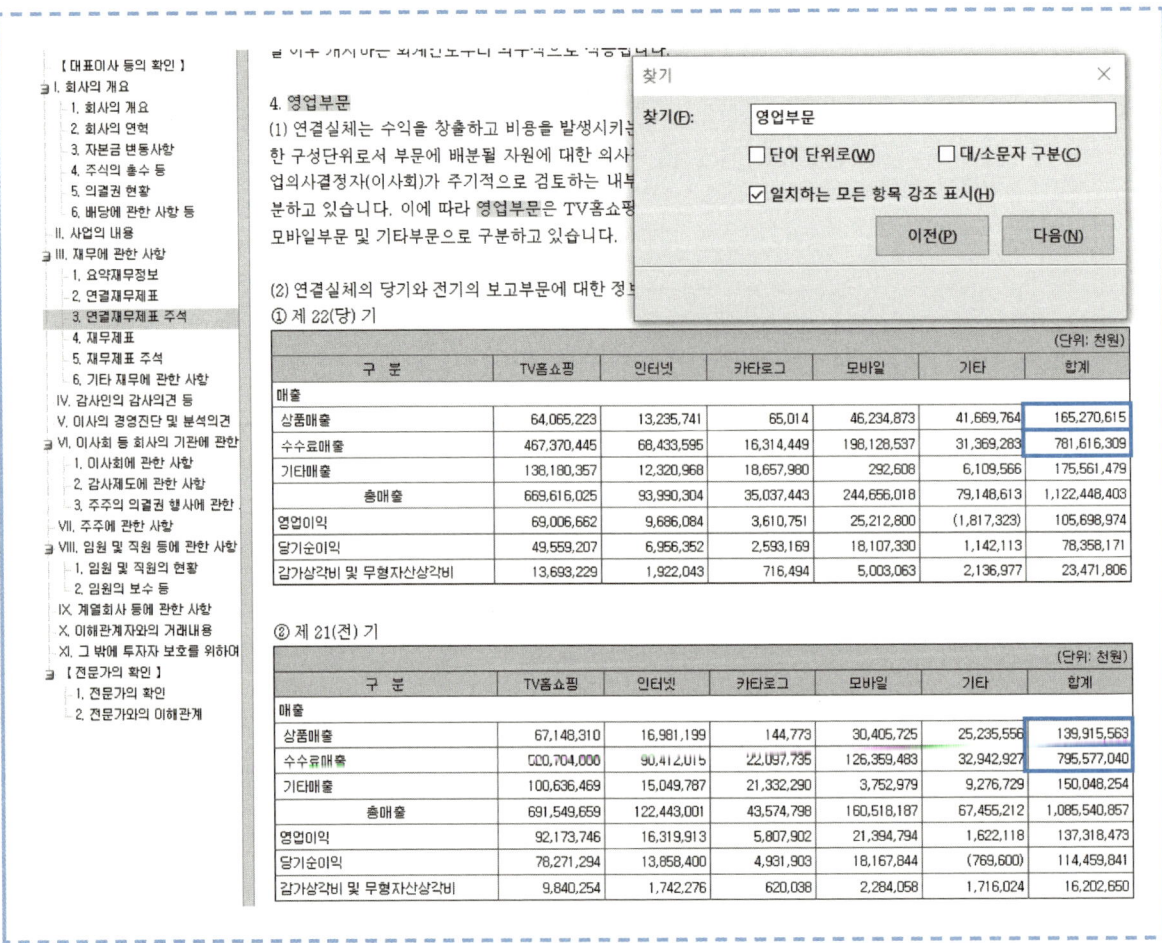

당기와 전기의 상품매출액과 수수료매출액 합계부터 확인해 보면 상품매출액은 증가하고 수수료매출액은 감소했음을 알 수 있다. 주석사항에 표시된 정보를 엑셀에 옮겨서 증감만 비교해 보면 〈표 4-6〉과 같다.

〈표 4-6〉 GS홈쇼핑 2014~2015년 매출액 비교

(단위 : 천 원)

	2015년	2014년	증감	증감률
상품매출액	165,270,615	139,915,563	25,355,052	18.1%
수수료매출액	781,616,309	795,577,040	-13,960,731	-1.8%
기타매출액	175,561,479	150,048,254	25,513,225	17.0%
합계	1,122,448,403	1,085,540,857	36,907,546	3.4%

상품매출액은 254억 원이 증가했고, 수수료매출액은 140억 원 가까이 감소했다. 판매중개만 하고 수익으로 인식하는 수수료매출액 방식을 줄이고, 직접매입·직접판매하는 비중을 늘려서 상품매출액이 증가했을 가능성이 높은 대목이다. 아니면 판매중개 방식의 매출은 감소하고 상품매출은 더 많아졌을 수도 있다. 사업보고서만으로는 그 이유를 정확히 알 수 없으니 추정만 할 뿐이다. 그런데 140억 원이 감소한 수수료매출액은 상품매출액으로 치면 얼마와 맞먹는 수치일까? 회사의 수수료율이 몇 %인지만 알면 수수료매출액 감소분이 상품매출액 얼마의 감소액과 비슷한지 알 수 있으므로, 회사의 판매 상황에 대한 좀 더 정확한 분석이 가능해진다.

수수료율은 회사 내규이고 기밀사항이므로 정확히는 알 수 없지만, 〈그림 4-7〉과 같이 뉴스 검색 등을 통해 대략 알 수 있다.

〈그림 4-7〉 TV홈쇼핑과 백화점의 수수료율 관련 뉴스 검색

| 생활경제 | [초점] 백화점도 울고 갈 홈쇼핑 수수료 |

데스크승인 2015.12.29 15:19:19   김태희 기자 | alttab@seoulfn.com

TV홈쇼핑 6개사 33.5% > 백화점 27.9%

[서울파이낸스 김태희기자] 중소기업과의 상생을 약속한 TV홈쇼핑의 평균 판매수수료율이 백화점보다 높은 것으로 나타났다.

29일 업계에 따르면 TV홈쇼핑 6개사의 판매수수료율(현대·CJ오쇼핑·롯데·GS·홈앤쇼핑·NS)은 평균 33.5%로 백화점(27.9%)보다 높았다. 공영홈쇼핑인 '아임쇼핑'은 이번 조사에서 제외됐다.

판매수수료율은 제품 판매금액에서 유통업체가 취하는 비율을 뜻한다. 특히 중소기업을 대상으로 한 평균 판매수수료율은 백화점 27.7%, 홈쇼핑 34.1%로 집계됐다. 이는 중소 납품업체가 100만원의 매출을 올렸을 때 백화점에는 최소 27만7000원, 홈쇼핑에는 34만1000원을 수수료로 지급하고 있는 셈이다.

〈그림 4-7〉의 뉴스기사에 따르면 판매수수료율이 약 33.5%로 조사되었다고 한다. 140억 원의 수수료를 매출로 인식한 GS홈쇼핑에서 만약 직접매입·직접판매 방식으로 상품을 팔았다면, 총 상품매출금액은 418억 원(140억 원 / 33.5%)이 된다. 즉, 140억 원의 수수료매출액 감소는 418억 원의 상품매출액 감소와 맞먹는다. 상품매출액이 254억 원 증가했지만 수수료매출 감소로 약 418억 원의 매출이 감소된 상황이니, 매출 증가라고 말하기는 어려울 듯하다. 다행히 기타매출액이 255억 원 증가해 회사의 총매출액은 늘어났다.

이렇게 판매중개 방식의 매출 규모가 줄고 직접매입·직접판매하는 방식의 매출이 많이 늘어난 기업은, 높은 이익을 남긴다면 전체 손익에 좋은 영향을 줄 것이므로 긍정적일 수 있다. 그러나 GS홈쇼핑도 앞서 살펴본 포워드벤처스처럼 이익률이 감소했다. 이에 대한 확인 역시 〈그림 4-8〉의 연결재무제표 주석에서 '상품매출원가'라는 키워드 검색을 통해 확인할 수 있다.

〈그림 4-8〉 GS홈쇼핑 2014~2015년 영업이익 주석

구분	제 22(당) 기	제 21(전) 기
상품매출액	165,270,615	139,915,563
수수료매출액	781,616,309	795,577,040
기타매출액	175,561,479	150,048,254
합계	1,122,448,403	1,085,540,857

(단위: 천원)

(2) 당기와 전기 중 매출원가의 내역은 다음과 같습니다.

구분	제 22(당) 기	제 21(전) 기
상품매출원가	121,288,013	94,123,741
기타매출원가	43,501,155	44,923,279
합계	164,789,168	139,047,020

(단위: 천원)

    영업이익 주석사항에 나오는 (1)과 (2)의 표를 이용해 상품매출총이익률[(상품매출액−상품매출원가)/상품매출액]을 계산하면 2014년은 32.7%, 2015년은 26.6%가 된다. 오히려 상품매출총이익률 즉, 상품을 판매하면서 얻는 이익률 자체가 많이 낮아진 모습이다. 직접매입·직접판매 방식으로 많이 바꾸어서 회사의 외형은 커졌지만 내실은 더 나빠진 셈이다. 일단 여기까지 회사의 사업구조를 확인해 보았다.

    정리해 보면 회사의 매출비중은 판매중개만 해서 발생하는 수수료수익이 절대적으로 많다. 그러나 수수료매출이 감소하고 점점 직접매입·직접판매가

증가하는 구조로 바뀌면서 회사 전체 매출액은 증가되었지만, 상품매출의 이익률이 낮아지면서 회사 영업이익은 오히려 악화되는 결과를 낳았다. 이에 대한 원인은 〈그림 4-6〉의 주석사항들을 몇 년 치 모아서 분석해 보면 정확히 알 수 있다.

〈표 4-7〉에서 GS홈쇼핑의 최근 영업부문별 상품, 수수료매출액의 증감 추이를 살펴보자.

〈표 4-7〉 GS홈쇼핑 2012~2015년 영업부문별 상품, 수수료 매출액 (단위 : 천 원)

TV홈쇼핑	2012년	2013년	2014년	2015년	CAGR
상품매출액	149,763,357	80,952,164	67,148,310	64,065,223	-24.7%
수수료매출액	545,602,525	613,738,190	523,764,880	467,370,445	-5.0%

인터넷쇼핑	2012년	2013년	2014년	2015년	CAGR
상품매출액	65,464,730	21,293,279	16,981,199	13,235,741	-41.3%
수수료매출액	120,107,844	107,120,080	90,412,015	68,433,595	-17.1%

모바일	2012년	2013년	2014년	2015년	CAGR
상품매출액	2,514,042	11,309,197	30,405,725	46,234,873	164%
수수료매출액	8,390,725	51,360,785	126,359,483	198,128,537	187%

총매출액에서 금액이 상대적으로 적은 카탈로그와 기타매출을 제외하고, 주요 3개 영업부문에 대한 4년 치 상품매출액과 수수료매출액만 모아 〈표 4-7〉을 만들어 보았다. TV홈쇼핑과 인터넷쇼핑 매출은 급감하고, 모바일쇼핑 매출은 급증한다는 것을 알 수 있다.

TV홈쇼핑의 매출 감소는 좀 심각한 수준이다. 이는 스마트폰이나 다른 매체의 발달로 인해, TV 앞에서 보내는 시간이 점점 짧아지다 보니 나타나는 사회적 현상 때문이 아닌가 싶다. 인터넷쇼핑 또한 마찬가지다. 컴퓨터 앞에 앉아 물건을 주문하기보다는 스마트폰이나 태블릿PC로 주문하는 비중이 점점 늘어나다 보니, 매출액이 감소하고 있다. 이미 2014년에 모바일쇼핑이 인터넷쇼핑을 앞지른 모습이다. 시대 변화에 따라 선택하는 매체와 기기가 달라지므로 자연스러운 변화라고 받아들여야 할 것 같다.

그런데 중요한 것은 TV홈쇼핑 매출액이 감소하는 것 이상으로 다른 매체에서 매출이 급증해야 하는데 그렇지 않다는 점이다. 즉, 〈표 4-7〉에서 보듯이 모바일 매출이 급증한다고 해도 매출액은 TV홈쇼핑에 한참 못 미친다. 모바일쇼핑이 성장한다고 해도 아직은 TV홈쇼핑 매출이 전체 매출액에서 차지하는 비중이 절대적이다 보니, 모바일 부문의 성장이 회사 전체의 실적 개선에는 별 도움이 되지 않고 있다. 또한 2014년까지 급성장한 모바일 매출액은 2015년을 기점으로 성장폭이 둔화되고 있다.

〈표 4-8〉은 GS홈쇼핑의 부문별 영업이익을 2012년부터 2015년까지 정리한 것이다.

〈표 4-8〉 GS홈쇼핑 2012~2015년 부문별 영업이익 (단위 : 천 원)

	2012년	2013년	2014년	2015년	CAGR
TV홈쇼핑	94,552,148	109,516,890	92,173,746	69,006,662	-10%
인터넷	26,276,773	21,378,733	16,319,913	9,686,084	-28%
모바일	1,451,440	9,446,984	21,394,794	25,212,800	159%

연평균성장률CAGR만 놓고 보면, TV홈쇼핑과 인터넷쇼핑의 감소를 모바일쇼핑이 충분히 커버하는 것처럼 보인다. 그러나 쇠퇴하고 있는 TV홈쇼핑의 영업이익이 모바일쇼핑 영업이익보다 무려 두 배가 넘는다. 2014년과 2015년을 단순 비교하면 TV홈쇼핑 영업이익이 약 232억 원 감소한 데 비해 모바일 영업이익은 38억 원이 증가해, 회사 전체의 영업이익 개선에는 별 도움이 되지 않았

다. 더 우려스러운 것은 2015년의 TV홈쇼핑 영업이익 감소폭은 2014년에 비해 25%나 될 정도로 심해졌다는 것이고, 모바일쇼핑의 영업이익 증가폭은 2014년에 비해 18%밖에 안 될 정도로 탄력이 크게 둔화했다는 것이다.

홈쇼핑기업에 관심 있는 투자자라면 앞으로 모바일쇼핑에 초점을 맞추어 분기, 반기 단위별로 매출액과 영업이익 증가폭을 점검해야 할 것이다. 모바일쇼핑이 TV홈쇼핑의 매출액과 영업이익을 따라잡는 수준까지 올라가야 홈쇼핑기업도 다시 제2의 전성기를 꾀할 수 있을 것이다.

GS홈쇼핑 비용의 성격별 분류

매출을 분석했으니 이제는 비용을 살펴볼 차례다. 〈그림 4-9〉는 연결재무제표 주석사항에서 비용의 성격별 분류 부분이다.

〈그림 4-9〉 GS홈쇼핑 2014~2015년 연결재무제표 주석 중 비용의 성격별 분류

(4) 당기와 전기 중 비용의 성격별 내역은 다음과 같습니다.

(단위: 천원)

구분	제 22(당) 기	제 21(전) 기
재고자산의 변동	(2,000,617)	1,029,911
상품매입액	125,108,769	95,040,289
급여	91,949,382	91,632,265
퇴직급여	8,229,268	7,134,279
복리후생비	19,896,564	17,801,277
임차료	17,681,494	17,743,421
수수료	430,012,273	402,437,018
감가상각비 및 무형자산상각비	23,471,806	16,202,650
광고선전비	181,998,601	173,834,500
운반비	67,408,301	67,978,227
기타	58,918,383	61,895,483
합계(*)	1,022,674,224	952,729,320

재무제표에서는 큰 숫자가 가장 중요하기 때문에 먼저 봐야 한다고 강조했는데, 이 기업은 상품매입액, 수수료, 광고선전비 등이 가장 큰 금액이다. 상품매입액은 직접판매를 위한 매입액이고, 이미 매출을 분석할 때 매출총이익률은 살펴보았다. 그렇다면 〈표 4-9〉에서 나머지 중요한 비용들은 매출액 대비 어느 정도의 비중인지 살펴보자.

〈표 4-9〉 GS홈쇼핑 2014~2015년 매출액 대비 중요 영업비용 (단위: 억 원)

	2015년	비중	2014년	비중
인건비	1,201	10.7%	1,166	10.7%
임차료	177	1.6%	177	1.6%
수수료	4,300	38.3%	4,024	37.1%
상각비	235	2.1%	162	1.5%
광고선전비	1,820	16.2%	1,738	16.0%
매출액	11,224		10,855	

매출액 대비 수수료가 38.3%, 광고선전비가 16.2%, 인건비가 10.7%를 차지한다. 제조업과는 중요 비용이 다르다. 제조업에서는 원재료비, 인건비, 상각비(감가상각비, 무형자산상각비)가 중요 비용이지만, 도·소매업은 상품매입액, 수수료, 인건비 등이 중요 비용으로 확인된다.

인건비와 광고선전비 비중은 거의 변동이 없고, 수수료만 소폭 증가했다. 고정비성인 이 비용들이 매출액에서 차지하는 비중이 65%를 넘기 때문에 이 부분만 살펴봐도 회사를 이해하는 데에는 충분하다.

수수료가 어떤 성격이고 어떤 곳에 쓰이는지 사업보고서에는 나오지 않고, 회사 기밀에 해당하는 내용이 많으므로 확인도 어렵다. 사업보고서 정보이용자로서 내용을 추정해 보면 주문 및 결제시스템, 고객센터, 물류 및 배송(직접판매의 경우) 등과 관련해 지급하는 수수료가 먼저 떠오른다. 그 밖에 법률자문,

회계자문 관련 수수료도 발생할 것이다. 이렇게 다양한 수수료가 발생할 수 있고 각각 발생하는 곳에 따라 수수료율과 금액이 다르므로 분석이 쉽지 않을 것이다.

관련 업종의 회계감사를 했던 저자의 경험으로 미루어 보건데, 홈쇼핑기업의 수수료는 케이블 방송사에 대한 대가가 큰 비중을 차지한다. 우리가 TV를 볼 때 공중파 채널 근처 번호인 6, 8, 10, 12번에서 주요 홈쇼핑기업의 방송이 송출되고 있다. 공중파 채널과 가까운 이런 채널을 황금 채널이라고 하는데, 각 케이블방송사는 홈쇼핑기업으로부터 대가를 받고 황금채널을 할당한다. 예를 들면 GS홈쇼핑이 CJ헬로비전이 운영하는 케이블방송에서 10번 채널을 통해 방송한다면, GS홈쇼핑은 정해진 대가를 매월 CJ헬로비전에 지급해야 하는데, 이를 수수료비용으로 인식한다. 반대로 케이블방송사는 이 대가를 광고매출로 인식하는데, 이는 케이블 방송기업의 주요 수입원 중 하나가 된다. 이 수수료는 꽤 큰 편이고, 금액도 계속 오르는 추세다. 사업보고서에 자세한 정보가 공개된 적은 없지만, 인터넷에서 관련 내용을 검색해 보면 〈표 4-10〉과 같은 정보를 얻을 수 있다.

〈표 4-10〉 홈쇼핑 기업의 2010~2014년 유료 방송사 지불 송출 수수료 (단위 : 억 원)

	회사명	2010년	2011년	2012년	2013년	2014년
유료 방송사 지불 송출 수수료	GS	1,069	1,442	1,748	1,773	1,910
	CJ	1,094	1,484	1,824	2,019	2,164
	현대	1,154	1,452	1,826	2,094	2,223
	롯데	1,026	1,393	1,762	1,977	2,117
	NS	514	576	713	797	862
	홈앤			830	1,047	1,169
	합계	4,857	6,347	8,703	9,707	10,445

〈표 4-10〉은 국정감사 때 관련 기업들이 제출한 자료로, 인터넷에서 뉴스 검색으로 쉽게 구할 수 있다.

GS홈쇼핑, CJ오쇼핑, 현대홈쇼핑, 롯데홈쇼핑 등 대기업들의 지급 송출수수료를 보면 4년 만에 거의 2배 이상의 금액이 올랐다. 매출액이 증가하는 데 비례해 송출수수료도 오른다면 문제가 없지만, 상황이 그렇지 않다는 데 문제가 있다. 앞서 〈표 4-7〉에서 살펴본 대로 TV홈쇼핑의 매출액은 감소 추세다. 홈쇼핑기업의 전체 매출에서 큰 비중을 차지하는 TV홈쇼핑의 매출은 줄고 있는데, 수수료의 많은 부분을 차지하는 유료방송사의 지급 송출수수료는 오히려 늘고 있으니 영업이익은 악화될 수밖에 없다. 〈표 4-10〉에는 위성방송사인 SKY life와 통신 3사의 IPTV에 지급하는 송출수수료가 제외되어 있는데, 이 부분까지 합치면 실제로 홈쇼핑기업의 총송출수수료는 더 크다.

홈쇼핑기업은 TV홈쇼핑의 매출액이 감소하는 상황이므로 당연히 비용도 절감하려고 노력해야 한다. 비용을 절감시킬 수 있는 가장 확실한 방법은 유료방송사의 황금채널을 포기하고 송출수수료를 줄이는 것이다. 그러나 아무리 TV홈쇼핑 매출액이 감소하는 추세라고 해도 아직은 기업 매출액과 영업이익에서 절대적인 부분을 차지하기 때문에 섣불리 포기하기도 어려울 것이다. 반대로 케이블방송사 입장에서는 IPTV 등에 고객을 뺏기면서 매출액이 감소하는 상황에서 홈쇼핑기업으로부터 받는 송출수수료까지 깎아 주면, 매출액은 더 감소해 버리니 그러기도 어렵다.

만약에 홈쇼핑기업이 모바일쇼핑에 집중하기 위해 과감히 황금채널을 포기한다면 케이블방송사가 입을 타격은 엄청날 것이다. 그런데 현재 그런 일이 일어날 가능성이 조금씩 보이고 있다. GS홈쇼핑은 5년 전 보유하고 있던 케이블방송사들을 매각했다. 또한 CJ오쇼핑은 보유한 CJ헬로비전 지분 전부를 SK텔레콤에 매각하려다 공정거래위원회의 불허로 무산된 바 있다. 이는 홈쇼핑기업도 케이블방송 의존도가 높은 구조에서 변화를 꾀할 수 있다는 점과 그로 인해 미디어산업에도 큰 영향을 줄 수 있다는 것을 보여 준 대목이다. 이 부분은 추후 미디어산업 편에서 다시 다룰 예정이다.

2. 백화점 기업

백화점 매출

오프라인 매장 중심인 백화점은 직접매입·직접판매와 판매중개, 두 가지 영업방식을 병행하고 있다. 이외에 단순히 공간을 빌려주고 임차료만 받는 방식도 있고 기타 여러 다른 계약 방식도 있다고 알려져 있는데, 이 장에서는 단순하게 두 가지만 살펴보자.

백화점은 앞서 살펴본 홈쇼핑기업과는 매출금액을 표시하는 방법이 다르다. 백화점만의 특유한 방식이 있으므로 우선 이에 대한 이해가 필요하다. 쉬운 이해를 위해 간단한 예시를 먼저 보고 백화점 사업보고서를 보도록 하자.

[예시]

○○백화점은 1년 동안 상품 2개만 판매했다.

상품 1개는 ○○백화점이 80만 원에 사와서 100만 원에 파는 구조이고, 다른 상품 1개는 ○○백화점에 입점한 업체가 원가 40만 원짜리 상품을 50만 원에 팔면 백화점은 매출액의 30%를 수수료로 받는 구조다.

누구나 ○○백화점의 매출액은 115만 원(상품매출 100만 원+수수료매출 15만 원(50만 원×30%))이라고 계산해 낼 수 있을 것이다.

그런데 백화점은 좀 더 복잡한 풀이과정으로 매출액을 계산한다.

총매출액을 155만 원(상품매출 100만 원+수수료매출 15만 원+중개매출 관련 상품원가 40만 원)으로 표시하고, 그다음에 중개매출과 관련된 상품원가 40만 원을 매출에서 차감한다. 그 결과 순매출액은 115만 원으로 나온다.

이제 백화점의 사업보고서를 들여다보자.

〈그림 4-10〉은 현대백화점의 연결재무제표 주석에서 매출액 관련 부분을 발췌한 것이다.

〈그림 4-10〉 현대백화점 2015년 연결재무제표 주석 중 매출액

23. 매출액

당기와 전기 중 매출액의 구성내역은 다음과 같습니다(단위:천원).

구 분	당기	전기
총매출액	5,076,065,044	4,767,019,151
(1) 상품매출액	5,001,194,928	4,705,206,404
(2) 용역매출액	74,870,116	61,812,747
매출차감	3,419,105,002	3,215,158,240
(1) 매출에누리	121,321,693	113,728,772
(2) 특정매입원가	3,199,160,584	3,011,108,872
(3) 기타	98,622,725	90,320,596
순매출액	1,656,960,042	1,551,860,911

현대백화점의 2015년 총매출액은 5조 760억 원이고, 여기서 3조 4,191억 원을 차감해 순매출액이 1조 6,569억 원이 되었다. 그리고 이 순매출액은 손익계산서의 매출액 금액과 일치한다. 즉, 현대백화점은 실적을 발표할 때 1년 동안 총매출액이 아닌 순매출액만큼만 벌어들였다고 공시한다. 매출차감의 내용을 보면 매출에누리, 기타도 있지만 특정매입원가가 가장 큰 금액을 차지하고 있다는 것을 알 수 있다. 이 특정매입원가가 바로 앞의 [예시]에서 살펴본 중개매출 관련 상품원가를 의미한다.

총매출액에는 상품매출, 수수료매출 그리고 중개매출 관련 상품원가가 모두 포함되어 있으니, 매출차감에서 다시 같은 금액의 중개매출 관련 상품원가, 즉 특정매입원가를 빼는 방식이다. 특정매입원가는 약 3조 2,000억 원으로, 총매출액의 약 63%에 달할 만큼 크다. 정확하게 직접매입·직접판매 방식의 매출액이 얼마인지, 판매중개만 하고 인식한 수수료매출액이 얼마인지는 모르지만, 특정매입원가 금액만 확인해도 판매중개 방식의 매출 비중이 절대적으로 크다는 것은 추정할 수 있다.

백화점 입장에서도 상품을 직접매입해서 직접판매할 때의 재고 위험이 부담스러워서인지 판매중개를 더 선호하는 것 같다. 백화점의 외형을 판단하기 위해 총매출액 금액을 확인해도 되지만, 백화점이 실질적으로 벌어들이는 수익은 특정매입원가가 차감된 순매출액이므로 이 수치로 백화점 3사를 비교하는 게 맞을 것이다.

〈그림 4-11〉에서는 신세계 연결재무제표 주석사항 중 영업부문의 재무현황을 보여 주고 있는데, 백화점과 도·소매업, 부동산업, 호텔업 등 다른 영업부문에 대한 실적까지 망라되어 있다.

〈그림 4-11〉 신세계 연결재무제표 주석 중 영업부문의 재무현황

(2) 영업부문의 재무현황

(당기)

(단위: 백만원)

구 분	백화점					도소매업	부동산업	호텔업	기타	내부거래	합 계
	본사	서울	수도권	그외지역	소계						
총매출액	47,472	1,984,255	1,183,498	759,433	3,974,658	1,007,067	124,673	69,940	4,292	(128,286)	5,052,344
특정매입원가	-	(1,275,675)	(723,815)	(488,869)	(2,488,359)	-	-	-	-	-	(2,488,359)
순매출액	47,472	708,580	459,683	270,564	1,486,299	1,007,067	124,673	69,940	4,292	(128,286)	2,563,985
영업이익(손실)	(145,902)	123,159	126,491	79,381	183,129	21,654	61,233	10,167	(8,234)	(5,815)	262,134
감가상각비	8,578	45,297	32,964	28,542	115,381	27,662	14,321	4,541	186	(534)	161,557
무형자산상각비	3,155	3,546	-	4	6,705	2,035	3,356	144	-	1,634	13,874
당기순이익(손실)	145,182	95,117	98,910	54,983	394,192	13,867	44,693	8,249	(7,661)	(20,158)	433,182
총자산(주1)	4,578,659	372,875	254,216	624,281	5,830,031	909,324	2,408,380	117,105	7,595	(1,354,267)	7,918,168
총부채(주1)	1,984,429	277,759	155,306	184,155	2,601,649	464,705	877,779	19,721	3,088	(109,667)	3,857,275

(주1) 영업부문의 구분이 어려운 당사의 매도가능금융자산, 관계기업 및 공동기업투자, 차입금 등은 백화점 본사로 분류하였습니다.

신세계 역시 총매출액에서 특정매입원가를 차감하는 방식으로 표현하고 있다. 총매출액에서 직접매입·직접판매하는 매출비중과 판매중개로 수수료만 취하는 방식의 매출비중을 구분해서 분석하면 좋지만, 사업보고서에 그렇게 자세한 정보까지는 나오지 않는다.

한편, 업계 1위인 롯데쇼핑은 연결재무제표가 매우 복잡한 편이다. 롯데백화점, 롯데마트, 롯데하이마트, 롯데시네마, 롯데홈쇼핑, 롯데카드 모두 롯데쇼핑의 연결재무제표에 들어가기 때문에 수치가 매우 크다. 그래서 롯데백화점만 떼어내 분석을 하려면 불가피하게 롯데쇼핑의 별도재무제표만 봐야 한다. 롯데쇼핑의 별도재무제표에는 롯데백화점과 롯데마트만 포함되므로 연결재무제표를 보는 것보다는 나을 것이다.

〈그림 4-12〉에서 롯데쇼핑 별도재무제표 주석에서 매출액을 살펴보자.

〈그림 4-12〉 롯데쇼핑 별도재무제표 주석 중 매출 및 매출원가

29. 매출 및 매출원가
당기와 전기 중 당사의 매출 및 매출원가의 구성내역은 다음과 같습니다.

(단위:천원)

구 분	제 46(당) 기	제 45(전) 기
상품총매출액	15,934,326,711	15,912,017,815
직영상품매출액	14,707,407,425	14,694,340,776
특정상품매출액	1,226,919,286	1,217,677,039
상품매출차감	1,754,208,384	1,597,894,833
매출에누리와 환입	547,553,619	398,952,003
반품충당부채 및 이연매출	227,595,409	225,102,871
특정상품매출원가	979,059,356	973,839,959
제품매출액	11,365,179	12,100,124
기타매출액	1,985,848,021	1,785,420,274
매출액 계	16,177,331,527	16,111,643,380
상품매출원가	10,652,783,855	10,652,993,906
제품매출원가	5,771,682	6,311,275
기타매출원가	265,010,097	249,304,990
매출원가 계	10,923,565,634	10,908,610,171

상품 총매출액이 약 16조 원으로 표시되는데, 현대백화점이나 신세계와는 달리 직영상품매출액과 특정상품매출액으로 구분해서 표시되어 있다. 직영상품매출액이 약 14조 7,000억 원으로 월등히 많고, 특정상품매출액은 약 1조 2,000억 원에 불과하다. 그리고 상품매출차감에서는 특정상품매출원가(특정매입원가)가 약 9,791억 원을 차지하고 있다.

〈그림 4-12〉를 이용해 다음과 같이 매출을 구분할 수 있다.

직접매입·직접판매 매출 : 14조 7,074억 원

수수료매출 : 2,478억 원(1조 2,269억 원－9,791억 원)

수수료매출은 전체 매출액 16조 1,773억 원 대비 약 1.5%에 불과할 정도로 매우 작다. 그리고 또 한 가지 알 수 있는 정보는 바로 수수료율이다. 롯데쇼핑은 특정상품매출액과 특정매입원가에 대한 정보가 모두 확인 가능하므로, 수수료율이 약 20%(2,478억 원 / 1조 2,269억 원)로 계산된다. 단, 이는 수수료매출을 특정상품매출액(특정매입원가+수수료)으로 단순히 나누어 계산한 것으로 정확한 수수료 개념은 아니다. 백화점 매출과 관련해 직접매입·직접판매와 판매중개의 비중을 계산하기 위해 사용한 방식으로 이해하기 바란다.

단순하게 백화점 3사의 수수료율이 모두 20%로 같다고 가정해 보자. 그렇다면 백화점 3사의 총상품매출액에서 특정매출액이 차지하는 비중이 어느 정도인지 추정할 수 있다. 현대백화점과 신세계의 연결재무제표 주석사항에서 특정매입원가의 금액을 확인했으니, 이 금액에 125%(*)를 곱하면 특정매출액이 계산된다.

$$(*)\ \frac{\text{특정상품매출액} - \text{특정매입원가}}{\text{특정상품매출액}} = 20\% \quad \therefore \text{특정상품매출액} = \frac{\text{특정매입원가}}{80\%} = \text{특정매입원가} \times 125\%$$

〈표 4-11〉에서는 백화점 3사의 특정상품매출액 비율을 계산해 보았다.

〈표 4-11〉 백화점 3사의 상품총매출액 대비 특정상품매출액 비율   (단위 : 백만 원)

	현대백화점	신세계	롯데쇼핑
1. 상품총매출액 (*1)	5,001,195	4,981,725	15,934,327
2. 특정상품매출액 (*2)	3,988,950	3,110,449	1,226,919
비중 (2 /1)	80%	62%	8%

(*1) 현대백화점과 롯데쇼핑은 상품매출액, 신세계는 백화점+도소매업 매출만 고려.
(*2) 현대백화점 : 3,199,160×125%, 신세계 : 2,488,359×125%

특정상품매출액의 크기로 보나 상품총매출액에서 특정상품매출액이 차지하는 비중으로 보나 현대백화점과 신세계가 롯데쇼핑보다 압도적으로 높다. 롯데쇼핑의 특정상품매출액과 특정매입원가 자료를 이용해 계산한 추정치이므로 수치는 정확하지 않다. 백화점 3사의 특성을 이해하는 정도로만 활용하기를 바란다. 현대백화점과 신세계는 판매중개 위주로 영업하고, 롯데쇼핑은 직접매입·직접판매 위주로 영업하는 것으로 추정된다.

재무상태표에서 재고자산의 크기를 확인해 보면 현대백화점은 598억 원, 신세계백화점은 2,879억 원, 롯데쇼핑 약 3조 2,660억 원으로, 특정상품매출액 비중이 가장 높은 현대백화점의 재고자산 금액이 훨씬 적고, 직접매입·직접판매 위주로 영업하는 롯데쇼핑이 가장 많은 재고를 보유하고 있음을 알 수 있다.

백화점 간 이익률 비교

직접매입·직접판매 비중이 높다면 창고와 관리인력 등 재고에 대한 관리비용이 많이 발생하게 된다. 여기에 유형자산에 대한 감가상각비, 보험료 등도 염두에 두어야 한다. 그에 반해 단순히 판매중개만 하는 구조는 수수료만 수취하고 재고에 대해 관리를 하지 않으므로, 직접매입·직접판매하는 구조보다는 비용 부담이 크지 않을 것으로 추정된다.

따라서 백화점 3사의 손익계산서를 비교하기 전에 미리 예상해 보자면, 특정상품매출액 비중이 큰 현대백화점의 영업이익률이 가장 높고, 롯데쇼핑의 영업이익률이 가장 나쁠 것으로 예상된다. 과연 그럴까? 〈표 4-12〉에서 백화점 3사의 손익계산서를 살펴보자.

〈표 4-12〉 백화점 3사의 영업이익률과 매출액에서 광고선전비와 판촉비가 차지하는 비중 (단위 : 억 원)

	현대백화점	신세계	롯데쇼핑
영업이익률	21.9%	10.2%	2.9%
광고선전비·판매촉진비 합계	1,096	940	2,845
매출액	16,570	25,640	161,773
광고선전비·판매촉진비 비중	6.6%	3.7%	1.8%

영업이익률은 예상대로 직접매입·직접판매 비중이 작고 수수료매출 비중이 큰 기업들이 좋게 나온다. 현대백화점은 무려 영업이익률이 21.9%나 되지만, 롯데쇼핑의 영업이익률은 2.9%에 불과하다. 현대백화점은 수수료매출액을 안정적으로 높게 확보하다 보니, 백화점의 광고와 판매 촉진에 좀 더 적극적임을 알 수 있다. 판매비와관리비에서 광고선전비와 판매촉진비를 뽑아서 매출액과 비교해 보면 매출액 대비 6.6%의 금액을 집행하고 있다. 이는 신세계 3.7%, 롯데쇼핑 1.8%에 비해 많이 높은 편이다.

그렇다고 롯데쇼핑이 현대백화점이나 신세계처럼 판매중개 비중을 높이기도 애매할 것이다. 직영상품매출액을 모두 판매중개로 돌린다고 가정하면, 수수료율 20%를 적용했을 경우 매출액은 16조 원이 아닌 4조 원 미만이 되어 외형 자체가 급격하게 작아질 수 있다. 그렇게 되면 기업 가치에도 영향을 받을 수 있다. 물론 매출액 총액보다 영업이익이 좀 더 중요한 투자지표라고 생각할 수도 있지만, 시장이 바라보는 시선은 그렇지 않을 수도 있다. 기업들도 이런 고민이 있기 때문에 쉽게 판매중개 구조로만 가기에는 부담스러울 것이다. 이 이야기는 뒤에 나오는 전자상거래 기업에도 해당된다.

3. 전자상거래 기업

지금까지 우리는 홈쇼핑기업과 백화점기업에 대해 간략히 살펴봤다. 이번에는 대표적인 전자상거래 기업들을 살펴보자. 저자는 도·소매업에 대해 분석하면서 한 가지 흥미로운 사실을 발견했다. 결론부터 미리 말하자면 직접매입·직접판매 비중이 높을수록 영업이익률이 낮다는 것이고, 판매중개 비중이 높을수록 영업이익률은 올라간다는 사실이다.

〈표 4-13〉에서 우리나라와 미국의 대표적인 전자상거래 기업들의 요약 재무자료를 참조하자.

〈표 4-13〉 전자상거래 기업들의 영업이익률 및 매출액에서 광고선전비, 판촉비가 차지하는 비중

(단위 : 억 원, M USD)

	이베이코리아 (비상장)	GS홈쇼핑 (상장)	인터파크 (상장)	AMAZON (미국 상장)	YES24 (상장)
1. 상품매출 비중	상품매출 0%	상품매출 15%	상품매출 45%	상품매출 80%	상품매출 96%
2. 영업이익률	7.7%(15%)	9.4%	5.8%	0.2%	3.5%
3. 광고선전비·판매촉진비 합계	2,057	1,820	347	4,332	50
4. 매출액	7,339	11,224	4,020	88,988	3,631
5. 광고선전비·판매촉진비 비중(3/4)	28.0%	16.2%	8.6%	4.9%	1.4%

〈표 4-13〉에서는 매출액에서 상품매출이 차지하는 비중을 계산했고, 영업이익률을 정리했다. 〈표 4-13〉에서 보듯이 상품매출 비중이 작을수록 영업이익률이 높고, 상품매출 비중이 클수록 영업이익률이 낮아지고 있다. 전자상거래기업이 직접매입·직접판매를 하려면 재고 관리와 배송 부담 등 여러 비용이 많이 발생하기 때문에 판매중개보다 지출되는 비용이 크다. 영업이익률이 높은 기업일수록 광고선전비와 판매촉진비를 집행할 수 있는 여력이 더 크고, 이익률 자체가 낮은 기업 즉, 상품매출 비중이 큰 기업일수록 광고선전비와 판매촉진비가 현저하게 낮다.

쿠팡이 촉발한 전자상거래 기업과 소셜커머스 기업 간의 치열한 경쟁으로 인해 광고선전비와 판매촉진비 집행 여부가 회사의 사활을 결정할 정도로 중요하게 여겨지고 있다. 소비자들은 아무래도 쿠폰과 포인트를 많이 주고 싼 가격에 빨리 배송해 주는 업체를 더 선호하기 때문이다.

그런 점에서 저자는 옥션과 G마켓을 소유한 비상장기업인 이베이코리아가 몇 년 내에 전자상거래 시장을 평정할 수도 있을 것이라는 예상을 조심스럽게 해 본다.

〈표 4-13〉을 보면 이베이코리아의 영업이익률은 7.7%다. 그런데 그 옆에 괄호로 15%라는 표시가 있다. 이는 저자가 추정한 이베이코리아의 추후 실현 가능한 영업이익률이다.

이베이코리아는 2011년에 옥션을 인수하면서 4,200억 원의 영업권이 발생했고, 매년 500억 원 이상을 무형자산상각비로 영업권을 상각하고 있다. 한국채택국제회계기준에서 영업권은 상각 대상이 아니지만 비상장기업이 적용하고 있는 일반회계기준에서는 영업권을 상각하도록 규정하고 있고, 이베이코리아는 이 회계기준에 따라 매년 무형자산상각비로 500억 원 이상을 상각한다. 그런데 이 영업권 상각이 2018년이면 거의 끝난다. 그렇게 되면 무형자산상각비 500억 원 이상의 비용이 없어지면서 회사의 영업이익률은 15%까지 올라갈 수 있다.

회사는 이익률이 많이 올라가 봤자 세금만 더 내야 하므로 차라리 공격적인 마케팅을 해서 더 많은 수익을 창출하는 게 나을 것이다. 이베이코리아는 현금성자산만 8,500억 원 넘게 쌓여 있고 매년 막대한 이익을 창출했지만, 이베이 본사에서 배당으로 받아가지 않고 계속 한국에 돈을 쌓아 두고 있다. 반면 쿠팡은 일본의 소프트뱅크에서 1조 원을 투자받아 사업을 하고 있지만, 매년 막대한 손실을 내고 있다.

이베이코리아는 넉넉한 여유자금으로 높아질 영업이익률을 내려야 하는 행복한 고민에 빠져 있다. 앞으로 몇 년 내로 공격적인 마케팅을 하면서 시장점유율을 크게 넓혀 나갈 것으로 예상된다. 그때는 아마 쿠팡, 위메프 등 소셜커머스기업들이 대규모 적자를 내면서 치열하게 경쟁하는 시기가 끝나갈 때쯤이면서 이베이코리아의 영업권 상각이 완료되는 2~3년 후가 아닐까 조심스럽게 전망해 본다.

4. 저물어 가는 면세점

호텔롯데와 호텔신라는 우리나라 면세점 기업의 양대 산맥이다. 그런데 최근에 도심형 면세점이 계속 생기면서 다른 대기업들도 너나 할 것 없이 뛰어들어서 양대 산맥의 실적은 갈수록 악화되고 있다.

〈표 4-14〉에서 호텔롯데와 호텔신라의 최근 3년간 매출 자료를 살펴보자.

〈표 4-14〉 호텔롯데와 호텔신라의 2013~2015년 총매출액에서 면세점 매출액이 차지하는 비중

(단위 : 백만 원)

		2013년	2014년	2015년	CAGR
호텔롯데	총매출액	38,274	47,165	51,319	16%
	면세점 매출액	31,640	39,494	43,240	17%
	면세점 비중	83%	84%	84%	
호텔신라	총매출액	22,970	29,090	32,517	19%
	면세점 매출액	20,864	26,122	29,311	19%
	면세점 비중	91%	90%	90%	

두 회사는 회사 이름에 호텔이란 말만 들어 있을 뿐 면세점기업이라고 해도 될 만큼 면세점 매출액 비중이 절대적이다. 호텔롯데 면세점은 연평균 17%, 호텔신라 면세점은 19%씩 매출이 성장했다. 국내 면세점뿐만 아니라 해외 면세점까지 영역을 넓히면서 얻은 수확이다. 호텔롯데는 인도네시아, 괌 등에 진출했고, 호텔신라는 싱가포르 창이공항에 대형 면세점을 열었다. 그렇다면 매출액이 증가한 이상으로 영업이익도 증가했을까?

같은 기간 호텔롯데와 호텔신라의 매출액, 영업이익, 영업이익률을 정리하면 〈표 4-15〉와 같다.

〈표 4-15〉 호텔롯데와 호텔신라의 매출액, 영업이익, 영업이익률 (단위 : 억 원)

호텔롯데	2013년	2014년	2015년	CAGR
매출액	38,274	47,165	51,319	15.8%
영업이익	3,091	4,073	3,232	2.3%
영업이익률	8.1%	8.6%	6.3%	−11.7%

호텔신라	2013년	2014년	2015년	CAGR
매출액	22,970	29,090	32,517	19.0%
영업이익	866	1,390	772	−5.6%
영업이익률	3.8%	4.8%	2.4%	−20.6%

강조한 네모 표시에서 보듯이 호텔롯데와 호텔신라 모두 2014년에 정점을 찍은 후, 2015년부터 영업이익이 급격히 꺾이고 있다. 화려한 면세점 사업의 영업이익률이 고작 2.4%밖에 안 된다는 것을 확인할 수 있다. 그럼에도 불구하고 2015년 호텔신라 주가는 최고점인 14만 3,000원까지 상승하기도 했다(1년 뒤 호텔신라의 주가는 5~6만 원대까지 내려왔다).

면세점 역시 상품을 파는 전형적인 도·소매업이다. 어느 비용이 큰 영향을 끼쳤길래 이렇게 영업이익률이 하락하는지를 분석하는 게 관건일 것이다. 그러기 위해서는 역시 연결재무제표 주석에서 그 원인을 찾아야 한다. 호텔신라의 영업비용과 관련된 주석사항을 찾아보면 〈그림 4-13〉과 같다.

〈그림 4-13〉 호텔신라 연결재무제표 주석 중 영업비용

19. 영업비용

19-1 영업비용
당기와 전기 중 발생한 비용을 성격별로 분류한 내역은 다음과 같습니다.

(단위: 천원)

구 분	당기	전기
재고자산의 변동	1,708,454,270	1,559,667,459
원재료와 소모품의 사용액	53,684,023	53,239,691
종업원급여	198,394,934	164,500,865
감가상각비 및 무형자산상각비	74,017,725	63,836,263
기타의 경비	1,139,978,231	928,752,898
영업비용 합계	3,174,529,183	2,769,997,176

영업비용에서 가장 많이 차지하는 것은 재고자산의 변동이다. 상품을 사서 파는 구조이므로 상품매출원가로 이해해도 될 것이다. 재고자산의 변동을 매출액으로 나누면 당기는 52.5%, 전기는 53.6%로 계산된다. 단, 재고자산에는 호텔이나 호텔의 부대시설에서 판매하는 상품도 있을 것이기 때문에 정확한 면세점의 매출원가율은 아니고 추정치이다. 같은 방식으로 호텔롯데의 매출원가율을 계산해 보면 54%대로 호텔신라와 비슷하다. 즉, 매출원가율은 전기와 당기별 차이가 없다. 그런데도 영업이익률이 급감했다면 원인은 다른 데 있다는 이야기다. 영업비용에서 마지막에 위치한 '기타의 경비'를 보면 당기의 숫자가 많이 커졌음을 알 수 있다.

〈그림 4-14〉를 통해 '기타의 경비'에 관한 내용을 보여 주는 기타영업비용

주석사항을 살펴보자.

<그림 4-14> 호텔신라 연결재무제표 주석 중 기타영업비용

19-3 기타영업비용

당기와 전기 중 기타영업비용의 내역은 다음과 같습니다.

(단위: 천원)

구 분	당기	전기
소모품비	19,194,107	16,674,215
세탁비	2,529,394	1,955,847
외주용역비	136,534,886	102,010,020
여비교통비	6,586,578	5,356,953
통신비	5,601,602	4,566,418
인쇄비	1,250,406	1,352,236
세금과공과	6,281,483	4,873,678
알선수수료	147,646,816	173,729,510
크레디트수수료	43,955,590	43,199,735
지급수수료	38,293,411	33,511,102
임차료	562,542,245	387,398,540
접대비	1,786,478	2,122,823

'기타의 경비'에서는 임차료가 가장 많은 부분을 차지한다. 전기 3,874억 원에서 당기에는 5,625억 원으로 급증했다.

<표 4-16>에서 <표 4-15>의 매출액과 임차료를 같이 분석해 보자.

<표 4-16> 호텔신라 2014~2015년 매출액에서 임차료가 차지하는 비중

(단위 : 억 원)

	2015년	2014년	증감	증감률
매출액	51,319	47,165	4,154	9%
임차료	5,625	3,874	1,751	45%
비중	11%	8%		

매출액 증가율보다 임차료 증가율이 훨씬 크다. 매출액이 증가했지만, 임차료가 매출액에서 차지하는 비중도 더 커졌다. 만약 2015년에 임차료가 예년대로 매출액의 8% 정도만 발생했다면 영업이익은 약 1,520억 원이 늘어나고, 영업이익률은 7%까지도 가능했을 것이다. 이 임차료는 신라면세점이 입점해 있는 공항에 지급하는 비용이다. 이에 대한 자세한 내용 역시 주석사항을 뒤져보면 확인할 수 있다.

연결재무제표 주석에서 '약정사항'을 키워드 검색하면 〈그림 4-15〉와 같은 문장을 찾아볼 수 있다.

〈그림 4-15〉 호텔신라 연결재무제표 주석 중 약정사항

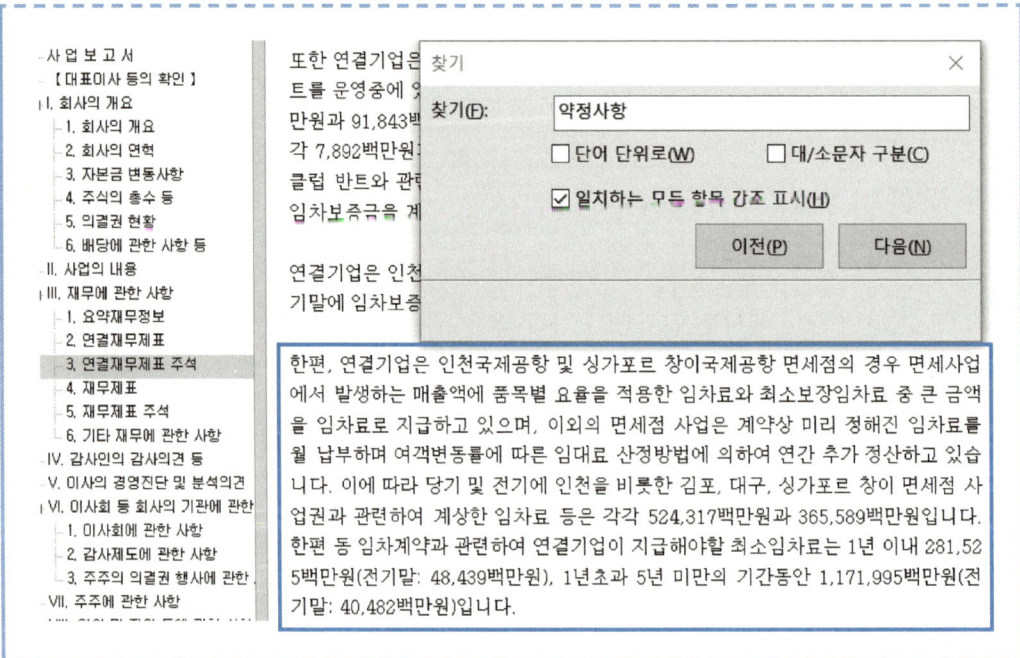

내용을 읽어보면 최소임차료와 품목별 요율을 적용한 임차료 중 큰 금액을 낸다고 되어 있다. 더 이상 자세한 정보는 알 수 없지만, 매출액과 임차료를 비교해 보면 요율 자체가 많이 높아진 것으로 추정된다. 특히 싱가포르 창이국제공항은 2년 전에 호텔신라가 입점하면서 크게 화제가 된 곳인데, 이 면세점이 호텔신라 전체 손익을 악화시킨 요인으로 예상된다. 이를 확인하려면 주석사항에서 싱가포르 관련 사항을 찾아봐야 한다.

〈그림 4-16〉을 통해 호텔신라 연결재무제표 종속기업의 현황 주석사항을 찾아보면 Shilla Travel Retail Pte. Ltd.가 싱가포르 법인으로 확인된다. 이 기업의 요약 재무현황 역시 주석사항에 표시되어 있다.

〈그림 4-16〉 호텔신라 연결재무제표 주석 중 종속기업 현황

1-2 종속기업의 현황

당기 보고기간종료일 현재 지배기업의 종속기업 현황은 다음과 같습니다.

회 사 명	자본금(천원)	투자주식수	지분율 당기	지분율 전기	결산월	업 종	소재지
신라스테이㈜	2,000,000	400,000주	100%	100%	12월	호텔업	한국
Samsung Hospitality America Inc.	514,050	5,000주	100%	100%	12월	여행업	미국
Samsung Hospitality U.K. Inc.	137,345	75,000주	100%	100%	12월	여행업	영국
Samsung Hospitality Europe GMBH(주1)	43,098	25,000주	100%	100%	12월	여행업	독일
Shilla Travel Retail Pte. Ltd.	64,241,145	79,070,000주	100%	100%	12월	상품판매	싱가폴
SHILLA LIMITED Macao	1,281,936	-	100%	100%	12월	상품판매	마카오
Samsung Shilla Business service Beijing Co., Ltd	234,540	-	100%	100%	12월	여행업	북경
SHILLA LIMITED Hong Kong	3,892,901	27,200,100주	100%	100%	12월	상품판매	홍콩
Samsung Hospitality Vietnam Co., Ltd.	592,169	100주	100%	-	12월	여행업	베트남
SHILLA HOSPITALITY PHILIPPINES INC.	229,020	100주	100%	-	12월	여행업	필리핀

이 주석사항 밑에 나오는 종속기업의 요약 재무현황을 정리하면 〈표 4-17〉과 같다.

〈표 4-17〉 호텔신라 싱가포르 법인 2014~2015년 요약 재무 현황 (단위 : 천 원)

Shilla Travel Retail Pte. Ltd.	2015년	2014년	증감	증감률
자산	106,818,265	94,040,613	12,777,652	14%
부채	142,184,541	102,892,136	39,292,405	38%
자본	-35,366,276	-8,851,523	-26,514,753	300%
매출액	427,506,483	90,043,626	337,462,857	375%
당기손익	-60,134,898	-39,158,820	-20,976,078	54%
당기손익률	-14%	-43%		

2015년에 창이공항 신라면세점이 그랜드 오픈하면서 매출액은 2014년에 비해 4배 가까이 증가했으나, 적자폭은 오히려 더 커진 모양새다. 입점 초기니만큼 쿠폰도 발행하고 프로모션도 왕성하게 진행한 것으로 보인다. 이에 대한 자세한 정보가 사업보고서에 나오지 않으니 정보이용자 입장에서는 그 내용을 알 수 없다. 하지만 매출액이 4,000억 원이 넘어갈 정도로 폭발적으로 급증했는데 오히려 적자폭은 더 커졌다는 선 뭔가 찜찜하다. 면세점사업의 전망에 대해 진지한 고민이 필요한 때가 아닌가 한다.

이렇게 손익이 악화하는 상황임에도 불구하고 정부는 여러 도심형 면세점에 대한 허가를 계속 내주면서 면세점 간 경쟁은 더 치열해졌다. 호텔신라와 현대산업이 손잡고 오픈한 에이치디씨신라면세점은 2016년 반기 현재 매출액 945억 원에 80억 원의 적자가 발생했다. 에이치디씨신라면세점은 현대산업개발과 호텔신라가 각각 50:50으로 출자했기 때문에, 현대산업개발, 호텔신라 모두 지배권이 없는 공동기업의 형태다. 즉, 연결재무제표 작성 대상이 아닌 지분법 대상으로, 각각 에이치디씨신라면세점에서 발생한 손익의 50%를 지분법손익으로 인식하고 영업이익 아랫단에 표기한다. 연결재무제표 작성 대상이 아니므로 에이치디씨신라면세점이 그랜드 오픈해서 호텔신라나 현대산업개발의 매출액이나 영업이익이 커지는 것이 아니라 당기순이익만 작게 만들고 있다. 에이치디씨신라면세점에 대한 정보를 확인하려면 〈그림 4-17〉 호텔신라의 2016년 반기보고서 연결재무제표 주석에서 '공동기업' 키워드로 검색하면 된다.

〈그림 4-17〉 호텔신라 연결재무제표 주석 중 관계기업 및 공동기업투자

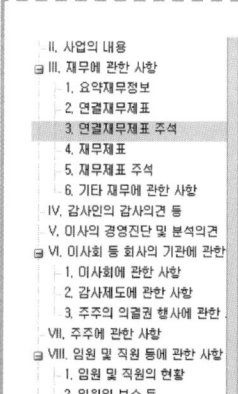

11. 관계기업및공동기업투자

(1) 보고기간종료일 현재 관계기업및공동기업투자의 내역은 다음과 같습니다.
① 당반기말

(단위:천원,주)

회사명	업종	보유주식수	지분율	취득원가	장부금액	소재지	결산월
㈜모두투어인터내셔널(*)	여행알선업	28,148	19.00%	985,180	-	대한민국	12월
GMS Duty Free Co., Ltd.	면세상품판매업	1,250,000	25.00%	4,833,750	3,248,840	태국	12월
Sky Shilla Duty Free Ltd.	면세상품판매업	-	40.00%	1,367	-	중국 마카오	12월
에이치디씨신라면세점㈜	면세상품판매업	8,000,000	50.00%	40,000,000	34,624,707	대한민국	12월
A&S Takashimaya Duty Free Company Limited	면세상품판매업	1,176	20.00%	633,417	633,417	일본	12월
합계				46,453,714	38,506,964		

〈그림 4-17〉을 보면 호텔신라는 6개의 관계기업 및 공동기업에 투자하고 있음을 확인할 수 있다.

지분율 50%인 에이치디씨신라면세점은 공동기업, 그 외 지분율 20% 내외로 투자한 기업은 관계기업에 해당하고, 모두 순이익의 지분율만큼 호텔신라의 손익에 반영된다. 에이치디씨신라면세점에 대한 자료를 보면 보유주식수 800만 주, 취득원가 400억 원, 장부금액 346억 원으로 나와 있다. 이 정보를 토대로 에이치디씨신라면세점은 발행주식수 1,600만 주, 자본금 800억 원, 주당 발행가액은 5,000원임을 알 수 있다. 나머지 800만 주의 주인은 당연히 현대산업개발이다. 호텔신라는 이 에이치디씨신라면세점에 400억 원을 투자했는데, 지금

남은 주식의 가치는 346억 원이다. 즉, 54억 원의 평가손실이 발생했는데, 그 이유는 해당 주석사항을 계속 살펴보면 알 수 있다.

〈그림 4-18〉은 2016년 반기와 2015년의 관계기업 및 공동기업투자의 변동 내역을 보여 준다.

〈그림 4-18〉 호텔신라 당반기와 전기 중 관계기업 및 공동기업투자 변동내역

(2) 당반기와 전기 중 관계기업및공동기업투자의 변동내역은 다음과 같습니다.
① 당반기

(단위:천원)

회사명	기초	취득	지분법손익	지분법자본변동	기타(*)	기말
㈜모두투어인터내셔널	-	-	-	-	-	-
GMS Duty Free Co., Ltd.	3,600,968	-	(439,553)	87,424	-	3,248,839
Sky Shilla Duty Free Ltd.	-	-	(591,993)	38,478	553,515	-
에이치디씨신라면세점㈜	38,606,941	-	(3,982,233)	-	-	34,624,708
A&S Takashimaya Duty Free Company Limited	-	633,417	-	-	-	633,417
합계	42,207,909	633,417	(5,013,779)	125,902	553,515	38,506,964

(*) 당반기 중 Sky Shilla Duty Free Ltd.에서 발생한 지분법평가손실을 대여금의 대손충당금으로 대체하여 변동한 효과입니다.

② 전기

(단위:천원)

회사명	기초	취득	지분법손익	지분법자본변동	기타(*)	기말
㈜모두투어인터내셔널	236,760	-	(236,760)	-	-	-
GMS Duty Free Co., Ltd.	4,097,038	-	(384,710)	(111,360)	-	3,600,968
Sky Shilla Duty Free Ltd.	1,685,335	2,174,664	(3,587,602)	(155,540)	(116,857)	-
에이치디씨신라면세점㈜	-	40,000,000	(1,194,633)	(198,426)	-	38,606,941
합계	6,019,133	42,174,664	(5,403,705)	(465,326)	(116,857)	42,207,909

전기인 2015년에 호텔신라는 에이치디씨신라면세점의 주식을 400억 원에 취득했고, 11억 9,463만 원의 지분법손실을 인식했다. 그리고 2016년 반기에 약 40억 원의 지분법손실을 또 인식했고, 2016년 반기 말 현재 해당기업의 주식가치는 346억 원이 되었다. 공동기업에서 계속 손실이 나므로 그 손실 금액

의 50%씩을 호텔신라가 보유한 에이치디씨신라면세점 주식에 손실로 반영한 것이다.

에이치디씨신라면세점에 대한 지분법손익 약 40억 원을 포함한 전체 지분법손실 50억 원은 호텔신라 손익계산서 영업이익 아랫단에 '투자손익'으로 들어가 있다.

마지막으로 같은 주석사항에서 에이치디씨신라면세점의 요약 재무정보와 손익정보를 확인하면 된다. 〈그림 4-19〉에서 살펴보자.

〈그림 4-19〉 호텔신라 당반기 말과 전기 말 관계기업 및 공동기업투자 재무 정보

(3) 보고기간종료일 현재 관계기업및공동기업투자의 요약 재무정보는 다음과 같습니다.

① 당반기말

(단위:천원)

회 사 명	자산총액	부채총액	매출액	반기순손익	포괄순손익
㈜모두투어인터내셔널	2,097,563	3,903,980	1,114,355	172,229	172,229
GMS Duty Free Co., Ltd.	41,719,962	28,672,194	90,083	(1,716,353)	(1,408,515)
Sky Shilla Duty Free Ltd.	21,568,796	33,288,026	36,042,229	(1,479,982)	(1,383,787)
에이치디씨신라면세점㈜	176,760,795	107,511,381	94,455,885	(7,964,468)	(7,964,468)
A&S Takashimaya Duty Free Company Limited	3,328,521	–	–	–	–
합 계	245,475,637	173,375,581	131,702,552	(10,988,574)	(10,584,541)

상기 피투자 관계기업및공동기업의 재무정보는 5월 결산 재무제표를 사용하였으며, 이후 발생한 유의적인 거래나 사건의 영향을 검토하였습니다.

② 전기말

(단위:천원)

회 사 명	자산총액	부채총액	매출액	당기순손익	포괄순손익
㈜모두투어인터내셔널	2,014,411	3,993,057	1,961,487	(631,821)	(631,821)
GMS Duty Free Co., Ltd.	32,653,918	18,250,046	–	(1,538,840)	(1,984,279)
Sky Shilla Duty Free Ltd.	20,809,710	31,145,031	47,962,304	(8,969,004)	(9,357,854)
에이치디씨신라면세점㈜	78,613,119	1,399,237	–	(2,389,265)	(2,389,265)
합 계	134,091,158	54,787,371	49,923,791	(13,528,930)	(14,363,219)

호텔신라가 투자한 5개 기업 대부분이 적자를 면치 못하고 있으며, 손익을 악화시킨 가장 큰 주범은 에이치디씨신라면세점이다. 호텔신라에 관심이 있거나 투자를 검토하고 있다면, 매출액과 수수료 추이 및 에이치디씨신라면세점 손익 등을 분기별로 체크하면서 회사의 영업 상황이 호전되고 있는지 종합적으로 지켜보고 판단해야 할 것이다.

하나투어가 지분의 82.5%를 보유하면서 지배권을 획득한 에스엠면세점은 하나투어의 연결재무제표 대상이다. 에스엠면세점의 실적이 고스란히 하나투어의 매출액부터 순이익까지 모두 반영된다. 이에 대한 정보 확인은 호텔신라

〈그림 4-20〉 하나투어 연결재무제표 주석 중 종속기업

회사명	주요영업활동	소재지	연결실체 내 기업이 소유한지분율 및 의결권비율(%)		결산일
			당반기말	전기말	
(주)하나여행대부	대부업	대한민국	100.00	100.00	12.31
(주)에스엠면세점	면세점	대한민국	82.54	86.61	12.31
하나투어투자운용(주)	자산관리업	대한민국	100.00	100.00	12.31
(주)월드샵	보험업	대한민국	90.00	90.00	12.31

(3) 당반기말 현재 연결실체의 주요한 종속기업의 요약 재무정보는 다음과 같습니다.
(당반기말) (단위:천원)

법인명	자산총액	부채총액	매출액	반기순이익	총포괄이익
웹투어(주)	15,580,374	6,154,421	7,571,844	193,794	193,794
(주)하나투어아이티씨	19,462,621	4,555,771	3,703,914	132,332	132,332
(주)하나티앤미디어	2,061,705	660,127	1,772,872	(17,088)	(17,088)
(주)하나투어비즈니스	4,833,687	1,681,802	2,515,659	320,398	318,594
(주)CJ월디스	9,346,597	4,475,791	3,750,210	222,269	222,269
(주)하나샵	1,510,858	840,051	870,214	152,387	152,387
HANA TOUR JAPAN CO., LTD	51,005,909	41,053,822	8,936,663	173,344	1,566,717
HANA TOUR CHINA	9,186,926	1,919,357	2,924,315	1,063,892	819,889
(유)유아이관광버스	21,149,711	13,053,631	7,108,777	1,368,993	2,401,023
HANA TOUR USA INC.	8,694,489	4,854,912	2,150,065	136,595	111,350
(주)마크호텔	15,898,874	5,655,656	5,641,755	(1,829,115)	(1,829,115)
(주)에스엠면세점	74,838,584	18,430,962	44,574,651	(14,012,564)	(14,012,564)

보다는 간단한 편이다.

〈그림 4-20〉 하나투어 2016년 반기보고서의 연결재무제표 주석사항에서 '종속기업'을 키워드로 검색해 알아보자.

〈그림 4-20〉에서 보듯이 하나투어는 ㈜에스엠면세점의 지분을 전기에 86.61%, 당반기 말 현재 82.54% 가지고 있다. 지분율 50%를 초과할 정도로 하나투어가 지배권을 가지고 있으므로, 에스엠면세점은 하나투어의 종속기업이 된다. 연결재무제표 대상이므로 ㈜에스엠면세점의 매출액과 이익이 하나투어의 실적 개선에 크게 도움이 될 것이다.

그러나 유감스럽게도 ㈜에스엠면세점은 2016년 반기 현재 매출액 446억 원에 140억 원의 적자를 기록하면서 하나투어 2분기 실적을 적자로 돌려놓았다. 종속기업 대부분이 이익을 내는 상황에서 유일하게 큰 폭의 적자를 기록했다. 하나투어에 관심 있는 투자자라면 기존 여행사 사업의 실적도 중요하지만 면세점 실적에 더 관심을 가져야 할 것이다. 에스엠면세점의 매출액이 하나투어 전체 매출액에서 차지하는 비중이 15% 정도로 크지는 않지만, 에스엠면세점의 적자가 하나투어 손익의 부호를 좌우할 정도까지 되었기 때문이다.

| 업종별 포인트 정리 |

❶ 홈쇼핑

TV홈쇼핑과 인터넷쇼핑은 감소 추세이며 모바일쇼핑만 증가 추세에 있다. 그러나 TV홈쇼핑의 매출 비중이 워낙 높으므로 모바일쇼핑이 급격하게 성장하지 않는 한 홈쇼핑기업의 이익 증가는 당분간 힘들어 보인다.

특히 홈쇼핑기업의 주요 영업비용인 케이블방송사에 대한 송출수수료가 증가 추세인 상황에서 TV홈쇼핑 매출이 감소하고 있어서 손익이 더 악화되고 있다.

❷ 백화점

현대백화점과 신세계는 판매중개 비중이 높아서 수수료매출이 큰 편이고, 롯데쇼핑은 직접매입해서 직접판매하는 비중이 커서 이익률이 낮은 편이다. 따라서 영업이익률은 현대백화점 〉 신세계 〉 롯데쇼핑 순이다.

❸ 소셜커머스, 전자상거래 등

백화점과 마찬가지로 수수료매출 비중이 클수록 이익률이 높으며, 직접매입해서 직접판매하는 비중이 높을수록 이익률이 낮다. 수수료매출 비중이 클수록 이익률이 높아서 광고 및 판매촉진비 지출에 더 적극적인 모습이다.

❹ 면세점

매출은 증가 추세이지만 영업이익은 감소 추세. 그 원인은 입점한 공항에 대한 높은 임차료에 있는데, 매출이 많이 증가하지 않는 이상 영업이익률이 개선되기는 어려워 보인다. 특히 호텔신라는 싱가포르 창이공항의 매출액이 4배 가까이 증가했음에도 불구하고 적자폭은 더 커졌다. 게다가 시내 면세점이 추가로 오픈하면서 경쟁이 더 치열해져서 영업이익률 5%대 달성도 벅차 보인다.

칼럼

도심형 면세점, 황금알은 없었다

최순실 국정농단이 면세점 사업자 선정까지 번지고 있다. 일부 대기업들이 면세점 사업자 선정과 관련하여 청와대에 청탁한 대가로 미르재단·K스포츠재단 출연금을 냈다는 의혹을 받고 있다는 것이다.

최근 2년간 면세점 사업자들이 계속 발표되어 신규 도심형 면세점이 속속 개점했다. 2015년 7월에는 현대산업개발과 호텔신라의 공동기업 형태인 HDC신라면세점, 한화갤러리아타임월드, 하나투어의 에스엠면세점이 선정됐다. 같은 해 11월에는 롯데, 두산, 신세계를 2차 시내 면세점 사업자로 선정했다. 이것도 모자랐는지 이달 중순에 3차 시내 면세점 사업자 선정 발표가 예정돼 있다.

신규 사업자를 계속 발표하는 것을 보면 아직도 면세점 숫자가 부족하고 기존 면세점들이 돈을 아주 잘 버는 것처럼 생각된다.

그러나 면세점 관련 기업들의 사업보고서를 전자공시시스템(DART)에서 찾아보면 실적은 예상과 달리 처참하기 그지없다. 세계 최대 도심형 면세점을 지향하는 HDC신라면세점은 올해 3분기까지 매출액 1,900억 원, 순손실 111억 원을 기록했다. 한화갤러리아타임월드는 도심형 면세점이 추가되면서 3분기까지 매출액이 전년도 같은 기간 대비 69% 증가한 2,033억 원으로 늘어났지만, 113억 원 영업흑자가 단숨에 113억 원 영업적자로 바뀌었다. 에스엠면세점은 711억 원의 매출액을 기록했지만, 208억 원의 순손실을 내면서 결국 하나투어의 경영에 부담을 주기 시작했다.

하나투어는 에스엠면세점의 지분을 83% 가진 최대주주로서 에스엠면세점의 재무제표를 합친 연결재무제표 작성을 한다. 하나투어의 3분기 연결재무제표를 보면 매출액은 전년도 같은 기간 대비 34% 증가한 4,487억 원을 기록했지만 순이익은 면세점으로 인해 무려 78% 감소해 55억 원에 그쳤다. 실적이 이러하니 주가 또한 수직낙하가 불가피했다. 2015년 7월 대비 호텔신라, 한화갤러리아타임월드, 하나투어의 주가하락률을 보면 무려 65%에서 84%에 달할 정도다.

황금알을 낳을 것 같던 면세점이 왜 이렇게 되었을까. 저유가로 인해 항공운임이 많이 싸졌고, 그로 인해 출국자 수는 매

칼럼

년 증가하는 추세이므로 분위기는 나쁘지 않았다. 2015년의 총 출국자 수는 2014년 대비 21% 증가한 1,789만 명을 기록했다. 2016년 3분기에도 2015년 3분기 대비 18% 증가한 1,553만 명이 출국했다. 그러나 안타깝게도 한국을 찾는 외국인 관광객 수는 2014년 1,420만 명으로 정점을 찍은 뒤 지난해에는 7% 감소한 1,323만 명으로 줄었다. 이 수치는 계속 감소할 것으로 예상된다. 고고도미사일방어체계(사드)에 대한 보복으로 추정되는 중국 정부의 방한 중국인 관광객 20% 감소지침이 생겼기 때문이다.

여기에 소비 트렌드가 바뀌는 것도 면세점 손익 악화의 한 요인으로 볼 수 있다. 『명견만리』, 『트렌드코리아』 같은 책을 보면 이제는 값비싼 명품 브랜드 소비보다는 가성비(가격 대비 성능)와 합리적 소비 추구를 중요시하는 시대가 되었다고 한다. 실제로 명품시장은 최근 2년간 성장세가 급격히 하락했고 거대 명품 소비시장이던 중국에서조차 마이너스 성장을 기록했다고 한다.

이렇게 외국인 관광객 수가 감소하고, 소비 트렌드에 변화가 이는 상황에서 면세점 특허수수료, 고객 유치비용, 임차료 등 각종 비용부담으로 면세점의 실적은 계속 악화되고 있다. 호텔롯데나 호텔신라 같은 거대 면세점 기업의 영업이익률이 웬만한 제조업보다 낮은 2~4%대라는 것은 황금알을 낳는다는 면세점 사업의 허상을 여실히 보여 주는 한 단면이다. 이렇게 역성장하고 있는 면세점 사업을 하면서 청탁 의혹까지 제기되었으니 경영자는 이러려고 면세점 사업했나 하는 자괴감이 들고 괴로워할지도 모르겠다.

― 경향신문
[박동흠의 생활 속 회계이야기]
(2016. 12. 11.)

5장

수주산업

높은 매출총이익률을 유지하는가?
미청구공사잔액이 크지 않은가?
영업활동현금흐름에서 유입(+)이 이루어지는가?

1. 수주산업과 미청구공사

수주산업은 발주처로부터 주문을 받고(수주) 발주처가 원하는 결과물을 오랫동안 만들어 인도하는 일을 하는 산업이다. 건설사, 조선사, 중공업기업 등이 수주산업에 속하며, 삼성에스디에스나 SK(구 SKC&C)같이 시스템통합SI, System Integration 일을 하는 기업도 포함된다.

오랫동안 공사가 진행되므로 수익과 비용을 어떻게 인식할 것인가가 이 산업의 중요 포인트면서 어려운 문제이기도 하다. 중요한 것은 수익과 비용을 몇 년에 걸쳐 복잡한 방식으로 인식해도 공사 기간 동안 현금이 들어오는 금액의 합계와 결론적으로 같다는 것이다.

3년에 걸쳐 공사를 진행하는 용역을 수주했는데, 수주금액은 1억 2,000만 원이고 손익계산서상 수익과 현금흐름은 다음과 같다고 가정해 보자.(〈표 5-1〉 참조)

〈표 5-1〉 수주산업의 수익과 현금흐름 비교 (단위: 원)

	손익계산서상 수익	현금흐름	차이
1년 차	24,000,000	20,000,000	4,000,000
2년 차	36,000,000	30,000,000	6,000,000
3년 차	60,000,000	70,000,000	-10,000,000
합계	120,000,000	120,000,000	-

〈표 5-1〉에서 보듯이 매년 재무제표에서 매출로 인식하는 금액과 실제 기업에 들어오는 현금흐름 사이에는 시점 간 차이가 발생할 수 있지만, 합계는 같다. 수주산업 재무제표가 어려운 이유는 이 손익계산서상 수익금액을 산정하는 논리가 어렵고 많은 추정이 들어가기 때문이다. 그러나 이익을 극대화하는 게 사업의 목적이라는 관점에서 수주산업을 바라본다면 복잡함도 단순화할 수 있다.

2015년 여름부터 시작해서 아직 논란이 그치지 않는 대우조선해양의 재무제표를 보자. 〈표 5-2〉는 대우조선해양의 2010년부터 2015년 1분기까지 재무제표 중 손익계산서의 중요 수치를 정리한 표이다.

〈표 5-2〉 대우조선해양 2010~2015년 1Q 손익계산서 (단위: 억 원)

	2010년	2011년	2012년	2013년	2014년	2015년 1Q
매출액	129,895	139,033	140,578	153,053	167,863	44,861
영업이익(손실)	11,986	10,887	4,863	4,409	4,711	-433
이자비용	1,455	1,191	1,550	1,533	1,403	225
당기순이익	7,760	6,483	1,759	2,419	330	-1,724
영업이익률	9.2%	7.8%	3.5%	2.9%	2.8%	-1.0%

〈표 5-2〉는 2015년에 중요한 오류가 발견되어서, 2013년부터 2015년의 재무제표를 수정해 공시한 사업보고서가 나오기 전에 작성된 재무제표다. 확정된 사업보고서의 수치를 쓰지 않은 이유는, 2015년 반기에 대규모 적자 이슈가 부각되기 전부터 이미 대우조선해양의 재무제표는 부실을 경고하고 있었다는 것을 보여 주기 위함이다. 즉, 대규모 적자가 나오기 전인 2015년 1분기까지의 재무제표만 봐도 이미 대우조선해양의 재무제표는 매우 위험한 상태였다. 단 〈표 5-2〉와 같이 손익계산서만 봐서는 알 수 없다. 왜냐하면 손익계산서는 발생주의에 따라 수익과 비용만 인식될 뿐이지, 현금이 잘 들어오는지에 대한 정보가 없기 때문이다. 〈표 5-2〉를 보면 매출은 15조 원 이상이고, 영업이익은 4,000억 원대가 발생했다. 영업이익으로 이자비용을 충분히 감당하고 당기순이익까지 났다. 적어도 손익계산서상으로는 성장률이 좀 둔화했다는 것과 이익률이 계속 낮아진다는 것 외에 큰 문제는 없어 보인다.

이제 〈표 5-3〉에서 현금흐름표를 보자.

〈표 5-3〉 대우조선해양 2010~2015년 1Q 현금흐름표   (단위 : 억 원)

	2010년	2011년	2012년	2013년	2014년	2015년 1Q
영업활동으로 인한 현금흐름	-2,098	23	-9,961	-11,979	-5,602	-7,879
당기순이익	7,760	6,483	1,759	2,419	330	-1,724
투자활동으로 인한 현금흐름	-4,519	-6,118	-4,134	-1,570	-1,992	-569
재무활동으로 인한 현금흐름	3,567	5,375	11,358	14,625	5,207	8,309

영업활동현금흐름은 기업의 기본적인 수익 창출을 위해 발생하는 재화의 판매, 용역 제공, 원자재 및 상품 매입, 제조 및 관리활동 등에서 발생하는 모든 현금의 유출과 유입을 의미한다. 쉽게 말해서 금액이 (+)면 돈을 벌었다는 것이고, (-)면 번 돈보다 쓴 돈이 더 많았다는 이야기다. 〈표 5-3〉에서 영업활동

으로 인한 현금흐름의 숫자와 당기순이익을 같이 놓고 비교해 보자.

몇천억 원씩 이익을 내는 회사가 왜 영업활동으로 인한 현금흐름은 계속 (−)일까? 2011년에는 23억 원을 벌었으니까 계속 (−)는 잘못된 표현일 수 있다. 그래도 매출 13조 9,033억 원에 당기순이익 6,483억 원을 기록한 회사의 영업활동현금흐름이 23억 원이라는 것은 뭔가 문제가 있어 보인다.

〈표 5-3〉에서 보듯이 대우조선해양의 영업활동으로 인한 현금흐름은 2011년 한 해를 제외하고 매년 마이너스를 기록했다. 회사가 영업활동에서 돈을 벌지 못하면 어떻게 될까? 만약 내가 커피전문점 사업을 하고 있는데 적자가 발생한다. 그런데 직원들 급여 줄 돈도 없고, 본사 요구에 따라 인테리어도 새로 해야 하고 집기도 들여놔야 하는 상황이라면? 아마 나는 당장 돈부터 빌리러 다닐 것이다.

대기업이라고 다를 건 없다. 운영자금도 부족하고 투자할 돈도 없으니 은행에서 빌리거나 주주에게 손을 벌려야 한다. 즉 차입금이 발생하거나 유상증자를 할 것이다. 은행에서 돈을 빌려 오기 때문에 재무활동으로 인한 현금흐름은 (+)가 된다. 그러나 일반적으로 재무활동으로 인한 현금흐름은 현금 유입(+)보다는 현금 유출(−)이 좋다. 재무활동에서 현금 유출이 발생한다는 것은 영업활동에서 많은 돈을 벌어서 은행 빚도 갚고, 주주들에게 배당도 했다는 의미이기 때문이다. 재무활동으로 인한 현금흐름이 (+)면 유상증자로 주주 돈이 들어오든가, 은행에서 차입을 더 많이 했다는 의미다. 회사에 돈이 들어와서 좋기는 하겠지만, 원천이 영업으로 번 돈이 아니라 갚아야 할 돈이거나 기존 주주가치를 희석시키는 돈이 들어온 것이기 때문에 마냥 좋은 것은 아니다.

투자활동 현금흐름은 (−)가 정상이다. 왜냐하면 기업은 계속 미래를 위해 투자해야 하므로 대부분의 기업 현금흐름표에서 투자활동으로 인한 현금흐름은 유출(−)이다.

좋은 현금흐름과 나쁜 현금흐름을 정리하면 〈표 5-4〉와 같다.

〈표 5-4〉 좋은 현금흐름과 나쁜 현금흐름

	좋은 현금흐름	나쁜 현금흐름
영업활동으로 인한 현금흐름	+	-
투자활동으로 인한 현금흐름	-	+ or -
재무활동으로 인한 현금흐름	-	+

상식적으로 이해하면 된다. 영업활동에서 돈을 번다(+), 투자활동에 쓴다(-), 빚 갚거나 배당금을 지급(재무활동)한다(-), 모두 좋은 현금흐름이다. 반대로 영업활동에서 버는 돈보다 쓰는 돈이 더 많아서 발생한 현금 유출(-)이라면, 회사는 돈이 부족해서 재무활동(빚을 내거나 유상증자 시행)을 통해 돈을 채워야 하니 당연히 좋지 않은 현금흐름이 된다. 회사는 사업에 계속 투자해야 하는데 그 투자재원을 영업활동에서 벌지 못한다면, 결국 차입금이나 주주의 유상증자 대금으로 충당할 수밖에 없다. 언젠가 돈을 벌겠지 하는 희망으로 주주들이 계속 유상증자를 해 준다면 주주가치는 희석되겠지만, 차입금 비중이 작으니 재무구조는 좋을 수 있다. 그러나 재무활동에서 들어오는 돈 대부분이 거의 다 차입금으로 이루어진다면 빚 부담이 커져서 재무구조는 당연히 나쁠 수밖에 없다. 차입금이 많은 기업은 영업활동에서 돈을 벌어야만 이를 해소할 수 있는데, 계속 돈은 못 벌고 은행에서 돈만 빌려 온다면 그 기업의 장래는 암담할 수밖에 없다.

대우조선해양이 바로 이런 현금흐름의 모습을 보여 왔다. 재무활동으로 인한 현금흐름에서 매년 큰 금액이 유입되었는데, 내용을 들여다보면 차입금이 엄청나게 증가하고 있음을 알 수 있다. 대우조선해양의 재무상태표를 보면 2010년에 차입금 및 사채가 2조 9,000억 원이었는데, 4년 뒤인 2014년 말에는 7

조 6,000억 원으로 불어났다. 손익계산서상 매년 영업이익을 내고 이자비용도 감당하는 회사인데, 왜 차입금이 불과 4년 만에 2배 이상이나 늘어났을까? 이에 대한 해답을 얻으려면 결국 어려운 미청구공사 이야기를 할 수밖에 없다.

미청구공사란

미청구공사는 수주산업에만 나오는 특유의 재무제표 계정과목이다. 회계나 재무제표와 관련 없는 사람들에게는 친숙하지 않은 용어인데, 대우조선해양 사건으로 인해 매일 뉴스에 언급되다시피 해서 이제는 많은 사람에게 익숙한 용어가 되어 버렸다.

미청구공사라는 용어를 풀어쓰면, '공사는 다 했는데 아직 고객사에 청구하지 못했다'는 의미다. 공사를 끝내고 고객사에 대금을 청구하면 미청구공사가 아닌 매출채권 계정과목을 쓴다. 매출채권은 받을 돈이 있다는 의미이고 발주처와 수주처 간에 계산서를 주고받을 때 성립된다. 그러나 미청구공사는 수주처만 받을 돈이 있다고 생각하는 것이고, 아직 양사 간에 계산서를 주고받지 않은 상황일 때 쓰는 용어가 된다.

자세한 개념 설명을 위해 『박 회계사의 재무제표 분석법』의 수주산업 편 예시를 다시 보도록 하자.

[**사례**] 2016년 1월 1일 A중공업은 유럽 선주로부터 선박 1척을 1억 2,000만 원에 수주했다. 총 공사 기간은 3년(2018년 12월 31일 완공)이며, A중공업에서 이 프로젝트의 원가를 계산해 보니 1억 원이면 제작이 가능할 것으로 추정했다. 3년 동안 발생하는 원가와 총 예정원가는 〈표 5-5〉와 같다.

〈표 5-5〉 A중공업 2016~2018년 발생원가와 총 예정원가

	2016년	2017년	2018년
발생원가	2,000만 원	3,000만 원	5,000만 원
완공까지 추가 소요 원가	8,000만 원	5,000만 원	-
총 예정원가	1억 원	1억 원	1억 원
공사 진행률	20%	30%	50%

유럽선주와 A중공업 간에 맺은 계약에 따르면 2016년에 계약금 1,000만 원, 2017년에 중도금 2,000만 원, 2018년에 잔금 9,000만 원을 지급하기로 했다. 전형적인 헤비테일Heavy tail 방식이다. 계약금과 중도금은 조금만 주고, 완공되는 시점에 대금 대부분을 지급하는 이 헤비테일 방식은 수주산업을 힘들게 하는 요인 중의 하나다.

우리나라 조선업은 한때 세계 최고였으나 이제는 중국과 일본의 견제도 심하고, 유로존 경기 악화에 따라 주요 선주가 몰려 있는 유럽의 발주량도 예전만 못하다. 거기에 오랫동안 이어진 저유가 시조로 플랜트 쪽도 많이 좋지 않다 보니, 수주기업들이 절대적 을의 위치에 놓이게 되어 이런 불합리한 계약 구조를 받아들일 수밖에 없다. 그러다 보니 기업들은 완공 시점까지 투입되는 공사비용을 은행 돈으로 빌려 쓰는 구조가 되었다. 만약 이런 상황에서 발주처에서 인도를 거부하거나 지연시킨다면, 수주기업의 현금흐름은 더 악화될 수밖에 없다.

A중공업은 유럽 선주에게 2016년에 1,000만 원, 2017년에 2,000만 원, 2018년에 9,000만 원의 돈을 달라고 계산서를 보내 돈을 받을 것이다. 그렇다면 이때 들어오는 돈이 A중공업의 수익(매출)이 될까?

정답은 아니다. 왜냐하면 재무제표 작성 기준은 현금이 들어올 때 수익을 인식하고, 현금이 나갈 때 비용을 인식하는 현금주의 회계가 아니기 때문이다.

회계의 기본 원칙은 거래나 사건이 발생한 시점에 수익과 비용을 인식한다는 발생주의 회계를 따른다. 발생주의 회계에 따라 A중공업은 수익을 인식해야 하므로 유럽 선주와 맺은 계약서의 현금흐름은 손익계산서의 매출과 일치하지 않게 된다. 거래나 사건이 발생한 시점에 수익을 인식한다는 것은 A중공업이 배를 다 만들어서 유럽 선주에게 인도하는 것을 의미할까? 그러나 이 역시 적절하지는 않다. 왜냐하면 배를 만드는 3년 내내 계속 비용이 발생하는데 수익은 마지막 연도에 한 번만 잡는다면 손익계산서의 모양이 이상해지기 때문이다.

돈이 들어올 때 수익으로 잡는 것도 안 되고, 배를 인도할 때 수익으로 잡는 것도 모두 불가능하다. 그렇다면 거래나 사건이 발생한 시점을 어떻게 잡아야 할까? 이에 대해 회계기준은 공사 진행률에 비례해 수익을 인식하라고 규정하고 있다. 이 진행률은 배의 외관 완성도라든가 기술적으로 인식하는 공정률이나 공사 기성률(공사 계약금액 대비 기성(공사진척도)을 받은 금액의 백분율)을 의미하는 것은 아니다. 진행률은 회계적으로 산정된다. 〈표 5-5〉에 나와 있듯이 총 예정원가에서 실제 원가가 어느 정도 발생했는지를 가지고 측정한다.

2016년도에는 총 예정원가 1억 원 중에서 2,000만 원의 원가가 실제로 발생했으므로 공사 진행률은 20%가 된다. 즉 '실제 발생원가 / 총 예정원가'가 공사 진행률이다. 이 공사 진행률은 수주처인 A중공업만 계산한다. 발주처인 유럽 선주는 이 공사 진행률에 전혀 관심이 없기 때문이다. 처음 계약한 대로 2016년에 1,000만 원, 2017년에 2,000만 원, 2018년에 9,000만 원짜리 계산서를 받아서 A중공업에 돈을 보내 주면 되고, 완성된 배도 2018년에 받으면 모든 거래가 끝난다. 원가를 언제 얼마나 투입했는지는 관심 밖이다.

그러나 수주처인 A중공업 입장에서는 돈 받는 시점에서의 매출이 아닌, 실제 거래나 사건이 발생한 시점에 매출로 잡아야 하므로 이 공사 진행률이 매우 중요하다.

매출액은 수주액인 1억 2,000만 원에 공사 진행률을 곱해서 산정한다. 즉 2016년에는 매출액이 2,400만 원(1억 2,000만 원×20%), 2017년에는 매출액이 3,600만 원(1억 2,000만 원×30%), 2018년에는 매출액이 6,000만 원(1억 2,000만 원×50%)이 된다. 이를 표로 정리하면 〈표 5-6〉과 같다.

〈표 5-6〉 A중공업 계약 조건(현금흐름표)과 수익 인식(손익계산서)

	계약 조건(현금흐름표)	수익 인식(손익계산서)	시점 차이
2016년	착수금 1,000만 원	2,400만 원 (1.2억 원 x 20%)	1,400만 원
2017년	중도금 2,000만 원	3,600만 원 (1.2억 원 x 30%)	1,600만 원
2018년	잔금 9,000만 원	6,000만 원 (1.2억 원 x 50%)	-3,000만 원
합계	1억 2,000만 원	1억 2,000만 원	-

A중공업 손익계산서의 매출액은 유럽 선주로부터 받는 현금의 흐름과는 전혀 다른 숫자가 표시된다. 그러나 공사가 마무리되는 2018년에 가서 3년 치의 현금흐름과 수익을 비교해 보면 합계액은 같다. 단지 시점 차이만 발생한 것뿐이다.

A중공업은 2016년에 매출을 2,400만 원으로 인식한다. 그러나 유럽선주에게 돈을 달라고 청구할 수 있는 금액은 1,000만 원밖에 안 된다. A중공업이 유럽 선주에게 20%의 일을 끝냈으니 2,400만 원을 청구하겠다고 연락하면 유럽 선주는 계약서에 있는 숫자대로 청구하라고 하면서 콧방귀를 뀔 것이다. 그러나 A중공업은 20% 치 일을 끝냈으므로, 회계원칙에 따라 2,400만 원을 수익으로 인식해야 한다. 매출은 2,400만 원으로 인식했는데, 매출채권은 1,000만 원밖에 잡지 못한다. 유럽 선주는 A중공업에 줘야 할 돈이므로 같은 금액을 매입채무로 잡는다. 이때 발생하는 차이인 1,400만 원은 어떻게 할까? 여기서 바로

미청구공사란 계정과목이 발생한다.

A중공업은 미청구공사 1,400만 원을 유동자산에 표시한다. 공사는 완료했고 청구만 못했을 뿐 A중공업 입장에서는 곧 받을 수 있는 돈이기 때문에 자산으로 표시하는 것이다. 미청구공사 1,400만 원은 다음에 매출채권으로 신분이 상승한다. 청구를 하지 못한 미청구공사에서 돈을 달라고 청구하는 매출채권으로 계정과목이 바뀔 것이기 때문이다. 이를 정리하면 〈그림 5-1〉과 같다.

〈그림 5-1〉 A중공업 미청구공사 및 매출채권

A중공업				유럽 선주	
재무상태표		손익계산서		재무상태표	
매출채권	1천만원	매출	2천4백만원	매입채무	1천만원
미청구공사	1천4백만원				
합계	2천4백만원				

미청구공사는 공사가 완료되고 모든 채권이 다 청구되면 자연스럽게 소멸한다. 여기까지는 특별히 문제가 없다.

그렇다면 다시 대우조선해양의 사례로 돌아가 보자. 왜 대우조선해양은 영업활동에서 현금흐름이 마이너스(−)인지에 대해 생각해 보자. 결론부터 미리 말하자면 핵심은 미청구공사다.

대우조선해양 미청구공사

대우조선해양의 최근 5년간 재무상태표에서 미청구공사를 정리하면 〈표 5-7〉과 같다.

〈표 5-7〉 대우조선해양 2010~2015년 1Q 미청구공사
(단위 : 억 원)

	2010년	2011년	2012년	2013년	2014년	2015년 1Q
미청구공사	44,970	42,880	33,554	58,681	73,959	94,149

미청구공사 잔액은 매년 금액이 늘어나더니 급기야 2015년 1분기에는 2010년 대비 2배 이상 증가했다. 미청구공사는 이미 살펴봤듯이 공사는 완료했는데 청구는 아직 하지 못한 상황을 의미한다. 미청구공사는 매출채권으로 신분이 바뀌고 다시 현금으로 회수되면서 사라져야 하는 자산계정이다. 회계적으로 표현하면 〈그림 5-2〉와 같다.

〈그림 5-2〉

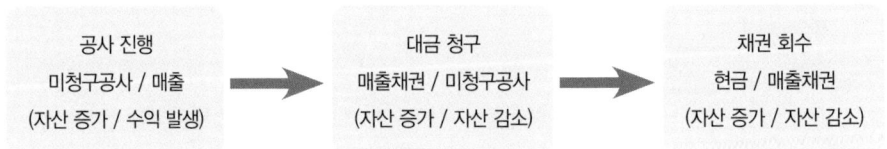

시점 간의 차이가 있을 뿐, 재무상태표에 표시된 미청구공사와 매출채권은 현금으로 다 회수되면서 모든 사이클이 종료되어야 한다. 그런데 미청구공사가 계속 증가한다는 것은 아직 매출채권으로 고객사에 청구도 되지 않았다는 의미다. 청구는 안 했지만, 미청구공사는 인식했으니 손익계산서에 매출은 늘어났고 이익의 모습으로 보이는 것이다.

왜 미청구공사는 계속 증가하는 모습을 보일까? 여러 사정이 있겠지만 정확한 원인은 항상 감사원, 금융감독원, 검찰청 같은 기관의 조사를 받아야 밝혀진다. 투자자나 회계정보이용자의 입장에서는 사전에 위험 징후를 발견하고 회피하는 것이 가장 중요하므로, 이 가능성에 대해 한번 추정해 보도록 하자.

진행률 조작 가능성

매출액을 계산하는 공식을 다시 한 번 상기해 보자.

$$매출액 = 수주액 \times 진행률 = 수주액 \times \frac{실제\ 원가}{예정\ 원가}$$

예정원가에서 얼마만큼의 원가가 실제로 발생했는지에 따라 매출액이 결정된다. 매출액을 늘리기 위해 실제원가를 늘린다면 이익이 줄어들기 때문에 기업 입장에서는 별로 바람직하지 않은 회계처리다. 진행률을 올리기 위해 실제원가보다는 예정원가를 줄이는 게 기업 입장에서는 유리하다.

예정원가를 늘리고 줄이는 것을 불법이라고 단언하기도 어렵다. 왜냐하면 기업이 장기간에 진행하는 프로젝트의 정확한 원가를 추정한다는 것은 거의 불가능하기 때문이다. 물가, 환율, 국제 원자재 등 여러 변수가 수시로 바뀌고, 사람이 하는 일이다 보니 일정도 예상보다 길어질 수 있는 것이다. 그래서 예정원가에는 불가피하게 기업의 추정이 들어갈 수밖에 없다. 단, 최선의 추정을 해야 하고 투명해야 한다. 고의로 잘못된 추정을 하게 되면 분식회계가 되기 때문이다.

예를 들면 A중공업이 배를 만드는 2년 동안은 예정원가가 1억 원이 아닌 8,000만 원으로 바꿔서 계산하다가 마지막 연도인 2018년에 나머지 원가가 모두 투입되었다고 가정해 보자. 〈표 5-5〉와 〈표 5-6〉은 다음과 같이 바뀌게 될 것이다.

〈표 5-8〉 A중공업 2016~2018년 발생원가와 총 예정원가

	2016년	2017년	2018년
발생원가	2,000만 원	3,000만 원	5,000만 원
완공까지 추가 소요 원가	6,000만 원	3,000만 원	-
총 예정원가	8,000억 원	8,000만 원	1억 원
공사진행률	25%	37.5%	37.5%

〈표 5-9〉 A중공업 2016~2018년 계약 조건(현금흐름표)와 수익 인식(손익계산서)

	계약 조건(현금흐름표)	수익 인식(손익계산서)	시점 차이
2016년	착수금 1,000만 원	3,000만 원 (1.2억 원 x 25%)	2,000만 원
2017년	중도금 2,000만 원	4,500만 원 (1.2억 원 x 37.5%)	2,500만 원
2018년	잔금 9,000만 원	4,500만 원	-4,500만 원
합계	1억 2,000만 원	1억 2,000만 원	-

2016년과 2017년의 매출과 미청구공사가 일시 증가하는 모습을 보인다. 그래도 2018년에 정상적으로 공사가 마무리되고 인도된다면 모두 매출채권으로 바뀌므로 미청구공사는 감소할 것이다. 정상적이라면 중간에 매출액과 미청구공사 금액을 늘려서 실적이 좋아지는 것은 가능하지만, 결국 시점 차이일 뿐 공사가 마무리되면서 자연스럽게 모두 해소된다. 대우조선해양도 진행률을 조작해 분식회계를 저질렀다는 조사 내용이 발표되었기 때문에 이렇게 미청구공사가 증가했을 가능성이 있다. 그래도 여전히 의심스러운 부분은 미청구공사가 왜 감소하지 않고 계속 증가했느냐는 것이다. 그 부분에 대해서는 다른 가능성들을 추정해 볼 수 있다.

예를 들면 공사 기간이 예정보다 길어질 수도 있다. 실제로 2015년에 대부분의 조선사에서 해양플랜트의 경험 부족으로 공시 기간이 길어지고 적자가 누적되고 있다는 고백을 했었다. 공사 기간이 예정보다 연장되면서 거래처에 인

도가 되지 않고 잔액에 대한 계산서를 발송하지 못하면서 계속 미청구공사로 남아 있을 수 있다.

다음은 발주처가 인도를 거부하거나 지연할 가능성도 있다. 공사가 마무리되어 잔금을 청구하고 받아야 하는데, 발주처의 재정이 악화되거나 발주처가 부도가 나는 상황이 발생할 수도 있다. 발주처가 이유 없이 인도를 거부하면 벌과금을 물 수도 있으므로 이는 가능성이 희박하다. 하지만 품질이나 여러 다른 이유를 들어 인도를 거부한다면, 수주처는 잔금에 대한 계산서를 보내지 못하고 계속 미청구공사 상태로 남아 있을 수밖에 없다.

최악의 상황은 가공매출 가능성이다. 물론 대기업에서 이런 위험한 분식회계를 저지를 가능성은 거의 없다. 예외적으로 뒤의 사례에 나오는 작은 코스닥 기업은 가공매출로 분식했던 전력이 있다. 실체도 없는 계약을 만들고 가공의 숫자를 미청구공사와 매출액에 달아버리면 재무제표는 당연히 좋아 보인다. 그러나 가공의 거래처에서는 돈이 절대 들어올 수 없기 때문에 미청구공사는 매출채권으로 신분이 바뀌지 않고 계속 남아 있을 수밖에 없다. 이 사례는 뒤에서 살펴보도록 하자.

미청구공사 증가가 기업에 미치는 영향

미청구공사금액이 점점 커지면 어떻게 될까? 반복해서 이야기하지만 미청구공사는 정식으로 거래처에 청구할 수 있는 매출채권으로 승격되면서 없어지고, 매출채권은 현금이 회수되면서 사라지는 자산이다. 그런데 미청구공사가 계속 증가하고, 매출채권으로 안 바뀌고, 현금으로 회수되지 않는다면 어떻게 될까?

당연히 회사에 돈이 부족할 수밖에 없다. 회사에 돈이 부족하면 은행에서 빌리거나 주주에게 증자를 받거나 회사가 가진 자산을 처분해서 돈을 구해야 한다. 대우조선해양은 어떻게 했을까? 미청구공사가 증가되는 기간 동안 부채 쪽도 같이 살펴보자. (〈표 5-10〉 참조)

〈표 5-10〉 대우조선해양 2010~2015년 1Q 미청구공사 및 장단기차입금, 사채 (단위 : 억 원)

	2010년	2011년	2012년	2013년	2014년	2015년 1Q
자산						
미청구공사	44,970	42,880	33,554	58,681	73,959	94,149
부채						
장단기차입금 및 사채	29,063	43,729	54,348	68,644	76,328	77,646

미청구공사가 증가하는 속도에 맞춰 장단기차입금 및 사채도 같이 증가하고 있다. 우연의 일치일 수 있지만, 2010년 말에서 2015년 1분기까지 증가된 미청구공사 금액과 장단기차입금 및 사채금액은 약 4조 9,000억 원으로 금액이 비슷하다. 2015년에 대우조선해양의 대규모 적자가 이슈화되면서 같이 문제가 된 부분이 바로 차입금이 너무 과다하다는 점이었다. 재무 구조도 좋지 않고 돈도 못 버는 기업에 또다시 국민 혈세를 지원해 줄 경우 회수할 수 있겠느냐는 주장이 제기될 만하다.

만약 거래처가 부도가 나거나 품질 이슈 등의 문제로 인도를 거부하여 미청구공사가 현금으로 회수될 가능성이 거의 없어진다면 대손충당금을 쌓아야 한다. 대손충당금은 쌓는 시점에 비용으로 인식되므로, 회사 전체의 이익이 줄어들거나 손실을 더 키우는 효과를 낳게 된다. 또한 과거에 매출로 인식하고 이익을 키운 부분은 아무 의미도 없게 된다. 따라서 수주산업에 속한 기업들은 일감을 많이 수주하는 것도 중요하지만, 공사를 잘 마무리 짓고 받아야 할 돈(미청구공사, 매출채권)을 제때 받는 게 더 중요한 시대가 되었다.

현금흐름표만 살펴봐도 위험은 피할 수 있다

손익계산서도 중요하지만, 그에 못지않게 현금흐름표도 매우 중요한 재무제표다. 특히 오랜 기간 공사가 진행되는 수주산업은 다른 산업에 비해 중요성이 더 커지고 있다. 매출과 미청구공사는 이미 살펴본 대로 진행률에 추정이 들어가므로 때에 따라서는 조작도 가능하다. 그러나 현금흐름까지 속이기는 어렵다.

기업에 돈이 들어오고 나가는 것은 은행계좌 내에서 이루어지고 자금 출처가 명확하므로 조작하기 어려운 게 바로 현금흐름표다. 손익계산서에서 매출이 발생하고 이익이 표시되더라도, 영업과 관련된 채권이 회수되지 않으면 현금흐름표에서 현금 유입(+)으로 표시되지 않는다. 손익계산서에서 매출액이 늘어나고 영업이익이 발생하는 것도 중요하지만, 안정적으로 현금흐름이 창출되고 있는지 확인하는 것이 수주산업에서 점검해야 할 중요 포인트다.

수주산업은 장기간에 걸쳐 프로젝트가 이루어지고 헤비테일 방식으로 돈을 지급받는다는 특징이 있다. 이는 1~2년 정도는 현금흐름이 일시적으로 악화할 수도 있고, 특정 시점에 크게 좋아질 수도 있다는 뜻이다. 그러므로 1~2년 정도 현금흐름이 일시적으로 좋지 않다고 해서 나쁜 기업으로 단정 지어서는 안 된다.

〈표 5-11〉은 가치투자자들에게 인기 있는 동원개발의 재무제표에서 중요한 재무 정보만 추출한 것이다.

〈표 5-11〉 동원개발 2011~2015년 손익계산서, 재무상태표, 현금흐름표의 중요 정보　(단위 : 억 원)

재무제표 종류	계정과목	2011년	2012년	2013년	2014년	2015년
손익계산서	매출액	2,164	3,849	3,183	3,401	5,150
	영업이익	259	418	443	772	1,171
	당기순이익	178	345	328	590	902
재무상태표	미청구공사	146	129	28	46	75
현금흐름표	영업활동현금흐름	283	-56	-50	885	274

　　손익계산서를 보면 매출액, 영업이익, 당기순이익 모두 급증하는 추세다. 재무상태표의 미청구공사 잔액은 매출액이 증가하는 것과 비례해서 늘어나지 않는다. 오히려 2013년에 많이 감소했고, 그 이후에 소폭 증가했지만 큰 수치도 아니다. 대우조선해양의 미청구공사 금액이 계속 늘어나는 것과는 다른 모습이다.

　　그런데 현금흐름표상 영업활동현금흐름은 2012년과 2013년에 (-)의 모습을 보이기도 한다. 그러다가 2014년에 큰 금액의 (+)영업활동현금흐름으로 바뀌었다. 영업활동현금흐름이 일시적으로 좋지 않은 모습을 보인 2012년과 2013년에 투자를 고민했다면 판단을 내리기 쉽지 않았을 것이다. 그러나 업종의 특성을 고려할 때 이는 충분히 이해 가능한 현금흐름의 모습이다. 대우조선해양처럼 계속 영업활동현금흐름이 (-)라면 정말 큰 문제지만 (+)와 (-)를 반복하고, 미청구공사 잔액이 크지 않다면 그렇게 중요한 문제는 아니기 때문이다.

　　이번에는 동원개발과 다른 모습의 기업을 한번 살펴보도록 하자. 〈표 5-12〉는 우양에이치씨 2014년 3분기까지의 재무제표이다.

〈표 5-12〉 우양에이치씨 2010~2014년 3Q 손익계산서, 재무상태표, 현금흐름표   (단위 : 억 원)

재무제표 종류	계정과목	2010년	2011년	2012년	2013년	2014년 3Q
손익계산서	매출액	1,272	1,678	2,024	2,260	1,697
	영업이익	125	163	209	217	131
	당기순이익	45	70	67	115	52
재무상태표	미청구공사	876	1,013	1,227	1,490	1,675
현금흐름표	영업활동현금흐름	-77	234	-97	-76	13

우양에이치씨는 플랜트 설비 관련 기업으로서 2012년에 코스닥시장에 상장했다가, 2014년 3분기 재무제표를 마지막으로 공시하고 부도 및 상장폐지되었다. 손익계산서만 봤을 때는 부도가 나거나 상장폐지될 만한 모습은 보이지 않는다. 매출도 늘고 영업이익과 당기순이익도 안정적으로 나고 있다. 그러나 재무상태표의 미청구공사 잔액을 보면 대우조선해양처럼 매년 늘어나고 있다. 불과 4년 만에 미청구공사잔액이 2배가 될 정도로 계속 늘어나는 모습이다. 코스닥시장 상장 직전년도인 2011년 영업활동현금흐름이 잠시 (+)가 되기도 했지만, 주로 (-)의 모습이다가 상장 3년도 못 채우고 2015년 봄에 부도 처리되었다.

이 기업의 재무제표는 마치 대우조선해양의 미래를 예견하기라도 하듯 닮은 점이 많다. 손익계산서의 모습이 좋다는 점, 미청구공사가 계속 늘어나고 있다는 점, 영업활동현금흐름이 좋지 않다는 점에서 공통점을 찾을 수 있다.

세월이 흘러 수사기관의 조사를 통해 분식회계가 있었음이 밝혀졌다. 공사예정원가를 줄여 공사 진행률을 높이고, 수주 계약이 취소된 공사도 마치 진행한 것처럼 속여 수익으로 인식했던 것이다. 이렇게 되면 손익계산서의 매출액과 재무상태표의 미청구공사 금액은 커지지만, 매출과 관련해 회사에 돈이 들어올 리 만무하므로 영업활동현금흐름은 당연히 좋지 않을 수밖에 없다.

미청구공사와 원가율의 관계

　예상되는 공사원가보다 큰 금액으로 수주해서 충분한 이익을 유지하는 기업이라면 무리하게 진행률을 조작해서 재무제표를 만들 필요성을 느끼지 못할 것이다. 반대로 목표한 수주액을 달성하기 위해 마진에 상관없이 입찰에 뛰어드는 기업의 입장이라면, 재무제표를 만들 때 이익이 나는 모양을 만들려는 욕구에 사로잡힐 수 있다. 예정원가를 줄이면 진행률은 충분히 조작 가능하므로 특히 더 유혹에 빠지기 쉽다.

　수주산업에 투자를 고려할 때는 올해 어느 정도를 수주했고 수주잔액이 얼마나 남아 있는지를 따져 보는 것도 중요하지만, 그것보다 더 중요한 것은 해당 기업의 매출원가율(매출원가/매출액)을 계산해 보는 것이다. 수주산업은 판매비와관리비가 크게 발생하지 않는 산업이므로 매출원가와 매출총액만 봐도 무방하다.

　최근 몇 년 치 손익계산서를 가지고 평균 매출원가율을 계산해 봤더니 95% 내외였다면, 이 기업은 매출총이익률이 평균 5% 내외로 유지될 것이다. 이런 상황에서 한두 개의 프로젝트에서 대규모 손실이 발생한다면, 회사 전체의 이익은 급격하게 줄어들거나 심할 경우에는 적자가 날 수도 있다. 반대로 평균 매출총이익률을 20% 넘게 가져가는 기업에서 한두 개의 손실이 발생하는 프로젝트가 생긴다고 해도 회사 전체의 이익 기조에는 영향을 주지 않을 가능성이 높다.

　매출총이익률이 작은 기업에서 손실 프로젝트가 발생한다면 완공 전까지는 예정원가를 줄여서 진행률을 높이려고 할 것이다. 그러면 매출액과 미청구공사가 많이 증가하게 된다. 그러다가 완공 시점이 되면 실제 발생원가가 많이 늘어난 것처럼 결산하고, 회사는 완공 시점에 예상보다 실제 원가가 많이 발생했다고 할 것이다. 이렇게 매출총이익률이 작은 기업들은 미청구공사 금액이 예년보다 커지면 그다음 연도 이후에는 손익이 악화될 것을 예상할 수 있다.

이런 점을 고려해서 회사의 원가율과 미청구공사 간의 관계에 대해 한번 조사를 해 봤는데, 결과는 예상보다 놀라웠다.

〈그림 5-3〉은 최근 적자로 큰 몸살을 앓은 기업들의 미청구공사와 원가율 간의 관계를 나타낸 것이다.

〈그림 5-3〉 삼성중공업, 현대중공업, 대우조선해양, 삼성엔지니어링 미청구공사와 원가율

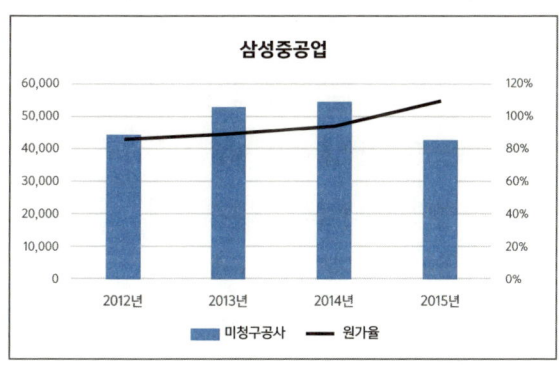
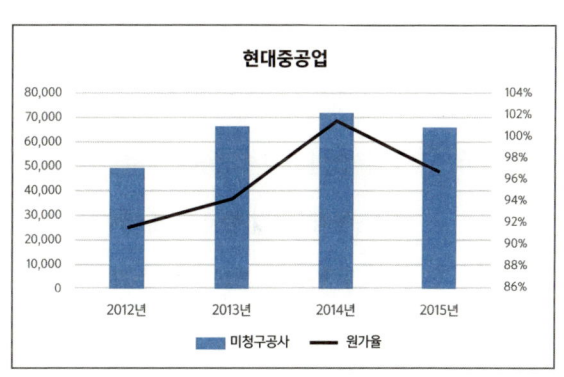
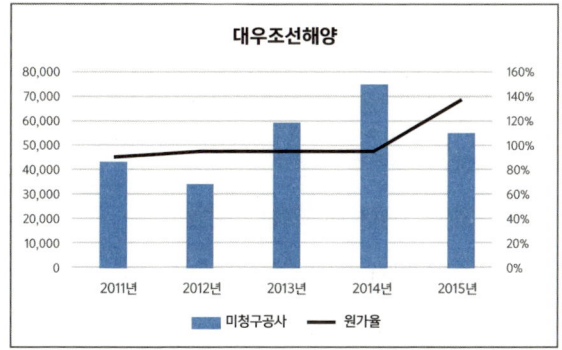
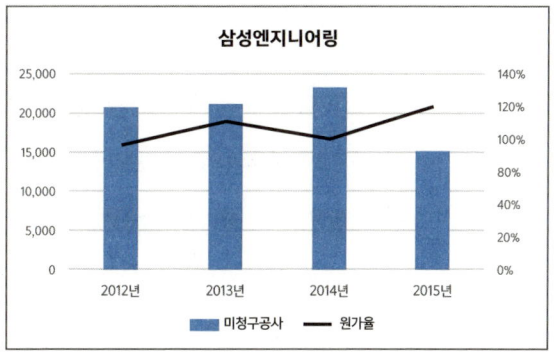

그래프의 선은 원가율(매출원가/매출액)이며 도표의 오른쪽에 원가율 숫자가 표시되어 있다. 막대는 미청구공사 잔액을 의미하며 도표의 왼쪽에 금액이 표시되어 있다. 전년도보다 미청구공사 잔액이 갑자기 커진 기업은 막대가 올라가고, 원가율이 높아진 기업은 선이 우상향한다.

삼성중공업을 예로 들면 2013년의 미청구공사 잔액이 2012년보다 많이 커졌고, 2014년의 미청구공사가 또 늘어났다. 이번에는 같은 그림에서 선을 보자. 2014년의 원가율이 2013년보다 올라갔고, 2015년의 원가율이 2014년보다 더 올라갔다. 2015년에는 미청구공사 잔액이 감소했지만, 원가율은 2014년보다 더 높다.

미청구공사가 증가했다는 것은 다음 연도 손익이 악화할 수 있는 일종의 힌트라고 여겨진다. 예정원가를 줄여서 진행률을 증가시켜 미청구공사액과 매출액 증가가 가능하기 때문이다. 그러나 다음 연도 이후에 실제원가에 많이 늘어나면서 원가율이 올라가 손익이 악화할 가능성 또한 존재한다. 물론 모든 수주산업에 속한 기업들이 반드시 그렇지는 않으므로, 비정상적으로 미청구공사가 커진 기업들을 분석할 때 고려해 볼 만한 방법이다.

한국기업평가 Issue Report「건설업, 대규모 손실 재현될 것인가?」(2015. 3. 16. 최한승)라는 보고서에서 16개 건설업체를 분석해 보니, 실제로 준공 시점에 임박해서 원가율 대부분이 상승한다는 연구 결과를 내놓은 적이 있다.

준공 시점에 실제로 큰 비용이 발생했는지, 전년도까지는 예정원가를 줄이고 마지막 준공연도에 원가를 많이 인식시켰는지는 모른다. 정보이용자가 그런 것까지 확인할 방법은 없다. 모를 때는 보수적으로 생각하고 의심하는 게 최선이다. 실제로 기업이 그랬을 리 없겠지만, 전년도까지 예정원가를 줄였다는 점에 무게를 두는 것이 보수적인 분석 방법이다. 평균 매출총이익률이 작은 기업에서 갑자기 미청구공사가 커진다는 것은, 다음 연도 이후에 원가율이 높아져서 손익이 악화할 수 있거나 적자까지 발생할 수 있다는 경고일 수도 있으므로 주의하자.

결국은 적정마진

동원개발과 삼호는 〈그림 5-3〉과는 많이 다른 모습을 보인다. 〈그림 5-4〉에서 동원개발과 삼호의 미청구공사와 원가율을 한번 살펴보자.

〈그림 5-4〉 동원개발, 삼호의 미청구공사와 원가율

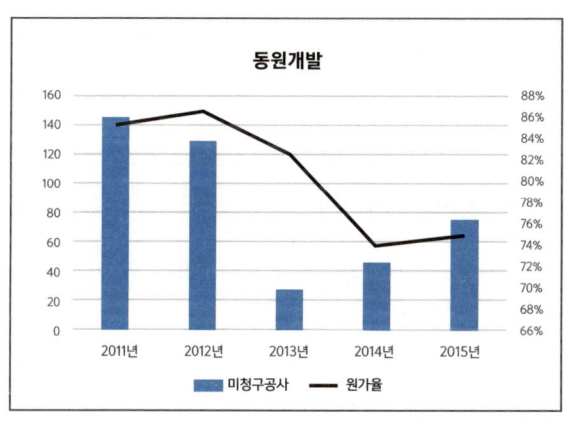 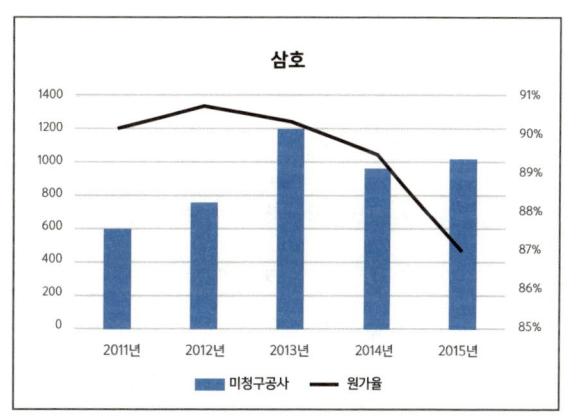

〈그림 5-4〉는 매출원가율이 오히려 하락하고 있을 정도로 매출총이익률이 높으며 미청구공사 잔액도 커졌다가 작아지는 과정이 반복된다. 대기업들의 매출원가율이 90%를 초과해서 100%에 육박할 정도로 이익률이 안 높은데 반해, 이런 작은 기업들은 매출원가율이 7~80%대에 불과하다. 즉, 이익률이 대기업보다 더 좋다.

이번에는 〈표 5-13〉에서 주요 기업의 2015년 미청구공사 잔액 및 매출액을 숫자로 확인해 보자.

〈표 5-13〉 주요 기업의 2015년 미청구공사 잔액 및 매출액   (단위 : 억 원)

	삼성중공업	현대중공업(*)	대우조선해양	삼성엔지니어링	동원개발	삼호
1. 2015년 미청구공사 잔액	42,915	65,999	73,959	15,196	75	1,004
2. 2015년 매출액	128,791	325,824	167,863	74,723	5,149	8,929
3. 비중(1/2)	33.3%	20.3%	44.1%	20.3%	1.4%	11.2%
4. 원가율	94.1%	101.4%	93.2%	93.9%	74.8%	86.9%

(*) 현대중공업 연결재무제표 매출액 중 현대오일뱅크, 하이투자증권 등 비수주산업 부분의 매출액 제외

　삼성중공업, 현대중공업, 대우조선해양, 삼성엔지니어링 등 대기업들의 미청구공사잔액은 조 단위로 매우 크다. 이에 비해 동원개발은 75억 원, 삼호는 1,004억 원에 불과하다. 기업의 외형은 제각각이라 차이 또한 클 수밖에 없으므로 매출액과 비교해 보는 편이 더 의미 있을 것이다. 즉, 미청구공사 잔액이 매출액 대비 몇 % 정도인지 계산해 보면, 대기업들의 미청구공사 잔액이 매출액 대비 20~40%대까지 높은 비중을 차지하는 데 비해, 동원개발과 삼호는 각각 1.4%, 11.2%밖에 되지 않는다. 그리고 원가율을 비교해 보면 대기업 4개사는 90~100%대, 동원개발과 삼호는 70~80%대를 보인다. 매출총이익률이 높은 기업일수록 미청구공사잔액 관리를 잘한다는 느낌이 든다. 가치투자를 추구하는 투자자 및 운용사가 동원개발, 삼호 같은 기업에 왜 투자하는지 알 수 있는 대목이다.

손실이 예상되는 프로젝트

　손실이 예상되는 프로젝트는 공사 초중반에 예정원가를 작게 추정해 진행률을 올려 이익을 인식하다가, 공사 마지막 연도에 손실을 내는 일이 많았다. 이는 곧 사업보고서 정보이용자나 투자자에게 잘못된 정보를 제공하는 것이

며, 주가 폭락은 당연히 뒤따르는 수순이다. 기업은 손실이 예상된다면 숨기지 말고 제때에 자발적으로 밝혀야 한다. 이는 비단 수주산업뿐만 아니라 제조업에도 해당되는 이야기다.

팔리지도 않는 제품을 창고에 수북하게 쌓아 놓고 재무상태표에 재고자산 금액을 크게 표시한 기업이 있다고 가정해 보자. 이 재무제표를 보는 정보이용자 입장에서는 회사 제품이 잘 팔려서 많이 만들어 놓은 것으로 착각할 수 있다. 하지만 실상은 제값 주고 팔 수 없는 재고자산을 손실처리하지 않고 그냥 내버려 둔 것이다. 회사는 재고자산이 부담스러워서 다음 연도에 헐값에라도 팔려고 한다. 만약 다음 연도에 제품을 원가 이하로 판매하는 상황이 발생하면 어떻게 될까? 당연히 다음 연도 손익계산서는 적자가 되고 주가도 폭락을 면치 못하게 된다. 전년도에 이익이던 기업이 갑자기 손실을 내면서 제품을 판매하므로 실적과 주가는 나빠질 수밖에 없다.

다음 연도 이후에 팔아 봤자 적자인 재고자산을 가지고 있는 것 자체가 잘못된 것이고, 그 재고자산에 대해 재무상태표에 아무런 표시를 하지 않은 것도 역시 잘못이다. 이런 점을 방지하기 위해 회계기준에서는 적자가 예상되는 재고자산에 대해 미리 재고자산평가손실을 인식하라고 명시하고 있다. 즉 다음 연도에 파는 족족 손실로 인식하지 말고, 그 전년도에 재고자산에서 미리 손실을 기록하라는 것이다. 그것이 올바른 정보이고, 정보이용자는 그 정보를 통해 합리적인 판단을 할 수 있다.

수주산업도 회계원칙상 이렇게 미리 손실을 인식하게끔 되어 있다. 진행률을 조작해서 이익을 인식하다가 마지막 연도에 손실을 내는 것이 아니라 손실이 예상되는 시점에 손실로 미리 인식하라는 것이다. 회계원칙은 이렇게 되어 있지만 전적으로 회사 결정에 맡길 수밖에 없는 일이므로 정보이용자는 관련 주석사항에서 확인해 보는 수밖에 없다.

〈그림 5-5〉는 대우조선해양의 2016년도 반기보고서의 연결재무제표 주석사항이다. 키워드 검색으로 '건설 계약'을 치면 다양한 정보를 확인할 수 있는데, 우선 공사손실충당부채와 관련된 내용부터 살펴보자.

〈그림 5-5〉 대우조선해양 2016년 반기 연결재무제표 주석사항 중 건설계약

(5) 영업부문별로 구분된 발생한 누적계약원가를 추정총계약원가로 나눈 비율을 진행률 측정에 사용하는 계약에 대한 내용은 다음과 같습니다.

(단위: 백만원)

영업부문	공사손실충당부채	공사손익변동금액		추정총계약원가변동금액		미청구공사	
		추정변경	오류수정	추정변경	오류수정	총액	손상차손누계액
조선	16,362	(29,816)	-	(8,668)	-	2,295,507	-
해양 및 특수선	290,011	(187,577)	-	569,812	-	2,980,654	83,703
건설	1,946	(19,799)	-	(47,677)	-	58,672	-
기타	(1,013)	(789)	-	560	-	10,279	-
합계	307,306	(237,981)	-	514,027	-	5,345,112	83,703

각 영업부문에서 적자가 예상되는 프로젝트에 대해 총 3,073억 원의 공사손실충당부채를 쌓고 있음을 알 수 있다. 이미 적자가 예상되는 프로젝트들에 대해 미리 손실을 인식했다는 의미이고, 실제로 매출원가에 그 금액만큼 들어간다. 예상원가의 변동으로 공사 손익이 변동되고, 미청구공사금액도 영향을 받으므로 그에 대한 정보도 역시 이 주석사항에 포함되어 있다.

사실 〈그림 5-5〉는 일반투자자가 보기에는 쉽지 않은 표이다. 그리고 무엇보다 중요한 것은 손실을 예상해서 3,073억 원을 미리 비용으로 인식했으니, 앞으로 이런 일이 또 발생하지 않을까 하는 염려도 된다. 공사를 진행하다가 또 다시 예정원가가 변동되면 공사손실은 더 나올 수 있기 때문이다. 단, 지금 시점에 기업 입장에서 판단한 최선의 추정치라고 이해하면 될 듯하다.

이외에 수주산업에는 다양한 주석사항이 공시되면서 정보이용자들의 주의

를 환기한다. 〈그림 5-6〉 대우조선해양 총계약수익과 총계약원가의 추정치 변동을 통해 몇 가지만 더 살펴보도록 하자.

〈그림 5-6〉 대우조선해양 2016년 반기 연결제무재표 주석사항 중 건설계약

(6) 총계약수익과 총계약원가의 추정치 변동

당반기말 현재 진행 중인 계약의 추정총계약수익과 추정총계약원가가 변동되었고, 이에 따라 당반기와 미래기간의 손익, 미청구공사에 영향을 미치는 금액은 다음과 같습니다.

(단위: 백만원)

구분	총계약수익의 추정 변동	총계약원가의 추정 변동	당반기 손익에 미치는 영향	미래 손익에 미치는 영향
조선	95,632	(8,668)	(29,816)	134,116
해양 및 특수선	247,533	569,812	(187,577)	(134,702)
건설	(20,915)	(47,677)	(19,799)	46,561
기타	-	560	(789)	229
합계	322,250	514,027	(237,981)	46,204

당반기와 미래 손익에 미치는 영향은 계약 개시 후 당반기말까지 발생한 상황에 근거하여 추정한 총계약원가와 당반기말 현재 계약수익의 추정치에 근거하여 산정한 것이며, 총계약원가와 총계약수익은 미래 기간에 변동될 수 있습니다.

이 주석사항 역시 건설계약과 관련된 내용이다. 아직 진행 중인 프로젝트들 중 계약된 수주액과 예정원가의 변동에 따라, 당기 손익과 당기 이후 손익에 미치는 영향에 대해 보여 준다. 이는 최선의 추정치로, 표 아래 문구에 나와 있듯이 시간이 지난 후에 또 변동될 수 있으므로 예측 가능성이 좋지는 않다.

이밖에 대우조선 사태 이후로 수주산업과 관련해 여러 주석사항이 추가가 되었지만, 정보이용자 입장에서는 표 해석도 어렵고 회사의 추정치를 그대로 믿어야 하는 상황이므로, 투자에 신중을 기할 수밖에 없다.

2. 수주산업, 어떻게 투자해야 할까

수주산업의 사업보고서는 회계 실무적으로 어려운 내용이 워낙 많으므로 투자자 및 회계정보이용자가 분석하기 힘든 업종이다. 특히 투자자 입장에서는 업종 자체의 비전도 어두워서 높은 이익을 거두기도 힘든데 굳이 어려운 공부를 하며 관심을 가질 필요가 있을까 하는 의구심이 들 수도 있다. 수주산업과 관련해 책 한 권을 쓸 수 있을 정도로 내용이 방대하고 쓸 내용도 많지만 이 책에서는 결국 과감하게 생략하기로 한 것도 이런 이유 때문이다.

어렵고 복잡할수록 쉽고 단순하게 생각해야 한다. 가치투자를 지향하는 투자자나 운용사가 동원개발이나 삼호에 투자하는 이유는 단순 명료하다. 낮은 매출원가율(높은 매출총이익률)을 계속 유지하면서 적정이익을 확보한다는 것이다. 이는 곧 저가수주는 하지 않는다는 의미로 해석할 수 있다. 또한 현금흐름도 좋고, 미청구공사금액도 적어서 위험해 보이지도 않는다. 그러므로 수주산업에 속한 다른 기업들에 비해 재무제표가 그렇게 복잡해 보이지 않는다.

〈그림 5-7〉은 동원개발의 2016년 건설계약 주석사항으로, 〈그림 5-5〉의

대우조선해양과 똑같은 내용과 양식인데, 빈칸일 정도로 깨끗하다.

⟨그림 5-7⟩ 동원개발 2016년 반기 재무제표 주석사항 중 건설계약

(5) 당반기 중 원가기준 투입법 적용 건설계약의 수익 및 원가 추정치의 변동에 따른 공사손익의 변동현황은 아래와 같습니다.

(단위 : 천원)

영업부문	공사손실 충당부채	공사손익 변동금액		추정 총계약원가의 변동금액	
		추정변경	오류수정	추정변경	오류수정
건설부문	-	-	-	-	-

손실이 예상되어 공사손실 충당부채를 쌓은 게 없다. 대우조선해양의 같은 주석사항인 ⟨그림 5-5⟩와 비교해 보면 머리가 맑아지는 느낌이 들 정도로 주석사항이 간단하다.

투자자는 분석한 기업에 대한 확신을 가졌을 때 소중한 돈을 투자해 기업과의 동반 성장을 꿈꾼다. 분석이 제대로 되어야 확신할 수 있는데, 추정치가 계속 변동되면서 추가 손실이 발생할 수도 있다는 점이 확신을 어렵게 만든다. 물론 상황이 좋아져 추정치가 유리한 쪽으로 변동되어서 추가 이익이 발생할 수도 있겠지만 결국은 양쪽 다 불확실성을 감수해야 한다.

수주산업은 불확실성이 매우 큰 산업이므로 투자하는 것이 매우 망설여진다. 그럼에도 불구하고 복잡한 수주산업에 투자할 예정이라면 다음의 요건을 모두 충족하는 기업들로 후보군을 압축하기 바란다.

| 아래 요건을 모두 충족하는 기업을 찾아라 |

❶ **손익계산서** : 매출원가율이 낮다(매출총이익률이 높다).

❷ **재무상태표** : 미청구공사 금액이 적다.

　　　　　　　미청구공사금액과 차입금이 매년 증가하지 않는다.

❸ **현금흐름표** : 영업활동현금흐름에서 현금 유입이 되고 있다.

3. SI기업

전사적자원관리ERP, Enterprise Resources Planning 같은 시스템의 기획, 개발, 구축 등 시스템 통합 작업을 하는 기업을 가리켜 SISystem Integration기업이라고 한다. 장기간 프로젝트로 진행되며 역시 수주산업 회계처리가 적용된다. 상장된 대기업으로는 SK C&C가 있었으나 SK와 합병되면서 소멸했고, 삼성에스디에스가 가장 대표적인 기업이다. 그밖에 상장기업으로는 포스코ICT, 쌍용정보통신, 다우기술 등이 있으며 각자 하는 사업 분야는 조금씩 다르다.

SI산업은 시스템 선진화, 고도화 등 대규모 프로젝트가 발생할 때 주로 수주가 증가한다. 대기업들이 매년 수백억 원씩 들여 시스템을 새로 들이거나 하지는 않기 때문에 매년 큰 수주를 하기는 어렵다. 기업 입장에서는 설치한 시스템을 직접 운영하기가 어려워서 SI기업에 운영을 요청하는 것이 일반적이고, 시스템도 계속 유지보수를 받아야 한다. 이런 이유로 SI기업들은 시스템을 새로 설치하는 용역도 많이 하지만 SMSystem Maintenance이라고 불리는 시스템 운영 및 유지보수에서 많은 수익을 창출하고 있다. 대부분의 SI기업들은 사업보고서에 SI와 SM에서 발생하는 매출액을 합쳐서 표시하므로 각각 얼마의 매출액이 발생했는지는 알기 어렵다. 사업 특징만 간단히 파악해 두기 바란다.

우리나라 그룹사는 SI기업들을 각각 하나씩 가지고 있다. 삼성에스디에스(삼성그룹), LG CNS(LG그룹), SK(SK그룹), 현대오토에버(현대차그룹), 포스코ICT(포스코그룹), 롯데정보통신(롯데그룹), GS ITM(GS그룹), 한화S&C(한화그룹) 등이다. 그룹에 속해 있는 많은 기업들이 ERP 같은 여러 시스템을 설치해야 하고, 그 시스템에 대한 운영과 유지보수를 맡겨야 하므로 자연스럽게 많이 생겨났다. 반드시 해야 할 일을 외부에 발주하는 것보다 같은 그룹 내에 있는 IT계열사에 일감을 몰아주는 게 그룹사로서도 좋을 것이다. 그런 이유로 SI기업 대부분의 지배구조를 보면, 친인척들이 회사 주식을 대부분 소유하고 있다.

삼성에스디에스의 경우 이재용 부회장 일가가 19% 정도 보유하고 있고, SK C&C가 상장할 때에 최태원 회장의 지분율만 44.5%였다. 비상장기업의 경우도 다를 바 없다. 현대오토에버의 경우 정의선 부회장이 19.46%, 한화 S&C는 김승현 회장 아들 삼 형제가 모두 보유하고 있으며, GS ITM 역시 GS가 4세들이 50%가 넘는 주식을 보유 중이다. SI기업은 그룹계열사를 통해 안정적으로 수주가 가능하기 때문에 대기업 최대주주의 친인척이 탐낼 만하다. 그래서 SI기업들은 특수관계자에 대한 매출의존도가 높다는 공통점이 있다.

〈표 5-14〉는 삼성에스디에스의 최근 6년간 실적과 특수관계자에 대한 매출 비중을 보여 준다.

〈표 5-14〉 삼성에스디에스 2010~2015년 매출액, 영업이익 및 특수관계자 매출   (단위 : 억 원)

	2010년	2011년	2012년	2013년	2014년	2015년	CAGR
매출액	43,299	47,652	61,059	70,468	78,977	78,535	12.6%
영업이익	4,243	4,137	5,580	5,056	5,934	5,883	6.8%
영업이익률	9.8%	8.7%	9.1%	7.2%	7.5%	7.5%	
특수관계자매출	19,332	21,109	34,463	46,159	54,067	53,396	22.5%
특수관계자매출비중	44.6%	44.3%	56.4%	65.5%	68.5%	68.0%	

삼성에스디에스는 최근 6년간 연평균 매출액 12.6%, 영업이익 6.8%씩 성장해 왔고, 영업이익률도 7~9%대에서 안정적으로 유지하고 있다. 표의 맨 하단은 총매출액에서 특수관계자매출액이 차지하는 비중을 계산한 것인데, 최근 6년간 연평균 22.5%씩 성장하고 있다. 특히 코스피시장에 상장하기 직전인 2013년부터 전체 매출에서 특수관계자 매출이 65%를 초과해서 70%에 육박할 정도로 점점 올라가고 있다. 다른 SI기업들도 이와 유사한 모습을 보일 정도로 SI기업의 성장은 특수관계자인 그룹계열사로부터 일감을 안정적으로 받는 데 달려 있다고 해도 과언이 아니다.

삼성에스디에스는 공모가격 19만 원에 주식시장에 상장해서 최고 42만 9,500원까지 상승한 뒤 많이 하락해, 2016년 7월 현재 15만 원 내외에 머물고 있다. 주가 15만 원을 기준으로 했을 때 기업의 시가총액은 약 11조 6,000억 원 수준이다. 2015년 삼성에스디에스의 순이익 4,390억 원을 기준으로 했을 때, PER은 약 26 수준이다. 이 정도의 가치가 적정한지 알아보려면 증권사 보고서도 있지만, 동종 기업들Peer group과 직접 비교해 보는 것이 가장 좋다.

상장기업인 SK에서는 SI가 차지하는 비중이 매우 작으므로 유사기업으로 놓고 평가하기는 어렵고, 포스코ICT는 적자다. 나머지 SI기업들은 규모가 매우 작아서 유사기업으로 평가할 수 없다. 결국 비상장기업이지만 재계 서열이 삼성 다음인 현대차그룹의 현대오토에버와 비교해 보도록 하자.

비상장기업인 현대오토에버는 주식시장에서 평가된 가격은 없으나, 이 주식을 보유하고 있는 상장기업들은 현대오토에버 주식에 대해 외부 평가기관으로부터 공정가치를 평가받아서 재무제표에 표시하게끔 되어 있으므로, 가치에 대한 정보가 아예 없는 것은 아니다. 물론 주식시장에서 사고파는 주식이 아니고, 재무제표 작성 및 공시 목적으로 외부 평가기관에서 평가받은 기업의 공정가치이므로 목적에 적합하지 않을 수도 있다. 이런 방식을 소개하는 이유는 앞으로 상장기업 주가에 대한 평가를 할 때 활용할 수 있는 방법 중 하나라는 것을 알려 주려는 취지 때문이다.

전자공시시스템 화면에서 회사명에 '현대오토에버'를 입력하면 대규모기업집단현황공시를 볼 수 있다. 〈그림 5-8〉에서 소유지분현황을 확인하면 현대오토에버 주주가 어떻게 구성되어 있는지 알 수 있다.

〈그림 5-8〉 현대오토에버 대규모 기업집단 현황 공시

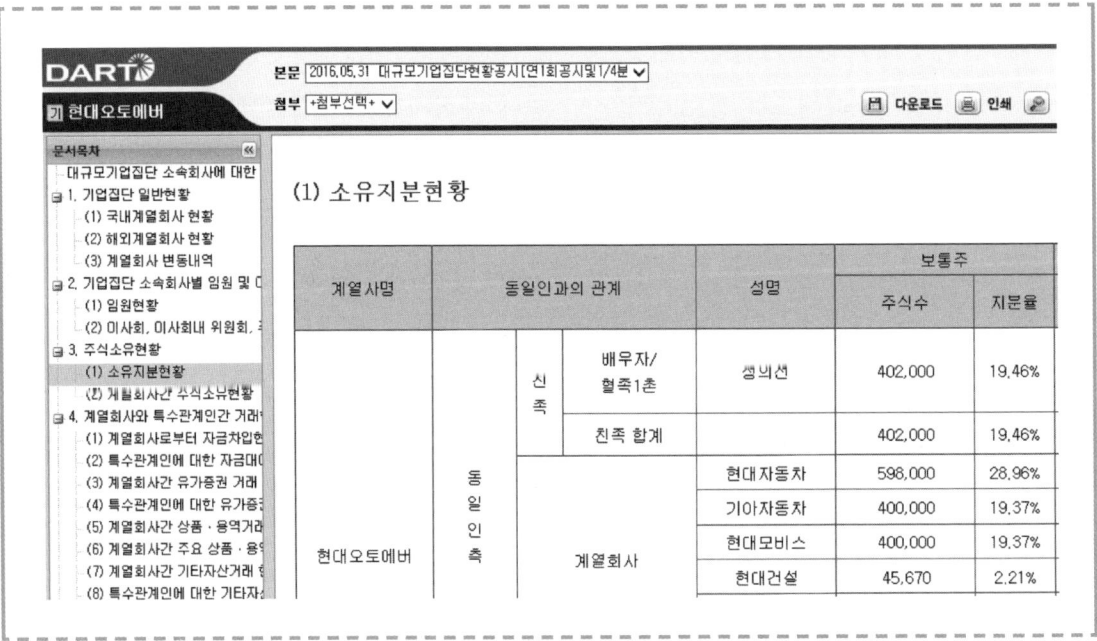

〈그림 5-8〉을 보면 정의선 부회장 외 현대자동차, 기아자동차, 현대모비스, 현대건설 등이 현대오토에버 주식을 가진 주주임을 알 수 있다. 현대자동차, 기아자동차, 현대모비스는 20% 내외의 지분율로 현대오토에버에 영향력을 행사한다. 이 기업들은 현대오토에버의 주식가치를 외부로부터 공정가치 평가를 받는 것이 아니라, 현대오토에버의 장부가치에 지분율만큼 재무제표에 인식하

는 지분법을 쓴다. 따라서 이 기업들의 사업보고서를 확인해도 현대오토에버의 주식 공정가치를 확인할 수 없다. 반면 현대오토에버 주식을 2.21% 가지고 있는 현대건설을 살펴보자. 현대건설은 2.21%의 지분으로는 영향력을 행사할 수 없고, 한국채택 국제회계기준에 따라 현대오토에버 주식을 공정가치로 평가해서 매도가능금융자산으로 재무제표에 반영해야 한다.

이제 현대건설의 사업보고서를 찾아보자.

현대건설의 사업보고서를 보면 현대오토에버 주식을 4만 5,670주(2.21%)를 보유하고 있다고 나와 있으며, 〈그림 5-9〉 재무제표 주석사항에서 가치평가에 대한 내용을 찾아볼 수 있다.

〈그림 5-9〉 현대건설 2015년 연결재무제표 주석사항 중 금융자산

⑤ 서열체계 수준 3으로 분류되는 매도가능금융자산은 시장성 없는 지분증권으로 각 지분증권별 공정가치 측정에 사용한 평가방법 등은 다음과 같습니다.

(단위:백만원)

구 분	현대기업금융㈜	서울춘천고속도로㈜	현대오토에버㈜
공정가치	13,204	31,855	14,864
가치평가접근법	자산기준접근법	수익가치접근법	수익가치접근법, 유사기업비교법
평가방법	순자산가치평가법	현금흐름할인법	현금흐름할인법, 유사기업비교법
할인율(%)	-	자기자본비용 11.95	자기자본비용 12.00
관측가능하지 않은 투입변수와 공정가치측정치 간의 연관성	-	자기자본비용이 하락한다면 비상장주식의공정가치는 증가할 것임	자기자본비용이 하락한다면 비상장주식의공정가치는 증가할 것임

주석사항을 읽어 보면 현대건설이 보유한 현대오토에버㈜ 주식을 매도가능금융자산으로 분류했으며 공정가치로 측정했다고 나와 있다. 그리고 공정가치 측정을 위해 수익가치접근법과 유사기업비교법을 활용했다고 공시했다. 그렇게 해서 계산된 값이 148억 6,400만 원이다. 이를 2.21%로 나누면 현대오토에버의 기업가치는 약 6,726억 원으로 계산된다. 현대오토에버의 2015년 순이익인 536억 원으로 나누면 PER은 약 12.5가 된다.

삼성에스디에스는 이에 비해 PER이 상당히 높게 형성되어 있음을 알 수 있다. 물론 현대오토에버도 상장이 된다면, 지배구조 이슈 등으로 인해 삼성에스디에스처럼 주가가 더 높게 평가될 수도 있다. 만약 현대오토에버도 기업공개에 나선다면 그때는 삼성에스디에스의 PER과 비교해서 공모가격이 싼지 비싼지에 대한 평가를 하면 될 것이다.

기업의 가치가 적정하게 평가되었는지 분석하려면 동종 기업과 비교하는 것이 가장 좋은 방법이고, 되도록이면 상장기업들끼리 묶어서 분석하는 게 가장 빠르다. 그러나 이처럼 불가피하게 비상장기업과 비교해야 하는 일이 생길 때는 이런 방법도 하나의 좋은 대안이 될 것이다.

칼럼

이미 대우조선해양의 재무제표는 부실을 경고하고 있었다

놀랍게도 대우조선해양은 2008년부터 영업활동으로 돈을 벌어본 적이 없는 회사다. 매년 흑자는 실현하고 있지만, 그건 단지 회계상의 숫자일 뿐 실제 영업활동으로 인한 현금흐름은 항상 마이너스였다. 아, 2011년에 영업활동으로 23억 원은 벌었으니까 이 해는 예외로 하겠다. 하지만 매년 15조 원 내외의 매출이 발생되는 기업에서 23억 원 벌었다는 이야기는 괜히 꺼내봤자 더 부끄러울 것 같다.

여하튼 대우조선해양은 돈을 벌지 못했기 때문에 자금이 많이 달리는 회사다. 돈을 못 번다고 투자활동까지 소홀히 할 수는 없는 노릇이다. 기업이 계속 성장하려면 조선소에 건물도 짓고 시설장치, 기계장치에 계속 투자해야 한다. 하지만 영업하면서 벌어놓은 게 없으니 은행에 계속 손을 벌릴 수 밖에 없었다. 이 기업의 2015년 1분기 말 현재 차입금만 8조 5,000억 원에 이른다.

미청구공사금액의 함정

매년 이익을 내고 있는 회사가 왜 이렇게 돈을 벌지 못했을까? 수수께끼의 답은 바로 회계기준에 있다. 조선, 중공업, 건설, 시스템통합(SI) 등의 사업을 하는 수주산업의 회계처리는 진행기준을 따른다. 즉 프로젝트를 완성하는 데 발생할 것으로 예상되는 총 예정원가 대비 당해년도에 얼마만큼의 원가가 투입되었는지에 비례하여 수익을 인식한다. 이를 진행률이라고 하며 '총수주액 × 진행률'에 따라 매출이 인식된다. 회사는 회계기준에 따라 매출을 인식했으니 발주처에 대금을 청구해야 하겠지만 계약서상 대금 스케줄이 도래하지 않아 매출채권 대신 미청구공사라는 계정과목을 쓴다. 즉 아직 수주처에 정식으로 청구가 되지 않았으나 이미 수익으로는 인식한 채권의 종류다. 대우조선해양의 미청구공사금액은 2015년 1분기 말 현재 9조 4,000억 원으로 차입금과 거의 맞먹는 숫자다.

미청구공사가 계약서의 대금 스케줄에 따라 발주처에 청구되어 매출채권으로 바뀌고, 다시 매출채권이 현금으로 회수되면서 자연스럽게 감소가 되어야 하는데 대우조선

칼럼

해양의 미청구공사금액은 매년 큰 폭으로 증가해 왔다. 결국 대우조선해양은 받을 돈은 많지만 정작 받기는커녕 청구조차 못하고 대신 차입금으로 운영하는 상황이다 보니 재무 구조가 급격하게 악화되어 왔던 것이다. 우리나라의 상장기업들은 국제회계기준에 따라 회계 처리하기 때문에 회계기준에 문제 제기를 할 수는 없는 노릇이다.

영업현금흐름을 보라

대우조선해양의 대규모 적자가 이슈화되고 나서 복잡한 해양플랜트, 송가리그프로젝트 관련 원가 증가 및 공사손실충당부채 뉴스가 계속 나오고 있지만 투자자나 회계정보이용자는 이런 사항에 대해 외부에 공시된 분기보고서나 재무제표에서 추정이 불가능하다. 그러나 영업활동현금흐름이 계속 마이너스인 것과 미청구공사가 계속 쌓이는 점, 그것으로 인하여 차입금이 급증해 재무 구조가 악화되고 있음은 재무제표를 통해 충분히 확인 가능하다.

대우조선해양은 수주잔량 기준으로 세계 1위의 조선소를 가진 위대한 기업임에는 틀림없지만 결국 회사에 돈이 돌지 않으면 계속 존속할 수 없다.

이미 대우조선해양 주식에 투자한 많은 기관투자자 및 개인투자자들이 큰 손해를 입었다. 대우조선해양주식으로 인해 손실을 입은 투자자는 힘든 시기를 겪겠지만 이를 교훈 삼아 앞으로는 피 같은 돈을 주식 투자하기 전에 조금만 시간을 내어 과거 몇 년치 재무제표를 훑어보면 어떨까? 상장되어 있는 다른 기업들 중에서 앞으로 이런 사례가 또 나오지 말라는 법은 없다.

- 웰스매니지먼트
(2016년 9월호)

- 맺음말 -

확실한 기업에 투자하라

업종별, 사례 위주의 책을 만들어 달라는 많은 독자분들의 요청을 받고 작업을 진행한 지 거의 1년의 시간이 흘렀다. 그동안 책의 방향을 잡고 속속 발표되는 기업들의 사업보고서를 분석하고 계속 수정하는 과정을 거쳤다. 분류해야 하는 산업이 많다 보니 내용도 굉장히 방대해졌다.

책 출간 전에 내용을 강의 교안으로 먼저 만들어서 수십 회의 강의를 진행했는데, 반응이 매우 좋았다. 수강자들의 반응에 힘을 얻어 책을 빨리 선보이고자 작업 속도를 높였지만 능력이 여의치가 않았다.

그래서 일단 기본적인 산업인 제조업, 제약·바이오산업, 도·소매업, 수주산업을 먼저 책으로 엮어내고, 서비스 산업은 후속으로 작업하기로 했다. 기본적인 산업에서 분석 툴과 마인드를 익히면 서비스업은 더 쉬워질 것이기 때문에 순서로도 적합할 것 같고, 방대한 내용을 두꺼운 책 한 권에 모두 담으면 독자들도 부담을 느낄 것 같다는 생각이 들었기 때문이다.

책을 쓰는 기간 동안 시장에는 많은 일이 있었다.

브렉시트, 미국 기준금리 인상과 우리나라 기준금리 인하, 달러 및 엔화가치 하락, 유가 급등락 등 굵직한 대외 환경의 변화에 따라 국내 증시도 많은 영향을 받았다. 그러나 그런 파고波高와 상관없이 기업에만 집중하는 투자자는 상대적으로 마음이 편할 것이다. 대외 환경의 변화는 주가에 잠깐 영향을 줄 수는 있지만 기업가치 자체에는 큰 변화를 주지 못한다는 것을 이미 알고 있기 때문이다.

또한 개인투자자를 대상으로 하는 대규모 투자 사기가 여러 건 발각되어 사회적 물의를 일으켰고, 수많은 사람이 감당하기 어려운 피해를 보기도 했다. 문제는 이런 투자 관련 사기가 잊힐 만하면 계속 재발하고 수법 또한 갈수록 진화하기 때문에 피해자가 계속 양산된다는 것이다. 저성장, 저금리의 경기 침체가 오랜 기간 지속되다 보니 달콤한 악마의 속삭임이 여기저기서 들려온다. 온갖 유혹을 다 뿌리치고 정신 잘 챙기며 자신의 투자원칙을 고수하는 자만이 비로소 살아남을 수 있는 환경이다.

기업의 가치는 자산가치와 수익가치로 나뉘고, 이를 적절히 평균한 값을 내재가치라고 한다.

자산가치는 재무상태표의 자산에서 부채를 차감하는 식으로 계산이 된다. 자산가치가 좋은지를 확인하려면 현금성 자산을 많이 보유하고 알짜 부동산과 양질의 금융자산을 많이 가졌는지, 매출채권은 회수가 잘 되고 재고자산은 회전이 잘 되는지 등을 점검해야 한다.

수익가치는 손익계산서에서 매출부터 순이익까지 살펴봐야 확인할 수 있다. 매출이 증가 추세이고 흑자 기조를 유지하면서 이익률도 좋아진다면 분명 좋은 기업이다. 하지만 손익계산서의 모습이 좋다고 거기서 끝내서는 안 되고 반드시 현금흐름표를 살펴야 한다. 이익은 내고 있는데 현금이 돌지 않아 흑자 부도가 나는 기업들이 많기 때문에 실제로 돈을 잘 벌고 있는지에 대한 점검은 필수적이다. 특히 차입금이 많은 기업이라면 이자비용과 원금을 상환할 만큼 돈을 잘 벌어야 하므로 영업활동현금흐름이 충분한지 확인해야 한다.

기업을 인수·합병하거나 증권사 애널리스트들이 기업의 목표주가를 산정할 때의 시작점이 재무제표를 통한 기업가치 분석이다. 과거와 현재를 분석하고, 동종 기업과 비교하는 작업을 거치고, 미래 실적에 대해 예상을 한다. 주가는 선행지표이므로 미래 수익가치를 예상해야 하는데 실제로 맞히기가 매우 어렵다.

그러므로 벤저민 그레이엄을 비롯한 전설적인 가치투자자들은 항상 내재가치보다 훨씬 싸게 주식을 매입해서 안전마진을 넉넉하게 챙겨야 한다고 강조한다. 단순한 투자원칙이지만 다시 한 번 되새겨 보면 미래 수익가치를 너무 긍정적으로 평가해서 주식을 비싸게 사지 말라는 이야기인 것 같다. 주식을 내재가치보다 많이 싸게 사야 투자이익도 거둘 수 있고, 혹시 미래 추정이 잘못되거나 기업의 상황이 악화해도 회복될 때까지 버틸 수 있다.

존 템플턴은 '이번에는 다르다This time is different.'라는 말이 영어에서 가장 비싼 네 단어라고 했다. 운 또는 혹시나 하는 기대는 단순한 실망을 넘어 값비싼 대가를 치를 수도 있다는 것을 간단명료하게 표현한 말이다.

투자자들이 가장 경계해야 할 것은 불확실성이다. 이를 반대로 생각하면 확실성이 있는 곳에 투자해야 한다는 의미다. 투자자로서 기업에 대한 최선의 확실성을 얻을 수 있는 제일 나은 방법은 바로 사업보고서 분석이다. 회사 사업의 내용과 숫자도 확인하지 않고 운과 혹시나 하는 기대에 피 같은 돈을 함부로 투자해서는 안 될 일이다. 투자자라면 1년에 4번 공시되는 회사의 정기보고서(분·반기·사업보고서)를 비롯한 모든 전자공시사항을 챙겨봐야 한다. 이것은 투자자로서 지녀야 할 최소한의 책무다.

세상이 어지럽게 돌아가고 온갖 달콤한 유혹이 주위를 맴돌더라도 독자 여러분들은 묵묵히 자신만의 투자 원칙을 고수해, 난세를 이겨내는 현명한 투자자가 되기를 빈다. 그리고 이 책이 그 길에 작은 도움이 되기를 바란다.

2016년 겨울

저자 드림

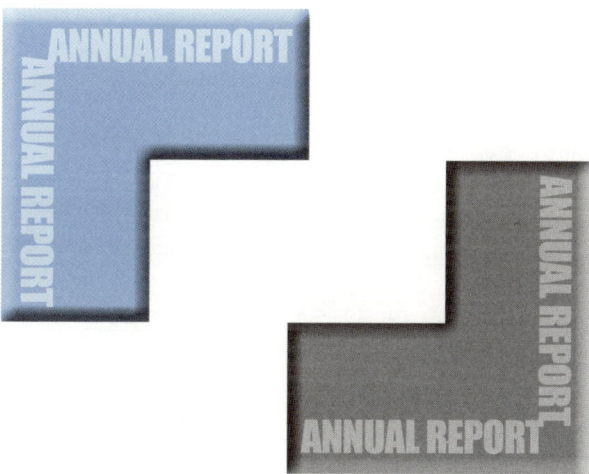

● 함께 읽으면 좋은 부크온의 책들 ●

- 마라톤 투자자 서한 — 에드워드 챈슬러
- 내 주식은 왜 휴지조각이 되었을까? — 장세민
- 투자의 전설 앤서니 볼턴 — 앤서니 볼턴
- 예측투자 — 마이클 모부신, 알프레드 래퍼포트
- 투자도 인생도 복리처럼 — 가우탐 바이드
- 퍼펙트 포트폴리오 — 앤드류 로, 스티븐 포어스터
- 안전마진 — 크리스토퍼 리소길
- 권 교수의 가치투자 이야기 — 권용현
- 벤저민 그레이엄의 성장주 투자법 — 프레더릭 마틴
- 가치투자는 옳다 — 장마리 에베이야르
- 박 회계사의 재무제표 분석법 (개정판) — 박동흠
- 워런 버핏처럼 주식투자 시작하는 법 — 메리 버핏, 션 세아
- 인생주식 10가지 황금법칙 — 피터 세일런
- 주식고수들이 더 좋아하는 대체투자 — 조영민
- 금융시장으로 간 진화론 — 앤드류 로
- 현명한 투자자의 지표 분석법 — 고재홍
- 투자 대가들의 가치평가 활용법 — 존 프라이스
- 워런 버핏처럼 가치평가 시작하는 법 — 존 프라이스
- 투자의 가치 — 이선규
- 워런 버핏의 주식투자 콘서트 — 워런 버핏
- 적극적 가치투자 — 비탈리 카스넬슨
- 주식투자자를 위한 재무제표 해결사 V차트 — 정연빈
- 주식 PER 종목 선정 활용법 — 키스 앤더슨
- 현명한 투자자의 인문학 — 로버트 해그스트롬
- 워런 버핏만 알고 있는 주식투자의 비밀 — 메리 버핏, 데이비드 클라크
- 박 회계사의 사업보고서 분석법 — 박동흠
- 이웃집 워런 버핏, 숙향의 투자 일기 — 숙향
- NEW 워런 버핏처럼 적정주가 구하는 법 — 이은원
- 줄루 주식투자법 — 짐 슬레이터
- 경제적 해자 실전 주식 투자법 — 헤더 브릴리언트 외
- 붐버스톨로지 — 비크람 만샤라마니
- 워렌 버핏처럼 사업보고서 읽는 법 — 김현준
- 주식 가치평가를 위한 작은 책 — 애스워드 다모다란
- 고객의 요트는 어디에 있는가 — 프레드 쉐트
- 투자공식 끝장내기 — 정호성, 임동민
- 워렌 버핏의 재무제표 활용법 — 메리 버핏, 데이비스 클라크
- 현명한 투자자의 재무제표 읽는 법 — 벤저민 그레이엄, 스펜서 메레디스